Erich J. Lejeune

Einigkeit und Recht und *Feigheit*?

Erich J. Lejeune

Einigkeit und Recht und *Feigheit*?

Quo vadis, Deutschland ...

verlag moderne industrie

Die Deutsche Bibliothek – CIP-Einheitsaufnahme

Lejeune, Erich, J.:
Einigkeit und Recht und Feigheit? : quo vadis, Deutschland ... /
Erich J. Lejeune. – Landsberg/Lech : mi, 2000
ISBN 3-478-38430-3

Internet: http://www.mi-verlag.de

Umschlaggestaltung: Zero, München
Satz: mi-Verlag, O. Müller
Druck: Himmer, Augsburg
Bindearbeiten: Thomas, Augsburg
Printed in Germany 38430/060003
ISBN 3-478-38430-3

Gewidmet allen, denen Deutschland so am Herzen liegt wie mir und die ebenso bereit sind, ihren persönlichen Beitrag für eine erfolgreiche und glückliche Zukunft unseres Landes zu leisten.

Ich danke Julian Gyger, der mich bei den Recherchen für dieses Buch tatkräftig unterstützte.

Inhaltsverzeichnis

Vorwort

Deutschland zu Beginn des Jahres 2000: Sieht man von der größeren Zahl der Feuerwerke ab, unterschied sich der Millenniumswechsel kaum von jedem anderen Jahreswechsel.

Die befürchteten Katastrophen sind ausgeblieben. Kein Kernkraftwerk ist explodiert, Verkehrs- und Energienetze blieben intakt, weder Flugzeuge noch Computer sind abgestürzt.

Abgestürzt, und zwar ins Bodenlose, ist dagegen Helmut Kohl. Seinen Traum, als Kanzler der deutschen Einheit und maßgeblicher Architekt der europäischen Einigung noch zu Lebzeiten in einer Reihe mit Otto von Bismarck und Konrad Adenauer zu stehen, wird er wohl begraben müssen. Auch wenn ihm Bundeskanzler Gerhard Schröder in einem noblen Glückwunschschreiben zum 70. Geburtstag am 3. April bescheinigte: „Dass die deutsche Einigung ohne nationalistische Verirrung vollzogen und unser Land umso sicherer in Europa verankert werden konnte, wird im historischen Blick stets mit Ihrer Kanzlerschaft verbunden bleiben."

Die amerikanische Zeitung *USA Today* wies ihm im Januar einen Platz als *moderner Richard Nixon* an. Schlimmer noch als diese persönliche Tragik ist jedoch, dass er die CDU nach dem Motto „Der Herr hat's gegeben, der Herr hat's genommen" in die größte Existenzkrise ihrer Geschichte stürzte.

Dass die größte Oppositionspartei, schwer belastet durch die langen Affärenschatten, im notwendigen Wettbewerb der besten Ideen für die Zukunft unseres Landes kaum mehr wahrgenommen wird, ja, dass die Probleme des Landes in der öffentlichen Wahrnehmung hinter die Probleme der Partei insgesamt zurücktreten, ist ein schwerer Schaden für die ganze deutsche Politik. Übertroffen wird er noch von der bedrückenden Vorstellung, die Existenz der Volkspartei CDU könne davon abhängen, an welchen Fäden der mit Haftbefehl wegen des Verdachts des Betruges und der Steuerhinterziehung in Millionenhöhe gesuchte Karlheinz Schreiber aus seinem Exil in Kanada zieht.

Nichts wäre fataler, als wenn sich die politischen Konkurrenten in Schadenfreude und Häme ergingen. Der Vertrauens- und Glaubwürdigkeitsverlust trifft alle Parteien und die Politik insgesamt. Der niedersächsische Ministerpräsident Sigmar Gabriel, Nachfolger des wegen gesponserter Hochzeitsreise und Kaffeetafel zurückgetretenen Gerhard Glogowski, sieht das Ansehen der Politiker *knapp vor dem von Ganoven.*

Dabei sind diese weit verbreiteten Negativurteile über *die Politiker* ebenso falsch wie ungerecht. Die überwältigende Mehrheit der Funktions- und Mandatsträger aller Parteien sind fleißige und rechtschaffene Frauen und Männer, die sich mit großem Engagement den öffentlichen Dingen widmen. Es ist auch keinesfalls so, dass die heutige Politikergeneration in mehr Skandale verwickelt wäre als frühere – ganz im Gegenteil, wenn man sich einmal die Skandalchronik der Nachkriegszeit vor Augen hält. Vielmehr sind die Maßstäbe, die an das Verhalten in öffentlichen Ämtern angelegt werden, strenger geworden. Das ist im Prinzip auch gut so, wenngleich wir uns alle in der Beurteilung von Politikern, die eben auch „nur" Menschen sind, vor allzuviel Moralisierei und Selbstgerechtigkeit hüten sollten.

Der eigentliche Grund für den Ansehensverlust der Politik insgesamt bei den Wählern sind auch nicht in erster Linie die Skandale, sondern das immer geringer werdende Vertrauen in die politische Problemlösungs- und Zukunftskompetenz. Bei nahezu allen Umfragen, welcher Partei am ehesten zugetraut wird, dieses oder jenes Problem zu lösen, entscheidet sich eine deutliche Mehrheit für die Antwort „keine“.

Parallel dazu wächst mehrheitlich die Überzeugung, dass nicht mehr die Politik, sondern die Wirtschaft die Geschicke unseres Landes bestimmt. In dem Fragebogen der Zeitung *Die Woche* antworten unter dem Punkt „Wer wird Deutschland in zehn Jahren regieren?“ immer mehr Befragte „Die Wirtschaft“ oder „Die Konzerne“.

Dieser „Wirtschaft“ wiederum trauen die Menschen immer weniger Interesse am Gemeinwohl zu. Die *Frankfurter Allgemeine Zeitung* veröffentlichte am 13. Oktober 1999 eine Untersuchung des Instituts für Demoskopie Allensbach.

Danach wurde die Aussage „Was der Wirtschaft nützt, nützt auch der Bevölkerung. Wenn es der Wirtschaft gut geht, geht es auch der Bevölkerung gut“ von 38 Prozent der Befragten geteilt. 51 Prozent dagegen unterstützten die These: „Das gilt heute nicht mehr. Der Wirtschaft, den Unternehmen kann es sehr gut gehen, ohne dass die Bevölkerung etwas davon hat.“

Eine Bestätigung dieser Mehrheitsmeinung liefert ein namentlich nicht genannter Wirtschaftsführer gegenüber der Wochenzeitung *Die Zeit* vom 7. Oktober 1999 mit dem Satz: „Unseren Beitrag zum Allgemeinwohl behindert der globale Wettbewerb.“

Genau dies glaubt eine große Mehrheit der Bevölkerung wiederum nicht. In der erwähnten Allensbach-Umfrage stimmten nur 28 Prozent der These zu: „Die Belastungen für die Unternehmen sind bei uns in Deutschland doch viel zu hoch. Da ist es verständlich, dass deutsche Unternehmen im Ausland investieren, um wettbewerbsfähig zu bleiben.“ 56 Prozent dagegen schlossen sich der Meinung an: „Das sehe ich anders. Man kann auch mit einem Unternehmen in Deutschland wettbewerbsfähig bleiben und hier bei uns gute Gewinne machen. Den Unternehmen, die im Ausland investieren, geht es doch nur darum, noch größere Gewinne zu machen.“

Ob diese Mehrheitsmeinungen im Einzelnen richtig sind, werde ich an anderer Stelle dieses Buches noch untersuchen, aber darauf kommt es letztlich auch gar nicht an. Entscheidend in unserer Stimmungsdemokratie sind weniger Tatsachen als vielmehr Wahrnehmungen.

Und die Folgen dieser Wahrnehmung sind die Ablehnung von notwendigerweise Besitzstände antastenden Reformen.

Unter der Überschrift „Wer reformiert, wird abgewählt“ berichtete *Die Welt* am 16. Oktober 1999 von einem Gespräch führender CDU-Politiker mit Renate Köcher vom Allensbach-Institut. Dabei machte die Meinungsforscherin den zu diesem Zeitpunkt im Stimmungshoch befindlichen Politikern deutlich, dass sie ihre Siege bei den zurückliegenden Landtagswahlen demselben Grund verdanken, aus dem sie selbst ein Jahr zuvor bei der Bundestagswahl abgewählt wurden, dass nämlich die Deutschen nicht sparen wollen.

Zusammengefasst haben wir es also mit folgender Stimmungslage zu tun: Den einen, die gewählt sind, die Interessen des Gemeinwohls durchzusetzen, wird dies nicht mehr zugetraut, den anderen, bei denen man die eigentliche Macht vermutet, also der Wirtschaft, wird das Interesse am Gemeinwohl abgesprochen.

Die Leute in Deutschland sagen: „Eine der Wirtschaft gegenüber machtlose Politik will uns Lasten zu Gunsten der mächtigen Wirtschaft auferlegen, die nur ihre Profite steigern will und der wir völlig gleichgültig sind. Eine solche Politik wählen wir nicht.“

Das ist auf eine kurze Formel gebracht der Teufelskreis, an dem die notwendigen Strukturreformen bislang scheitern.

Diesen Teufelskreis kann nur die Wirtschaft erfolgreich durchbrechen.

Der Moderator des *heute journals* (ZDF), Wolf von Lojewski, antwortete in einem Interview mit der *Bild-Zeitung* vom 22. November 1999 auf die Frage „Warum sind die Deutschen so selten zufrieden?“ so: „Nehmen wir das Sparpaket der Bundesregierung. Den Bürgern wird nur gesagt, was gekürzt und weggenommen wird. Man muss den Menschen erklären, was das Sparen später für sie bringt. Das ist wie mit Kindern. Denen muss man auch sagen: Wenn du die Schulaufgaben gut machst, gibt es heute Abend Schokolade.“

Was die Schokolade für Kinder sind für das Gemeinwohl die Arbeitsplätze und die Beteiligung an den Wertzuwächsen. Und hier muss die Wirtschaft als der im Verhältnis zur Politik schon seit längerem eindeutig stärkere Partner in Vorlage treten und darf nicht warten, bis die Politik alle ihre Maximalforderungen erfüllt. Um im Bild zu bleiben: Die Schokolade wurde schon oft in Aussicht gestellt, aber weil ihre Ausgabe immer wieder mit neuen Bedingungen verknüpft wurde, ist die Bereitschaft sich anzustrengen der Resignation bis hin zur Verweigerung gewichen. Um neue Anreize zu schaffen, muss es deshalb Schokolade bereits dann geben, wenn die Schulaufgaben mit der Note befriedigend bis ausreichend gemacht wurden. Erst wenn einmal Schokolade (sprich spürbarer Abbau der Arbeitslosigkeit) wirklich auf dem Tisch liegt, also deutlich wird, dass es sie auch tatsächlich gibt, werden die Anstrengungen, die Schulaufgaben gut, ja, vielleicht eines Tages sogar sehr gut zu machen, mit der Aussicht auf weitere Schokolade = Arbeitsplätze entsprechend gesteigert.

Es ist also im ureigenen Interesse der Wirtschaft, bei der Schaffung von Arbeitsplätzen den ersten Schritt zu tun und nicht in den Verhandlungen mit Politik und Gewerkschaften weiter nach dem Motto „Hannemann, geh du voran“ zu verfahren.

Denn nur wenn die Politik der Gemeinschaft sagen kann: „Schaut her, eure bisherigen Anstrengungen zeigen bereits erste Früchte", wird die Gemeinschaft bereit sein, auf diesem Wege fortzufahren.

Mit anderen Worten: *Die Wirtschaft muss aktuell der Politik helfen und nicht umgekehrt.*

Bei dem oben zitierten Unternehmer, der sich vom globalen Wettbewerb gehindert fühlt, seinen Beitrag zum Gemeinwohl zu leisten, handelt es sich offenbar um einen jener Schnarchzapfen, die es sich bisher unter irgendeiner Käseglocke bequem gemacht haben und jetzt zum ersten Mal den rauen Wind des Wettbewerbs überhaupt spüren und sich deshalb genauso veränderungsresistent verhalten wie Teile der Politik.

Mich hat der globale Wettbewerb nicht nur an nichts gehindert, sondern er hat mir im Gegenteil gigantische Möglichkeiten eröffnet, die ich auf dem nationalen oder europäischen Markt niemals gehabt hätte.

Als ich mit meinem Unternehmen im Juni 1998 an die Börse ging, betrug der Wert meines Unternehmens dort 157 Millionen DM. Im Januar 2000, also nur 18 Monate später, beträgt dieser Wert über 3 Milliarden DM, also rund 19-mal so viel. Seit dem Börsengang sind auch 180 neue Arbeitsplätze entstanden. Dabei haben wir unsere Spitzenposition im Markt nicht über niedrige Preise erobert – wir waren immer stolz darauf, nicht billiger, aber besser zu sein als andere –, sondern durch Investitionen in Geist, Wissen und Information, also in motivierte Menschen. Denn was heute und in der Zukunft zählt, ist nicht die Macht des Stärksten, sondern der Vorsprung des Ersten. Tempo ist das Qualitätssiegel der vernetzten Welt.

Wer den globalen Wettbewerb nicht als Chance, sondern als Bedrohung sieht, hat ihn schon verloren.

Wenn wir in Deutschland die Chance des globalen Wettbewerbs nutzen wollen, dann müssen Wirtschaft und Politik, deren Beziehungen sich in den letzten Jahren in dramatischer Weise auseinander entwickelt haben und die kaum mehr die gleiche Sprache sprechen, wieder aufeinander zu bewegen.

Den Unternehmen, soweit sie nicht auf staatliche Subventionen angewiesen sind, ist die Politik heute weitgehend gleichgültig. (So hat etwa die monatelange CDU-Krise die Wirtschaft und die Finanzmärkte kalt gelassen). Sie sehen in ihr vornehmlich Bremser und Blockierer am Werk, die die Notwendigkeit des Wandels entweder nicht begriffen haben oder unfähig sind, ihn zu gestalten.

Die Politik wiederum flüchtet sich angesichts dieses Wandels in so hilflose Beschwörungsformeln wie: *Der Mensch ist wichtiger als der Dax.*

Auf Grund dieses gegenseitigen Nichtverstehens und des daraus resultierenden Misstrauens ähneln Gespräche zwischen Politik und Wirtschaft immer mehr Gehörlosen-Dialogen.

Dieser Zustand aber gefährdet sowohl die wirtschaftliche wie auch die politische Stabilität Deutschlands.

Die Skandale sind im Zusammenhang mit dem Vertrauensverlust in unsere politische Ordnung gleichsam nur das Sahnehäubchen obendrauf, das die eigentlichen und tiefer liegenden Ursachen darunter verdeckt. Die größte Gefahr für unser politisches System liegt darin, dass einer seiner wichtigsten Stabilitätsfaktoren, nämlich eine *auch am Gemeinwohl orientierte* Wirtschaft, sich aus diesem System löst, sich alleine in die globale Welt von morgen aufmacht und die Politik mit der Verpflichtung für das Gemeinwohl zurücklässt – eine Aufgabe, die die Politik ohne die Wirtschaft aber nicht erfüllen kann.

Der Vertrauensverlust, dem die Politik sich heute ausgesetzt sieht, ist die unmittelbare Folge des verloren gegangenen Vertrauens in die Gemeinwohlorientierung unserer Wirtschaftsordnung, der sozialen Marktwirtschaft. Deshalb muss dort zuallererst angesetzt werden.

Ich zitiere noch einmal Renate Köcher, diesmal aus einem Interview mit der *Wirtschaftswoche* vom 4. November 1999.

Auf die Frage, ob Deutschland wieder einen Kommunikator wie Ludwig Erhard brauche, der die Menschen nach dem Krieg an die Marktwirtschaft heranführte, antwortete sie: „In der Tat wäre ein solcher Kommunikator notwendig, der die Marktwirtschaft wieder richtig zu Ehren kommen lässt. Wir benötigen Unternehmerpersönlichkeiten – vor allem aus dem Mittelstand –, die den Leuten die marktwirtschaftlichen Zusammenhänge erklären können."

Und auf die Nachfrage „Warum gerade Mittelständler?" antwortete Frau Köcher: „Bei kleinen und mittleren Unternehmen vertraut die Bevölkerung mehr darauf, dass es eine Interessengemeinschaft zwischen Unternehmern und Arbeitnehmern gibt, dass Unternehmern der Standort Deutschland am Herzen liegt."

Halten Sie mich bitte nicht für überheblich, wenn ich sage: Ich bin ein solcher Kommunikator, weil ich diese Kommunikation seit vielen Jahren vorlebe. Verstehen Sie auch dieses Buch als einen Beitrag dazu.

Wir brauchen mehr Globalität im politischen Denken und mehr Patriotismus im wirtschaftlichen Handeln.

Im Verhältnis zwischen Politik und Wirtschaft muss der ausgestreckte Zeigefinger durch die ausgestreckte Hand ersetzt werden. Hand in Hand müssen Politik und Wirtschaft den Menschen mit aller Wahrheit und Klarheit sagen, zu welch einschneidenden Veränderungen beispielsweise die Kommunikationsautobahn Internet und die auf ihr mit Höchstgeschwindigkeit (das Internet kennt kein Tempolimit) rasenden verschiedenen Modelle der „E-Gesellschaft" im beruflichen und privaten Leben jedes Einzelnen führen werden.

Die Meinungs- und Bewusstseinsbildung der Gesellschaft zu diesen Veränderungen darf nicht den Angst- und Panikmachern überlassen bleiben, jetzt müssen die Mut- und Hoffnungsmacher auf die Bühne.

Ich habe in den letzten Jahren intensiv im Bereich Motivation gearbeitet, mehrere Bücher geschrieben, u. a. die Bestseller *Du schaffst, was du willst*, *Lebe ehrlich, werde reich* und *365 mal Motivation*, habe Hunderte von Vorträgen vor Tausenden von Menschen gehalten und gestalte seit Februar dieses Jahres als Moderator 14-tägig die Motivationssendung *Lejeune live* beim Stadtsender tv.münchen.

Im Gegensatz zu anderen, die auf dem Motivationssektor tätig sind, präsentiere ich nicht das, was ich über Erfolg *gelesen* habe, sondern in meiner Person den Erfolg, den ich selbst vorlebe. Ich kann anhand meiner Karriere authentisch nachweisen, welche Erfolge durch positives Denken, Selbstvertrauen, Begeisterung und – natürlich – harte Arbeit und Disziplin möglich sind. Auch wenn ich sicherlich nicht an mangelndem Selbstbewusstsein leide, bin ich nicht so vermessen zu glauben, der liebe Gott habe nur Erich J. Lejeune mit solchen Fähigkeiten ausgestattet. Deshalb sage ich meinen Zuhörern immer wieder: Das können Sie auch schaffen!

Im Epilog zu meinem 1996 erschienenen Buch *Aufbruch Deutschland* habe ich u. a. geschrieben: „Wir sind nicht in diese Welt hineingeboren worden, um ein leichtes, unbeschwertes, von anderen alimentiertes Leben zu führen. Wir sind als selbstverantwortliche Menschen geschaffen worden, uns sind Aufgaben gestellt worden, und es ist uns die Fähigkeit mit auf den Weg gegeben worden, diese Aufgaben zu erfüllen."

Was für jeden Einzelnen von uns gilt, trifft für ein Land, eine Gesellschaft als Ganzes ebenso zu. Und weil der Erfolg dieses Ganzen nicht größer sein kann als die Summe dessen, was jeder Einzelne dazu beiträgt, haben wir alle, jeder an seinem Platz, die patriotische Pflicht, unsere Fähigkeiten in den Dienst zum Wohle einer guten Zukunft Deutschlands und seiner Menschen zu stellen. Das ist nicht nur ein Appell an die Herzen, sondern auch eine dringende Ermahnung an die Köpfe. Jedem, der mit einem gesunden Menschenverstand ausgestattet und des Hörens und Sehens mächtig ist, muss bewusst sein, dass in den nächsten Jahren die Weichenstellung für Deutschlands Zukunft im dritten Jahrtausend erfolgen wird.

Ich danke an dieser Stelle ausdrücklich Bundeskanzler Gerhard Schröder für seine zahlreichen Initiativen, Deutschland vom traditionellen Wirtschaftsdenken in die New Economy zu führen.

Sie werden sich fragen, warum ich diesem Buch den Titel *Einigkeit und Recht und Feigheit?* gegeben habe. Wir sind uns in vielem Falschen zu einig, etwa in der Überzeugung, dass zwar etwas geschehen, aber nichts passieren dürfe. Dieses Lebensmotto wird den Österreichern zugeschrieben und dort, aber auch bei uns, sind die Folgen dieser Haltung zu besichtigen. Recht definieren wir heute als Rechthaberei, Rechte als das, was uns zusteht, während Pflichten nur für andere gelten.

Nach dem Wort *„Feigheit“* habe ich ein Fragezeichen gesetzt. Aber wie soll man die Entscheidungsschwäche bei großen Teilen der so genannten Elite, ihr Abschieben von Verantworung und ihre Risikoscheu anders bezeichnen? Die Feigheit vor Entscheidungen ist eine der Hauptursachen für den jahrelangen Stillstand in Deutschland. Aus dem politischen Bereich nenne ich nur zwei Beispiele: die Renten- und die Einwanderungsfrage.

Ich weiß sehr wohl, dass die vor uns liegenden Aufgaben nicht *allein* durch positives Denken gelöst werden können. Aber ohne Motivation, ohne eine positive Lebenseinstellung und Mut zur Zukunft sind sie garantiert nicht lösbar.

Der Wunsch, es möge endlich Schluss sein mit der deutschen Tristesse (das Jammern ist ja leider für viele Deutsche noch immer die bevorzugte Zweitsprache), wird mittlerweile auch von eher unerwarteter Seite geäußert. Günther Grass, bisher nicht unbedingt als Stimmungskanone öffentlich in Erscheinung getreten, klagte nach der Verleihung des Literaturnobelpreises Ende letzten Jahres: „Warum kann man sich in Deutschland nicht einfach freuen?“ Und Wolf von Lojewski, als Nachrichtenprofi schwärmerischen Überschwangs sicherlich unverdächtig, antwortete in dem bereits erwähnten Interview mit der *Bild-Zeitung* auf die Frage, mit welcher Nachricht er das *heute journal* gerne einmal beginnen würde: „Guten Abend, liebe Zuschauer. Die Deutschen sind heute glücklich. Das war's...“

Erich J. Lejeune
München, im April 2000

1.
Vom deutschen Wirtschaftswunder zur deutschen Krankheit – Genesung in Sicht?

Auferstanden aus Ruinen

Als Angehöriger des Jahrgangs 1944 bin ich fast gleichaltrig mit der alten Bundesrepublik aufgewachsen und groß geworden. Welche Gnade dieses Geburtsjahr darstellte, habe ich erst so richtig verstanden, als ich in der Lage war, meine Biografie und die meiner Generation mit der unserer Eltern und Großeltern zu vergleichen.

Was war ihnen in ihrem Leben nicht alles Schlimmes widerfahren! Der Erste Weltkrieg, die bittere Armut danach, die Wirren und bürgerkriegsähnlichen Zustände in der von der Mehrheit der Bevölkerung ungeliebten Weimarer Republik, Zeichen der Hoffnung Ende der 20er-Jahre, neuerliche Depression, ausgelöst durch die Weltwirtschaftskrise, wieder Massenarbeitslosigkeit, die Schreckensherrschaft des NS-Regimes, Zweiter Weltkrieg, Deutschland in Asche und Trümmern.

Doch unsere Eltern und Großeltern verzweifelten und resignierten nicht. Entschlossen fingen sie wieder bei null an und schufen im wahrsten Sinne des Wortes mit ihrer Hände Arbeit die Grundlagen für ein Gemeinwesen, mit dem es jahrzehntelang nur bergauf ging.

Wir dagegen waren „weißer Jahrgang“. Wir wurden in die Stunde null hineingeboren, keine Erinnerungen lenkten vom Blick nach vorne ab.

Gewiss, meine Kindheit und die der meisten meiner Altersgenossen war hart und entbehrungsreich. Der

Stadtteil Ramersdorf, in dem ich aufgewachsen bin, war in den Nachkriegsjahren das, was man in München ein „Glasscherbenviertel" nannte. Von regelmäßigem Sattessen keine Rede. Manchmal musste ein Suppenwürfel als Tagesmahlzeit reichen. Dennoch war ich in diesen Jahren nicht unglücklich. Schließlich kannte ich keine anderen Lebensumstände, auf die ich hätte neidisch sein können. Das sollte sich im Verlauf meiner Jugend ändern, als ich sah, wie andere schneller vorwärts kamen, mehr Geld und Erfolg hatten als ich.

Doch fehlte mir trotz Neid schon damals, und das ist bis heute so geblieben, die damit einhergehende Missgunst. Neidisch zu sein, dass ein anderer etwas besaß, das ich nicht besaß, oder etwas konnte, das ich nicht konnte, löste in mir nie das Gefühl aus: Das gönne ich dem nicht. Vielmehr setzte ich alles daran, es diesem anderen gleichzutun, ja, ihn nach Möglichkeit zu übertreffen.

Mit dieser Lebenseinstellung stand ich damals nicht allein. Mit aller Kraft vorwärts zu streben, etwas zu leisten, um sich etwas leisten zu können, das war die vorherrschende Grundstimmung im Deutschland der 50er- und 60er-Jahre.

Es ist später üblich geworden, im Rückblick auf diese Zeit naserümpfend vom „Konsumrausch" einer Wohlstandsgesellschaft zu sprechen. Wer in einen Wohlstand hineingeboren wurde, den andere erarbeitet haben, kann sich nicht vorstellen, mit welcher Energie ein ganzes Volk darangegangen ist, seine Lebensumstände zu verbessern, und es wollte natürlich die Früchte des Erfolgs auch für jedermann sichtbar und mit Stolz genießen. Dabei standen natürlich die praktischen Dinge des täglichen Lebens im Vordergrund: Nylonstrümpfe, Waschmaschine, Kühlschrank, Musiktruhe, Fernseher. Das Moped und dann der Vespa-Roller, der in den letzten Jahren eine erstaunliche Renaissance erfuhr, waren damals Sinnbild für das

Lebensgefühl der heranwachsenden jungen Generation. Das erste Auto, die erste Italienreise – all dies waren Symbole einer Gesellschaft, die es in erstaunlich kurzer Zeit geschafft hatte, das Elend hinter sich zu lassen und einen in Deutschland bis dato unbekannten Wohlstand – wenn auch nicht für alle, so doch für die große Mehrheit – zu schaffen.

Das Ausland verfolgte den rasanten wirtschaftlichen Aufstieg mit einer Mischung aus ungläubigem Staunen, widerwilligem Respekt, hie und da aber auch mit echter Bewunderung. Das deutsche „Wirtschaftswunder" wurde zu einem weltweiten Begriff, der in keine andere Sprache übersetzt werden musste, um verstanden zu werden. Dass das 40 Jahre später auch für die „deutsche Krankheit" galt, gereichte uns weniger zur Ehre.

Dieses Wirtschaftswunder wurde und wird bis heute ebenso untrennbar mit dem Namen Ludwig Erhard verbunden wie auch die soziale Marktwirtschaft. Nachdem die Amerikaner und Briten im Juni 1948 die Währungsreform durchgeführt und über Nacht die alte und wertlos gewordene Reichsmark durch die deutsche Mark ersetzt hatten (jeder Deutsche erhielt 40 DM Startgeld, private Guthaben wurden im Verhältnis 1 DM für 10 RM umgetauscht), hob Erhard, zu diesem Zeitpunkt deutscher Direktor der Wirtschaftsverwaltung in der so genannten Bizone (so hießen die britische und amerikanische Besatzungszonen zusammengefasst), mit einem Schlag nahezu alle Preiskontrollen auf.

Beide Maßnahmen wurden zum Grundstein für eine wieder funktionierende Wirtschaft, in der die schwarzen und grauen Märkte verschwanden.

Schuf Ludwig Erhard die Basis für den wirtschaftlichen Aufstieg Deutschlands, so sorgte Konrad Adenauer mit seiner Außenpolitik gegen viele Widerstände dafür, dass Deutschland fest im Westen verankert wurde. So trat Deutschland 1951 dem Europarat und der Montan-

Union bei, dem Vorläufer der Europäischen Wirtschaftsgemeinschaft, und 1955 der Nordatlantischen Verteidigungsgemeinschaft (Nato). Deren erster Generalsekretär, der Brite Lord Ismay, beschrieb die damaligen Ziele des Bündnisses so: Amerika in Europa zu halten, die Sowjetunion draußen und Deutschland unten. An dieser Äußerung aus den 50er-Jahren wird besonders deutlich, von welchem Ausgangspunkt Deutschland seinen Weg begann, um zu dem geachteteten Mitglied der Völkergemeinschaft zu werden, das es heute ist.

Adenauer ließ sich in seiner Politik der Einbindung Deutschlands in den Westen auch nicht durch die „Stalin-Note" vom März 1952 beirren, in der die Sowjetunion ein wiedervereinigtes Deutschland vorschlug, das allerdings neutral sein müsse. Trotz heftiger Kritik der politischen Linken lehnte Adenauer das Angebot Stalins ab, befürchtete er doch, dass dahinter das Ziel stand, in der Bundesrepublik letztlich die gleichen Verhältnisse zu schaffen wie in der „Sowjetisch besetzten Zone", wie die spätere DDR damals genannt wurde. „Freiheit geht vor Einheit", so lautete der Grundsatz der Adenauer'schen Politik.

Zu den großen Leistungen des ersten deutschen Bundeskanzlers gehörten auch der deutsch-französische Freundschaftsvertrag (1963), der die jahrhundertelang währende „Erbfeindschaft" zwischen den beiden Völkern für alle Zeit beenden sollte, sowie die Annäherung der Beziehungen mit Israel (1960), u. a. auch durch Wiedergutmachungszahlungen, auch wenn allen klar war, dass die entsetzlichen Verbrechen, die Deutsche an den Juden begangen hatten, niemals mit Geld „wieder gutzumachen" waren.

Vor allem durch die wirtschaftlichen Erfolge (und auch durch den Gewinn der Fußballweltmeisterschaft 1954 in der Schweiz) war das deutsche Selbstbewusstsein enorm gewachsen. Mit der Schlagzeile „Wir sind wieder wer" gab die *Bild-Zeitung* Anfang der 60er-Jahre die vorherrschende Stimmung zutreffend wieder.

Aber dieses Selbstbewusstsein war weitgehend frei von nationalistischen Untertönen, schon gar von dem Größenwahn vergangener Epochen. Es war einfach der verständliche und berechtigte Stolz auf das durch Arbeit Erreichte.

Der Arbeitsmarkt war leer gefegt. Mit groß angelegten Anwerbungskampagnen wurden „Gastarbeiter" vor allem aus Italien, Spanien, Jugoslawien, Griechenland und der Türkei nach Deutschland geholt. Der millionste wurde im September 1964 mit großem Bahnhof begrüßt und erhielt ein Moped. Der Schriftsteller Max Frisch musste uns viele Jahre später ins Bewusstsein rufen: „Wir suchten Arbeitskräfte und es kamen Menschen."

Der Wiederaufbaugeneration wurde später vorgeworfen, sie habe sich nur auf die Mehrung des materiellen Wohlstandes konzentriert und dabei versucht, die Jahre des Nationalsozialismus zu verdrängen und vergessen zu machen. Auch seien zahlreiche Sympathisanten des NS-Regimes in führenden Positionen des Staates verblieben. Diese Kritik war berechtigt. So fand etwa Adenauer nichts dabei, mit Hans Globke einen Mann zum Chef des Bundeskanzleramtes zu berufen, der sich als wohlwollender Kommentator der berüchtigten Nürnberger Rassengesetze betätigt hatte. Im Auswärtigen Amt gab es Scharen von Beamten, die zuvor in gleichen Positionen dem Reichsaußenministerium gedient hatten.

Allerdings gab es bis in die Mitte der 60er-Jahre hinein zwischen allen Parteien einen breiten Konsens, auch Sympathisanten und Mitläufern, die sich nicht persönlicher Verbrechen schuldig gemacht hatten, die Chance zu geben, am demokratischen Neuanfang mitzuwirken.

Ich habe auch Verständnis dafür, dass der Generation meiner Eltern, die froh war, Gewaltherrschaft und Krieg überlebt zu haben, in den Jahren danach der Blick nach vorne wichtiger war als der zurück. Auch ich habe mich erst viel später mit der deutschen Vergangenheit beschäftigt. Mein Vater, der körperlich und seelisch gebrochen aus russischer Kriegsgefangenschaft zurückkam, hat nie etwas von seinen schrecklichen Erfahrungen erzählt und auch meine Mutter und Großmutter, bei denen ich aufgewachsen bin, kamen auf diese Zeit nie zu sprechen.

Ebenso bin ich der Meinung, dass es niemals einen Schlussstrich unter die Debatte über deutsche Schuld und Verantwortung geben darf. Das unwürdige Geschacher großer Teile der deutschen Wirtschaft über die Entschädigung von Zwangsarbeitern im letzten Jahr hat deutlich gemacht, dass wir auch mehr als 50 Jahre danach unserer Geschichte nicht entkommen können. Gerade meine Generation, die persönlich nicht belastet ist, sollte dafür eintreten, die Erinnerung an die Vergangenheit wach zu halten als Mahnung, dass sich dergleichen nie mehr wiederholen darf.

Es wäre ein gefährlicher Irrglaube, davon auszugehen, dass nach 50 Jahren Bundesrepublik freiheitlich-demokratische Gesinnung zum festen Bestandteil deutschen Erbgutes geworden ist. Gewiss, Deutschland hat auch in schweren Zeiten, ich denke etwa an den RAF-Terror, gezeigt, dass es keine Schönwetterdemokratie ist. Die wirkliche Bewährungsprobe, die Gesellschaft unter dramatisch veränderten ökonomischen Bedingungen demokratisch zusammenzuhalten, steht uns noch bevor – und dafür sind wir denkbar schlecht gerüstet. Nicht, was die objektiven Voraussetzungen angeht, sehr wohl aber, was die Einstellung in den Köpfen betrifft.

Von der Leistungs- zur Anspruchsgesellschaft

Mitte der 60er-Jahre waren die fetten Wachstumszeiten vorbei. Auch die Stimmung im Land begann sich zu verschlechtern. Ludwig Erhard, der gefeierte Vater des Wirtschaftswunders, konnte die in ihn gesetzten Erwartungen im Amt des Bundeskanzlers nicht erfüllen. Seine Regierung scheiterte schließlich 1966, weil sich die FDP weigerte, eine aus heutiger Sicht läppische Steuererhöhung mitzutragen. 100.000 (!) Arbeitslose genügten, um soziale Verwerfungen zu befürchten, die rechtsradikale NPD zog in eine Reihe von Landtagen ein. Die große Koalition unter Bundeskanzler Kurt-Georg Kiesinger brachte vor allem dank der Arbeit von Finanzminister Franz Josef Strauß die öffentlichen Finanzen wieder in Ordnung und Wirtschaftsminister Karl Schiller leistete einen wichtigen Beitrag dazu, dass die Wirtschaft wieder in Schwung kam. In der von ihm ins Leben gerufenen *Konzertierten Aktion*, dem Vorbild des heutigen *Bündnisses für Arbeit*, suchten, im Gegensatz zu diesem, Politik, Wirtschaft und Gewerkschaften längere Zeit erfolgreich den Konsens.

Die SPD nutzte ihre Chance der Mitverantwortung, sich der Öffentlichkeit als regierungsfähig darzustellen. Der Union waren dagegen Ermüdungserscheinungen nach 17-jähriger Regierungszeit deutlich anzumerken. Es kam hinzu, dass sie keinerlei Gesprächsbasis mit dem aufbegehrenden Teil der jungen Generation fand, der die Autorität der Repräsentanten von Staat und Gesellschaft zunehmend in Frage stellte.

So reichte es dann bei der Bundestagswahl im September 1969 für eine knappe Mehrheit von SPD und FDP. An Ökonomie hatte Bundeskanzler Willy Brandt kein besonderes Interesse. Nicht das Erwirtschaften, sondern das Verteilen stand jetzt im Vordergrund. Reform wurde nicht mehr mit Erneuerung und Verbesserung übersetzt, sondern mit Geld ausgeben. Kein Wunder, dass der Begriff *Reform* jetzt, da er wieder in seine ursprüngliche Bedeutung zurückversetzt werden soll, auf breiten Widerstand stößt.

Finanzminister Alex Möller trat 1971 zurück, weil er sich für seine Politik der soliden Haushaltsführung von Brandt nicht ausreichend unterstützt fühlte. Möllers Abgang vollzog sich jedoch wesentlich stilvoller als der von Oskar Lafontaine 28 Jahre später.

Worum es dem linken Flügel der SPD ging, machte der schleswig-holsteinische Landesvorsitzende Jochen Steffen, der „rote Jochen", deutlich. Es gelte, „die Belastbarkeit der Wirtschaft zu erproben". In diesem Klima gediehen dann Forderungen wie die nach Verstaatlichung der Banken und Schlüsselindustrien sowie von Grund und Boden, nach Begrenzung der Netto-Einkommen oder Verbot des Immobilienmakler-Berufs.

Vergeblich mahnte Wirtschaftsminister Karl Schiller, der nach dem Rücktritt von Alex Möller zusätzlich das Finanzministerium übernommen hatte, seine Genossen, sie sollten „die Tassen im Schrank" behalten. 1972 warf auch Schiller das Handtuch und rief sogar zusammen mit führenden Vertretern der Wirtschaft in Zeitungsanzeigen unter der Überschrift „Wir können nicht länger schweigen" zur Stimmabgabe für die Unionsparteien bei der bevorstehenden vorgezogenen Bundestagswahl auf. Diese war notwendig geworden, weil die sozial-liberale Koalition durch eine Reihe Übertritte von Abgeordneten zu CDU und CSU ihre Mehrheit im Parlament verloren hatte.

Weil die Diskussion um die Ostpolitik der Regierung Brandt/Scheel jedoch alle anderen Themen überlagerte, konnte die SPD einen klaren Wahlsieg einfahren.

Ein Jahr später wurde der deutschen Öffentlichkeit erstmals bewusst, was es bedeutet, von Rohstoffimporten abhängig zu sein. Wegen der westlichen Unterstützung Israels im Krieg mit den arabischen Staaten beschlossen diese im Oktober 1973, die Erdöllieferungen an die Industriestaaten drastisch zu senken, was wegen der in Folge exorbitant steigenden Preise zu einer weltweiten Energie- und Wirtschaftskrise führte. Um der Bevölkerung die Dramatik der Situation vor Augen zu führen, wurde für drei Sonntage sogar ein Autofahrverbot verhängt.

(In diesem Zusammenhang ein Hinweis: Beim mit Abstand wichtigsten Rohstoff der Gegenwart und Zukunft, den Chips, sind wir in Deutschland immer noch zu 96 Prozent von Importen abhängig. Würden wir davon abgeschnitten, gingen im ganzen Land im wahrsten Sinne des Wortes die Lichter aus. Dass wir in Deutschland außer der Kohle keine natürlichen Rohstoffe haben, dafür können wir nichts. Dass unser Produktionsanteil am Intelligenz-Rohstoff Nummer eins ganze 4 Prozent beträgt, verdanken wir hingegen der unseligen Kombination von Ignoranz und Schlafmützigkeit von Politik, Wirtschaft und Wissenschaft Anfang der 80er-Jahre.)

Im Mai 1974 trat Willy Brandt als Bundeskanzler zurück. Er übernahm damit die politische Verantwortung dafür, dass sein Referent Guillaume als Spion der DDR enttarnt wurde. Mit seinem Nachfolger Helmut Schmidt zog großer wirtschaftspolitischer Sachverstand ins Kanzleramt ein.

Schmidt hatte jedoch von Beginn an mit dem Handicap zu kämpfen, dass große Teile der SPD seinem pragmatischen Regierungskurs mit großer Distanz gegenüberstanden. 80 Prozent seiner Zeit, so beklagte sich Schmidt einmal, müsse er damit verbringen, seine Entscheidungen vor der eigenen Partei zu rechtfertigen. (Ein Problem, das auch seinem Nach-Nachfolger Gerhard Schröder sehr vertraut sein dürfte.)

Auch die Themenschwerpunkte auf der politischen Agenda begannen sich in diesen Jahren erheblich zu verändern. Bislang herrschte Einigkeit darüber, dass wirtschaftliches Wachstum die Grundlage für den Wohlstand und die Bezahlbarkeit der Sozialsysteme darstellt.

Dieser Konsens ging verloren, als mit der üblichen mehrjährigen Verspätung die Berichte des *Club of Rome* auch in Deutschland diskutiert wurden. Diese 1968 gegründete Vereinigung von Wissenschaftlern und Wirtschaftsexperten beschäftigte sich vor allem mit dem Erhalt der natürlichen Lebensgrundlagen in den Industrieländern. Insbesondere die Publikation *Die Grenzen des Wachstums* löste eine heftige Debatte aus und es wurde, wie ebenfalls in Deutschland üblich, das Kind wieder einmal mit dem Bade ausgeschüttet.

Wer intellektuell und moralisch etwas gelten wollte, hatte sich zur Wachstumskritik zu bekennen. Propagiert wurden Nonsensbegriffe wie *Nullwachstum* oder *Minuswachstum*, von denen natürlich die eigenen Bedürfnisse auszunehmen waren. Der offenkundige Widerspruch zwischen der Kritik an der *Überfluss- und Konsumgesellschaft* und den gleichzeitig ständig steigenden Ansprüchen an den Staat wurde dabei keineswegs als störend empfunden.

Selbstverständlich ist, und war auch damals unbestritten, dass wir Verantwortung nicht nur für unsere, sondern auch für die uns nachfolgenden Generationen tragen und deshalb so ressourcenschonend wie nur möglich wirtschaften müssen. Vorreiter bei dieser Erkenntnis war Bayern, wo bereits 1970 ein eigenes Umweltministerium geschaffen wurde.

Doch um den Schutz der Umwelt ging es auch nur vordergründig.

Vielmehr war, ausgehend von der *68er-Bewegung*, der Verdruss derer, die im Wohlstand aufgewachsen waren, gegenüber jenen gewachsen, die diesen Wohlstand geschaffen hatten, was von Letzteren wiederum – aus ihrer

Sicht verständlich – als grobe Undankbarkeit empfunden wurde.

Warum, so argumentierten die Älteren, hätten sie sich denn so krumm gelegt und auf so vieles verzichtet? Doch nur, damit es den Jungen einmal besser gehe! Die aber wollten davon nichts mehr hören. Die Eltern hatten ihre Ziele erreicht, waren aber nicht in der Lage gewesen, den Kindern neue, eigene Ziele zu setzen. Und was für viele, natürlich nicht alle, Familien galt, das galt in vergleichbarer Weise auch für Staat und Gesellschaft.

Das bis dahin so erfolgreiche Modell Deutschland trat lustlos auf der Stelle und haderte mit sich selbst.

Aus seinen unbestreitbaren Erfolgen schöpfte es nicht Kraft und Selbstbewusstsein, neue Ziele anzusteuern, neue Herausforderungen zu suchen und zu bestehen.

Wie sehr eine einzige Vision eine ganze Nation über Jahre hinaus fesseln und ihr über viele Krisen hinweghelfen kann, haben in den 60er-Jahren die USA bewiesen.

Als Reaktion auf die erfolgreiche Erdumkreisung des sowjetischen Astronauten Juri Gagarin im April 1961 forderte Präsident John F. Kennedy einen Monat später in einer Botschaft zu „dringenden nationalen Erfordernissen" eine Beschleunigung des Weltraumprogramms und die Landung eines Menschen auf dem Mond bis 1970.

Keine noch so schwere Erschütterung wie die Ermordung von Kennedy im November 1963, von Martin Luther King im April 1968 und Robert Kennedy im Juni des gleichen Jahres oder auch die innere Zerissenheit durch den Vietnam-Krieg hat das Land von diesem Ziel abgebracht. Rund fünf Monate vor der von Kennedy gesetzten Frist, am 21. Juli 1969 3.56 Uhr mitteleuropäischer Zeit betrat Neil Armstrong als erster Mensch den Mond und formulierte: „Ein kleiner Schritt für einen Menschen, aber ein großer Schritt für die Menschheit."

In Deutschland dagegen gab es keine Visionen, für die die Menschen zu begeistern gewesen wären, und es fehlten Leit- und Vorbilder, die zur Nachahmung motiviert hätten.

Was sie im eigenen Land nicht fand, suchte sich die junge Generation deshalb anderswo. Mao Tse-Tung, Ho Chi Minh, Fidel Castro oder Che Guevara hießen die Idole für einen beachtlichen Teil vor allem der akademischen Jugend. Die Leichenberge und Blutbäder, die die wie Popstars verehrten Revolutionäre angerichtet hatten, wurden entweder ignoriert oder als moralisch gerechtfertigter „Befreiungskampf gegen den Imperialismus" verteidigt.

Als „Imperialismus" gebrandmarkt wurde selbstverständlich nur die Großmachtpoliltik der USA. Die Unterdrückung der Menschen gleichsam vor unserer Haustür, in den Staaten Mittel- und Osteuropas und im östlichen Teil unseres Vaterlandes durch die Sowjetunion, diente ja letztlich dem Ziel der Menschheitsbeglückung durch den Kommunismus. Und dieser, mochte er auch den einen oder anderen Schönheitsfehler beinhalten, war dem „kapitalistischen" System doch bei weitem vorzuziehen – vor allem wenn man nicht selbst in ihm leben musste. Martin Luther, der bekanntlich ebenso pointiert wie derb zu formulieren wusste, hat solche Geisteshaltung einmal mit dem drastischen Satz gekennzeichnet: „Auf fremdem Arsch ist gut durchs Feuer reiten." (Auch nach dem Zusammenbruch des Kommunismus 1989/90 und der in greifbare Nähe gerückten Wiedervereinigung Deutschlands legten linke Intellektuelle im Westen den Landsleuten im Osten nahe, in einer eigenstaatlichen DDR doch einen besseren, weil sozialistischen, Teil Deutschlands vorzuleben. Auf diese „Chance" hat die überwältigende Mehrheit der Betroffenen bekanntlich dankend verzichtet.)

Gewiss war es nur eine verschwindende Minderheit verblendeter Desperados in Deutschland, die ihren gewalttätigen revolutionären Vorbildern nacheifern und das „System“ durch Anleihen bei den mörderischen südamerikanischen „Stadtguerillas“ zum Einsturz bringen wollte. Doch diese Minderheit verbreitete jahrelang Angst und Schrecken und stellte den Staat vor seine bis heute schwierigste Bewährungsprobe.

Im Februar 1975 wurde der Berliner CDU-Vorsitzende Peter Lorenz entführt und im Austausch von fünf inhaftierten Anarchisten freigelassen. Zwei Monate später überfielen Terroristen die deutsche Botschaft in Stockholm, steckten sie in Brand und ermordeten zwei Diplomaten.

1977 erreichte der Terror der „Roten-Armee-Fraktion“ seinen Höhepunkt. Im April wurden Generalbundesanwalt Siegfried Buback und zwei seiner Begleiter auf offener Straße erschossen, im Juli fiel der Vorstandssprecher der Dresdner Bank, Jürgen Ponto, einem Anschlag zum Opfer und im September wurde Arbeitgeberpräsident Hanns-Martin Schleyer entführt. Vier seiner Begleiter wurden an Ort und Stelle getötet, Schleyer selbst sechs Wochen später, weil sich die Bundesregierung weigerte, mehrere einsitzende RAF-Terroristen freizulassen.

Der Rechtsstaat hat sich in diesem „bleiernen Herbst“ behauptet. Aber auch wenn die RAF mittlerweile als endgültig zerschlagen gilt, ist es ein bedrückendes Gefühl, dass die Mörder des Chefs der Motoren- und Turbinen-Union (MTU), Ernst Zimmermann (Februar 1985), des Siemens-Managers Karl Heinz Beckurts und seines Fahrers Eckhard Groppler (Juli 1986), des Diplomaten Gerold von Braunmühl (Oktober 1986), des von mir persönlich hoch verehrten Vorstandsvorsitzenden der Deutschen Bank, Alfred Herrhausen (November 1989), und des Vorstandsvorsitzenden der Berliner Treuhand, Detlev Karsten Rohwedder (April 1991), noch immer frei herumlaufen.

Die überwältigende Mehrheit derer, die mit der politischen und gesellschaftlichen Situation der 70er-Jahre unzufrieden waren, trat den friedlichen „Marsch durch die Institutionen“ an, einen Marsch der, wie der langjährige SPD-Vorsitzende Hans-Jochen Vogel später ironisch formulierte, die „Marschierer mehr verändert hat als die Institutionen“. Das beste Beispiel dafür ist unser Außenminister Joschka Fischer, der wohl die bemerkenswerteste Politikerbiografie der Bundesrepublik aufzuweisen hat.

Der so plakativ als „68er“ bezeichneten Generation hat unser Land sicherlich eine Reihe wichtiger innerer Reformen zu verdanken. Ich denke an das Strafrecht, das Scheidungsrecht, die Frauenpolitik, den toleranteren Umgang mit gesellschaftlichen Minderheiten.

Negativ dagegen schlägt zu Buche – und damit haben die Sozialdemokraten und die Grünen noch heute zu kämpfen – die ausgeprägte Gläubigkeit an einen für alles zuständigen Staat bei gleichzeitig bemerkenswertem Desinteresse dafür, woher der Staat die Mittel nehmen soll, um die ständig steigenden Ansprüche an ihn zu erfüllen.

Vor allem an diesen Widersprüchen ist dann auch die sozial-liberale Koalition unter Kanzler Schmidt zerbrochen.

Nach dem Sieg bei der Bundestagswahl 1980 über die Union und ihren Kanzlerkandidaten Franz Josef Strauß wurde die Kluft zwischen den Regierungsparteien SPD und FDP und vor allem innerhalb der Sozialdemokraten immer größer.

Ein Hauptstreitpunkt war der auf Betreiben Schmidts zustande gekommene Beschluss der Nato, der großen Zahl auf Europa gerichteten sowjetischen Mittelstreckenraketen solche des westlichen Bündnisses entgegenzustellen, wenn Moskau nicht bereit sei, die seinen abzuziehen.

Dagegen formierte sich breiter Widerstand, aus dem dann die Partei der Grünen hervorging. Im Zuge dieser Entwicklung rückte die SPD auch von der Politik der friedlichen Nutzung der Kernenergie ab, die bis dahin zwischen den Parteien außer Streit stand.

Auf mehreren regionalen Parteitagen hatte Helmut Schmidt offen mit Rücktritt gedroht, wenn ihm die Partei die Gefolgschaft verweigere.

Aber es gab noch weitere Streitpunkte. So kam es im Juni 1982 in der SPD-Fraktion zu einer offenen Auseinandersetzung über die Sanierung des Bundeshaushalts. Schmidt wörtlich: „Mit mir jedenfalls wäre eine Kreditausweitung über das genannte Maß hinaus nicht zu machen. Weil ich nicht glaube, sie verantworten zu dürfen vor dem eigenen Sachverstand und dem eigenen Gewissen." Die von ihm für notwendig gehaltenen Kürzungen, die auch den Sozialetat betroffen hätten, wären umgekehrt, so fügte Schmidt hinzu, „mit euch nicht zu machen".

Anfang September 1982 legte der liberale Wirtschaftsminister Otto Graf Lambsdorff ein Thesenpapier vor, in dem ein rigoroser Sparkurs, niedrigere Steuern, der Abbau bürokratischer Regelungen und einschneidende Reformen in den Sozialsystemen gefordert wurden. (Alles heute so aktuell wie damals. In 18 Jahren sind wir also kaum vorangekommen.)

Helmut Schmidt, der die FDP schon länger auf dem Absprung wähnte und das Lambsdorff-Papier als Scheidungsurkunde betrachtete, entließ kurz darauf ihre Minister. Die Koalition war beendet und am 27. Oktober 1982 wurde Helmut Kohl mit den Stimmen von Union und FDP zum neuen Bundeskanzler gewählt.

Sein Versprechen an die Deutschen war eine *geistig-moralische Wende*. Diesem Anspruch ist er während seiner 16-jährigen Kanzlerschaft ganz sicher nicht gerecht geworden – unabhängig von dem gesetzeswidrigen Umgang mit Parteispenden, wie ein Jahr nach seiner Abwahl bekannt wurde.

Ich empfinde die Ära des Stillstandes, des Missvergnügens und des Jammerns in Deutschland, die nun seit fast 25 Jahren anhält und die sich wie Mehltau über unser Land gelegt hat, vor allem deshalb als besonders schmerzlich, weil ich selbst in dieser Zeit, quer zur miesepetrigen Stimmung, mit meiner eigenen Karriere gezeigt habe, was man in Deutschland erreichen kann, wenn man positiv denkt, an sich selbst glaubt – und selbstverständlich hart und diszipliniert arbeitet.

Vom „Glasscherbenviertel" ins Silicon Valley

Meine Karriere vollzog sich gleichsam antizyklisch zur allgemeinen wirtschaftlichen Entwicklung. Als es den meisten in Deutschland am besten ging, war ich in den Abgrund gestürzt, und seit das Jammern (auf noch immer hohem Niveau) den Fußball als Volkssport Nummer eins abgelöst hat, bin ich auf einer sich ständig verbreiternden Erfolgsspur.

Das Wirtschaftswunder hatte um meine Familie und mich viele Jahre einen weiten Bogen gemacht.

Was meine Mutter, die ich während meiner Kindheit nur stets kränklich erlebt habe, von ihrer halbtägigen Arbeit als Putzfrau nach Hause brachte, war, wie man zu sagen pflegt, zu wenig zum Leben und zu viel zum Sterben. Gelegentlich erfuhr unser kärglicher Alltag durch eine Zuwendung meiner Großmutter väterlicherseits, die in auskömmlicheren Verhältnissen lebte, eine kleine Aufbesserung.

Mein Vater, der 1951 aus der Gefangenschaft zurückkehrte, konnte zur Hebung des Lebensstandards unserer Familie leider kaum etwas beitragen. Körperlich und seelisch zerrüttet suchte er durch Gelegenheitsarbeiten wieder Anschluss an das Berufsleben zu finden, scheiterte jedoch stets aufs Neue – vor allem an seinem Hang zum Alkohol. Kaum ein Abend, an dem meine Eltern sich nicht gegenseitig bittere Vorwürfe machten und ich nur den einen Wunsch hatte, dass sie des Streitens müde werden mögen, damit ich endlich einschlafen konnte.

Auch wenn ich damals vieles nicht verstand, so fühlte ich jedoch instinktiv, dass ich von meinen Eltern keine große Unterstützung für mein eigenes Leben erwarten konnte. So war ich frühzeitig darauf angewiesen, mich aus eigener Kraft zu behaupten. Körperlich eher klein und schmächtig, hat mich der liebe Gott jedoch mit einer Kämpfernatur ausgestattet, die mich nur ein einziges Mal in meinem Leben im Stich zu lassen drohte und der vor allem ich meinen späteren Erfolg verdanke.

Kampfeswillen und Erfolgshunger haben bei mir bis zum heutigen Tag nicht nachgelassen. Freunde und Bekannte fragen mich immer wieder, warum ich mich denn, nachdem ich doch eigentlich alles erreicht hätte, nicht aus dem knallharten Halbleiter-Business zurückzöge, um meine Erfolge in vollen Zügen zu genießen.

Ich antworte darauf: Wirklicher Erfolgshunger kann nie gestillt werden, er kennt keine Sattheit. Jetzt, da ich im europäischen Chip-Broking die Nummer eins bin, will ich die Nummer eins in der Welt werden. Wer tatsächlich erfolgreich sein will, gibt sich nie mit dem Erreichten zufrieden, sondern steckt sich immer wieder neue Ziele. Das ist es ja, woran es Deutschland seit so vielen Jahren fehlt: dem Setzen von Zielen und dem festen Willen, diese Ziele auch zu erreichen.

Mein erstes Ziel war von eher bescheidener Art. Nachdem mir meine Großmutter Reitstunden ermöglicht hatte, stand nach acht Jahren Volksschule Reitlehrer als mein Berufswunsch fest. Ich hatte sogar schon erfolgreich nach einer Stelle als Stallbursche Ausschau gehalten. Doch meine Mutter stellte sich dieser Karriere mit der Begründung in den Weg, dass ich dort zwar kostenloses Essen und Logis, aber keine Lehrlingsvergütung erhalten würde. Eine solche aber hatte sie für das schmale Haushaltsbudget bereits fest eingeplant. Die höchste Vergütung winkte damals im Friseurhandwerk, also sollte ich dort mein Berufsleben starten.

Dies wiederum kam für mich nicht in Frage. Schließlich einigten wir uns auf den Kompromissvorschlag meiner Großmutter, wonach ich Autoverkäufer werden und als Grundlage dafür eine Lehre als Automechaniker absolvieren sollte.

Doch meine handwerklichen Fähigkeiten waren derart dürftig, dass mir mein Meister schon bald zu Recht sagte: Das wird wohl nichts. Wieder schaltete sich meine Großmutter ein und vermittelte mir zum 1. Oktober 1958 einen Lehrvertrag als Großhandelskaufmann in einem Elektroartikelhaus in der Nähe des Münchner Hauptbahnhofs.

Dort lernte ich jenes System kennen, das später zur Grundlage meiner Unternehmensphilosophie werden sollte, nämlich mit dem schnellen Überwinden von Engpässen gute Geschäfte zu machen. War ein benötigtes Teil nicht auf Lager, besorgten wir es in Windeseile in einem anderen nahe gelegenen Geschäft und verkauften es mit einem entsprechenden Aufpreis weiter.

Das Sortiment meines Ausbildungsbetriebs umfasste alles, was mit Strom zu tun hatte: Kollektoren, Schalter, Tranformatoren und Relais. Nach dem erfolgreichen Abschluss meiner Lehrzeit wechselte ich in ein Radiogeschäft und damit zur Hochfrequenztechnik. Doch die gebotenen Aufstiegschancen entsprachen nicht meinem Ehrgeiz. Und so zog ich Anfang 1965 im wahrsten Sinne des Wortes ein paar Straßen weiter und bewarb mich erfolgreich bei Münchens führendem Elektronik-Handelshaus. Dort boomte gerade vor allem das Geschäft mit Konvertern (Umsetzern) für das neu hinzugekommene Zweite Deutsche Fernsehen.

Hier konnte ich nun meine verkäuferischen Fähigkeiten voll entfalten. Auch mein Gehalt steigerte sich von anfangs 300 DM im Monat auf 1.000 DM nach zwei Jahren. Ich genoss die besondere Förderung des Prokuristen und arbeitete mit Freude, Fleiß und Energie an meinem weiteren Aufstieg.

Eine beiderseits eher unverbindliche Beziehung zu einem Mädchen blieb nicht ohne Folgen und so heiratete ich 1967 gegen den dringenden Rat meiner Großmutter, bei der ich zwischenzeitlich wohnte.

Dass diese Ehe ein schwerer Fehler war, merkte ich schon bald. Für mich stand der berufliche Erfolg an erster Stelle, meine Frau hatte es lieber ruhig und gemütlich. So lebten wir mehr nebeneinander als miteinander.

1969 überwarf sich mein Förderer, der auch mein Idol und Vorbild geworden war, mit dem Firmeninhaber, machte sich selbstständig und ich folgte ihm.

Das Schwergewicht unseres schnell expandierenden Unternehmens lag im Verkauf von Fernsehantennen. Schon bald stieg ich zum Vertriebsleiter und Prokuristen auf, verdiente viel Geld, kaufte mir ein teures Auto und eine Wohnung im Olympiaparkgelände. Selbst meine Ehe schien sich zeitweise zu bessern.

1974 verschlechterten sich die Geschäfte rapide. Der Fernsehantennen-Markt war zunehmend gesättigt. Doch ich konnte das Blatt vorübergehend noch einmal wenden. Es gelang mir, für wenig Geld den Namen eines traditionsreichen Unternehmens, das Konkurs gemacht hatte, zu erwerben, und baute es zu einem Einzelhandelsunternehmen für Elektronikteile aus. Die Banken waren für einige Zeit zum Stillhalten bereit und wir schienen aus dem Gröbsten heraus zu sein.

Nachdem ich in unserer bisherigen Zusammenarbeit die Hauptbelastung und -verantwortung getragen hatte, pochte ich nun auch auf eine gleichberechtigte Teilhaberschaft.

Mein Verlangen stieß, für mich selbst überraschend, sofort auf offene Ohren. Im April 1975 unterschrieben wir einen Vertrag, der mich zum Geschäftsführer unserer GmbH & Co. KG mit Alleinvertretungsbefugnis machte und zu einem späteren Zeitpunkt meinen Eintritt als Gesellschafter vorsah.

In meiner Freude darüber, mein Ziel erreicht zu haben, hatte ich leider einen entscheidenden Paragraphen in dem umfangreichen Vertragswerk übersehen bzw. ihm keine Beachtung geschenkt.

Es ging dabei um ein „Wettbewerbsverbot“ für die Dauer von zwei Jahren nach einer Beendigung des jetzigen Beschäftigungsverhältnisses. Das bedeutete, ich dürfte in diesem Zeitraum weder für ein anderes Unternehmen der Elektronikbranche tätig sein noch mich an einem solchen beteiligen.

Bereits neun Monate später trat der von mir nicht für möglich gehaltene Fall ein. Per Anwalt wurde mir am 30. Januar 1976 meine fristlose Kündigung übermittelt und dabei ausdrücklich auf das nun wirksam werdende Wettbewerbsverbot verwiesen. Die Begründung, ich hätte meinen künftigen Partner bei Mitarbeitern schlecht gemacht und überdies dem Unternehmen finanziellen Schaden zugefügt, war hanebüchen und so war ich entschlossen, gegen die Kündigung mit allen rechtlichen Mitteln vorzugehen.

Meine wirtschaftliche Situation war äußerst angespannt. Zwar hatte ich sehr gut verdient, das Geld aber auch mit vollen Händen ausgegeben.

Bereits drei Wochen nach meiner Kündigung gründete ich mit 5.000 DM die Consumer Electronic (ce). Das Wettbewerbsverbot umging ich dadurch, dass ich meine Frau als Gesellschafterin und meine frühere Sekretärin als Geschäftsführerin eintragen ließ.

Das Geschäft dümpelte mehr schlecht als recht vor sich hin. Obwohl ich nach außen hin nicht in Erscheinung trat, blieb meinem ehemaligen Arbeitgeber natürlich nicht verborgen, wer hinter der ce steckte. Er versuchte mit massiven Mitteln, potenzielle Lieferanten und Kunden von einer Zusammenarbeit mit mir abzuhalten. So konnte ich mich kaum über Wasser halten.

Im Sommer zeichnete sich Licht am Ende des Tunnels ab. Es gelang mir, einen Bekannten noch aus der Lehrzeit als Partner zu gewinnen, der inzwischen Einkäufer in einem elektromedizinischen Unternehmen war: Herbert E. Graus. Mit ihm begann eine Partnerschaft und Freundschaft, die bis heute unverbrüchlich hält.

Doch der schwärzeste Tag in meinem Leben sollte mir noch bevorstehen. Es war Samstag, der 2. Oktober 1976. Morgens um sieben Uhr informierte mich meine Mutter telefonisch, dass meine Großmutter, die wichtigste Bezugsperson meiner Kindheit und Jugend, verstorben war. Wenige Stunden später überbrachte der Briefträger den nächsten Tiefschlag. Mein Widerspruch gegen die Kündigung war auch in zweiter gerichtlicher Instanz abgewiesen worden. Ich stand wirtschaftlich vor dem Ruin und privat vor einem Trümmerhaufen. Meine Frau hielt sich mit unserer Tochter fast nur noch bei ihrer Mutter auf, hatte mir aber wenigstens ihren kleinen Wagen dagelassen. Ich selbst besaß kein Auto mehr.

Meine Situation erschien mir so ausweglos, dass ich entschlossen war, mir das Leben zu nehmen. Ich fuhr zu der für solche Verzweiflungstaten in München berüchtigten Großhesseloher Brücke und ging vor dem Geländer auf und ab. Plötzlich entlud sich die ganze Anspannung nicht nur dieses Tages, sondern auch der zurückliegenden Monate in einem Sturzbach von Tränen und spülte das ganze Selbstmitleid weg.

Ich fühlte mich wieder klar im Kopf, fuhr hinaus ins bayerische Voralpenland, stellte mein Auto auf einem Parkplatz vor einer Kirche ab, rollte mich zusammen und schlief ein.

Als ich aufwachte, spürte ich, dass der Kampfgeist in meinen Körper zurückgeströmt und ich entschlossen war, mein Leben, das ich versucht war wegzuwerfen, neu zu beginnen.

Da ich in München bis auf weiteres in meiner Branche zum Nichtstun verurteilt war und ich überdies die ce bei Herbert E. Graus in guten Händen wusste, suchte ich den räumlichen Abstand.

Bei dem Besuch der Messe *Electronica 76* stieß ich auf den Stand eines Schweizer Unternehmens, das Nadeln für Plattenspieler präsentierte. Ich kam mit dem Repräsentanten ins Gespräch, fasste Vertrauen und schilderte ihm meine Situation. Tags darauf lernte ich auch den Präsidenten des Verwaltungsrates kennen. Dann ging alles ganz schnell. Ich erhielt eine Einladung zum Sitz der Firma in Biel, in der Nähe von Bern, und das Angebot, die Position eines kaufmännischen Direktors zu bekleiden.

Ich fuhr noch einmal zurück nach München, packte meinen einzigen blauen Anzug und ein paar Hemden ein und fragte meine Frau, ob sie mitkommen würde. Sie lehnte ab, wofür ich Verständnis hatte.

Meine Hauptaufgabe war, die Arbeit unserer Auslandsvertretungen neu zu strukturieren. Ich war monatelang in der ganzen Welt unterwegs.

Die wichtigste Begegnung in dieser Zeit hatte ich jedoch nicht in einem fernen Kontinent, sondern in einer Bieler Hotelbar. Dort lernte ich Irène kennen. Sie war die Tochter eines Schweizer Bankers und soeben im Begriff, sich von ihrem Mann scheiden zu lassen. Wir lernten uns erst schätzen, dann lieben und im Januar 1978 folgte sie mir mit 5 Franken in der Tasche zurück nach München.

In einer Schwabinger Dreizimmerwohnung krempelten Irène, Herbert und ich nun die Ärmel hoch und setzten die ce auf die Erfolgsspur. In diesen Jahren vollzog sich in allen wichtigen Industriezweigen der Übergang von der Mechanik zur Elektronik. Vor allem die Autoindustrie und der Maschinenbau benötigten immer größere Stückzahlen immer kleinerer Schaltkreise, später Chips genannt, Schalter wurden durch Sensoren abgelöst, die Lochkarte als Software für die damaligen Computer hatte ausgedient.

Die deutsche Industrie, einstmals bei technologischen Innovationen führend, hatte diese Entwicklung völlig verschlafen und sah sich plötzlich in ihren Schlüsselbranchen einer fatalen Abhängigkeit von den amerikanischen und japanischen Herstellern gegenüber.

Schon bald fällte ich zwei Entscheidungen, die für die ce richtungweisend sein sollten und wesentlich zu ihrem Erfolg beigetragen haben. So merkte ich, dass ich bei Einkäufen immer wieder an Grenzen stieß, die durch das Zuteilungsprinzip der Hersteller an ihre Distributoren in Deutschland gezogen waren. Ich erhielt oftmals nicht so viel Ware, wie ich brauchte. Deshalb beschloss ich 1979, eine eigene Firma in Japan zu gründen, um dort bei den Herstellern direkt einkaufen zu können – natürlich auch zu günstigeren Preisen, was meine Wettbewerbsfähigkeit bei den Kunden erhöhte. 1982 vollzog ich den gleichen Schritt in den USA. Das kam genau zur richtigen Zeit, denn bereits ein Jahr später nahm die Verknappung auf den Chip-Märkten, ausgelöst durch den Siegeszug der Personalcomputer, dramatisch zu. Die PCs verschlangen Millionen von Chips, die plötzlich in Deutschland und Europa fehlten. Diese Bauteile wurden ja nicht nur für Computer benötigt, sondern auch in vielen anderen produzierenden Bereichen. Dank meiner Einkaufsmöglichkeiten vor Ort konnte ich bei der Beseitigung zahlreicher Engpässe und drohender Produktionsstillstände helfen und erwarb mir mit der ce schon bald den Ruf einer *Feuerwehr der Elektronik*.

Die zweite Entscheidung war eher aus der Not heraus geboren. Unsere räumlichen Verhältnisse ließen eine Lagerhaltung nicht zu. Deshalb praktizierten wir das Chip-Broking von der ersten Stunde an und bis heute unverändert: Ware wird erst dann gesucht und eingekauft, wenn ein schriftlicher Auftrag des potenziellen Abnehmers vorliegt. Ich glaube für mich in Anspruch nehmen zu können, das Chip-Broking weltweit als Erster eingeführt zu haben. Deshalb ist die ce auf diesem Gebiet auch nahezu konkurrenzlos.

Beim täglichen Kontakt mit dieser sich rasant weiterentwickelnden Technologie wurde mir bald klar, dass Chips die konkrete Ausgestaltung dessen sind, was Franz Josef Strauß einmal den *Rohstoff Geist* genannt hat. Das Wissen, das auf diesen winzigen Siliziumplättchen konzentriert ist, wird über kurz oder lang die Industrieproduktion in der ganzen Welt steuern und alle Lebensbereiche erfassen. Ohne Chips bewegt sich nichts mehr in dieser Welt. Ohne Chips keine Zukunft.

Ich war von dieser Erkenntnis, die ich Ende der 80er-Jahre gewonnen hatte, wie elektrisiert. Jetzt musste doch die große Stunde Deutschlands schlagen, wo Konrad Zuse in den 30er-Jahren den Computer erfunden hatte. Diese unglaubliche Herausforderung, technologisch wieder Weltspitze zu werden, müsste doch zu einer gemeinsamen Kraftanstrengung des ganzes Landes führen. Welch einem Irrtum war ich da erlegen!

Die politischen, wissenschaftlichen und wirtschaftlichen Eliten unseres Landes waren satt, träge und selbstgefällig geworden.

Ich schrie meine Botschaft, oft genug im Wortsinne, förmlich heraus. In Hunderten von Briefen an Politiker, Unternehmer, Manager und Gewerkschafter warnte ich vor den Gefahren dieser neuen Rohstoffabhängigkeit, bei der man sich nicht auf fehlende natürliche Ressourcen herausreden konnte. Ich bat um Gesprächstermine, um das, was ich täglich am Markt erlebte, persönlich zu erläutern. Kamen Gespräche zustande, hatte ich immer das Gefühl, dass wir von völlig unterschiedlichen Dingen reden. Chips waren den meisten nur im Zusammenhang mit Kartoffeln ein Begriff. Eine der wenigen Ausnahmen war mein Gedankenaustausch mit dem Vorstandsvorsitzenden der Deutschen Bank, Alfred Herrhausen, einer der selten gewordenen Visionäre der deutschen Wirtschaft. Er begriff die Tragweite dessen, was sich da vor unser aller Augen abspielte – vorausgesetzt, man war bereit zu sehen. Doch für die meisten war der eigene Nabel der Fixpunkt allen Denkens. Ein schrecklicher Provinzialismus hatte sich in Deutschland breit gemacht.

Ich schaltete aus privaten Mitteln Anzeigen in Tageszeitungen, in der Publikums- und Fachpresse und engagierte Publikumslieblinge wie Franz Beckenbauer und Karl-Heinz Rummenigge als Werbeträger für meine Chip-Botschaft.

Diese Aktionen erregten zwar Aufsehen, machten die ce und mich bekannt – wogegen ich auch nichts hatte –, aber in der Sache habe ich zunächst wenig bewegt.

Damals begann ich, mein geliebtes Deutschland und seine Eliten mit anderen, sehr viel kritischeren Augen als früher zu sehen. Mit Politik hatte ich mich bis dahin kaum beschäftigt, auch wenn mich mein Partner Herbert E. Graus Ende der 70er-Jahre erfolgreich überredet hatte, in die CSU einzutreten. Schließlich bewunderte ich auch Franz Josef Strauß. Auch zu den Chefetagen der Wirtschaft hatte ich ebenso ehrfürchtig emporgeblickt, wie viele von ihnen verächtlich auf mich herabsahen. (Da war auch viel Neid mit im Spiel, da ich keinerlei Veranlassung sah, mich für meinen wirtschaftlichen Erfolg zu schämen und die verdienten Früchte meiner Arbeit vor der Öffentlichkeit zu verstecken.)

Das hat sich gründlich geändert. Unterhalb gleicher Augenhöhe begegne ich heute niemandem mehr.

1990 veröffentlichte ich mein erstes Buch *Mr. Chip – eine deutsche Karriere*, in dem ich neben den Stationen meines bisherigen Lebens auch die Entwicklungsstufen der Elektronik und ihre wachsende Bedeutung nachzeichnete. Bei der Vorbereitung für dieses Buch wurde mir auch der Hauptgrund dafür klar, warum Deutschland technologisch in die zweite Liga abgestiegen war: Zwischen Forschung, Entwicklung, Produktion und Vermarktung klafften bei uns riesige Kommunikationslöcher, die verhinderten, dass selbst bahnbrechende Erfindungen schnell in marktfähige Produkte umgesetzt werden konnten. Meine damals angeführten Beispiele Fax und Videorecorder gehörten von da an zu den festen Bausteinen fast jeder Standardrede der meisten Entscheidungsträger. Dieses fatale Nebeneinander hängt bis heute vor allem mit den Berührungsängsten zwischen Hochschulen und Wirtschaft zusammen, wobei das Misstrauen besonders bei den Hochschulen liegt. Peter Glotz war in seiner Partei viele Jahre lang ein einsamer Rufer in der Wüste, als er auf stärkere Kooperationen zwischen Geist und Kapital drang.

Heute weiß ich, dass ich mit diesem Buch einen wichtigen Beitrag zur erhöhten Aufmerksamkeit und Sensibilisierung für die Bedeutung der Chip-Technologie geleistet habe.

Langsam, ganz langsam bahnte sich die Wahrheit dann doch ihren Weg in die interessierte Öffentlichkeit.

Als Kronzeuge für die Richtigkeit meiner Analysen trat dann 1994 der langjährige deutsche Botschafter in Neu Delhi, Konrad Seitz, auf den Plan. In seinem Buch

Die japanisch-amerikanische Herausforderung – Deutschlands Hochtechnologie-Industrie kämpft ums Überleben hielt er der deutschen Wirtschaft nahezu identisch mit meinen Worten ihre schweren Versäumnisse vor.

So sehr ich mich über die nun folgenden Bestätigungen gefreut habe, so kam ich doch auch ins Grübeln. Wie kann es sein, dass in der drittgrößten Industrienation der Welt jemand wie ich – und das meine ich jetzt ohne jede persönliche Koketterie –, der als Bildungsgrundlage nur über einen Volksschulabschluss und eine anschließende kaufmännische Ausbildung verfügt, einen epochalen technologischen Quantensprung schneller erkennt und in seinen Konsequenzen präziser vorhersagen kann als die gesamte wissenschaftliche und wirtschaftliche Elite in Deutschland, von der politischen und journalistischen ganz zu schweigen.

Wenn mein Wissens- und Informationsvorsprung vor allem darauf beruhte, dass ich mich stets im Zentrum der weltweiten Elektronikmärkte bewegte, dann konnte der Umkehrschluss nur lauten, dass die Flaggschiffe unserer Wirtschaft von den Märkten viel zu weit weg waren, um Entwicklungen rechtzeitig zu erspüren, „da'schmecken“, wie man in Bayern sagt.

Die deutschen Spitzenmanager hatten sich vom Markt weit entfernt. Sie waren viel zu sehr damit beschäftigt, ihre Statussymbole und Privilegien abzusichern, anstatt ihrer eigentlichen Aufgabe, sich neuen Markterfordernissen anzupassen, nachzukommen.

Der Gerechtigkeit halber muss allerdings hinzugefügt werden, dass es sich hier nicht nur um ein rein deutsches Problem handelte. Auch die EU-Kommission hat sich erst in der zweiten Hälfte der 90er-Jahre mit der europäischen Chip-Abhängigkeit beschäftigt.

Die damalige Schlafmützigkeit ist heute unbestritten. In einem Interview mit der *Frankfurter Allgemeinen Zeitung* vom 5. Januar 2000 nennt der Dresdner Bank Vorstand Leonhard Fischer als einen der größten Fehler der Europäer: „Wir haben in unserer Fixierung auf die Globalisierung und die Shareholder-Value-Diskussion übersehen, dass der wirkliche Motor die Mikrochip-Revolution war und ist, die vor 20 bis 25 Jahren angefangen, sich über die 80er-Jahre beschleunigt und in den 90er-Jahren den Durchbruch geschafft hat."

Die Versäumnisse bei der Entwicklung und Produktion der Chip-Technologie verfolgen Deutschland und Europa bis heute, auch beim nächsten Quantensprung, dem digitalen Zeitalter. Im Vorwort zu seinem Buch *Die beschleunigte Gesellschaft – Kulturkämpfe im digitalen Kapitalismus* schreibt Peter Glotz: „Ich bewundere das, was man auch heute noch den amerikanischen Pioniergeist nennen kann: die Experimentierlust, den Wagemut, die Zukunftsorientierung und die trotzige Bereitschaft, mit der Wurst nach der Speckseite zu werfen. Aber ich bleibe ein Nachkömmling der alten Verwicklungen, großen Traditionen und blutigen Kriege Alteuropas. Deswegen würde ich es bedauern, wenn dieser geschichtsträchtige Kontinent im digitalen Zeitalter zu kolonialem Terrain würde. Diese Gefahr ist groß."

Der Know-how-Vorsprung der Amerikaner gegenüber Europa ist schon heute nicht mehr aufzuholen. Ob dies zwangsläufig mit einer Kolonialisierung Europas einhergehen wird, darüber ist noch nicht entschieden. Der Schlüssel für die europäische Positionierung in der digitalen und e-kommerzialisierten Welt wird in Deutschland als dem wirtschaftlich stärksten Land Europas liegen.

Genau diesen elektronischen Schlüssel aber, der uns die Tür zu der sich vor allem technologisch rasant verändernden Welt öffnen soll, haben wir vor etwa 20 Jahren weggeworfen und uns gleichsam selbst eingeschlossen. Mitte der 90er-Jahre haben sich einige aufgemacht, wenigstens nach dem Schlüssel zu suchen, und seit dem Jahreswechsel haben wir eine gewisse Vermutung, wo er liegen könnte. Jetzt gilt es, die Suche mit Hochdruck zum Erfolg zu führen, den Schlüssel gemeinsam ins Schloss zu stecken und auf „On" für die Zukunft Deutschlands zu drehen.

Die Welt, in der wir künftig leben und in der wir uns werden behaupten müssen, wird uns Deutschen und Kontinentaleuropäern erhebliche Lern- und Anpassungsprozesse, sowohl auf jeden Einzelnen wie auch auf die Gesellschaft insgesamt bezogen, abverlangen. Manche dieser Prozesse werden schon alleine deshalb nicht ohne Schmerzen abgehen, weil wir der Notwendigkeit, uns ihnen zu unterziehen, allzu lange ausgewichen sind.

Wir hatten es uns in der gut temperierten bundesrepublikanischen Kuschelecke halbwegs kommod gemacht, geleitet von jenem Gefühl wohliger Unzufriedenheit, das zwar keinen Optimismus, keine Initiative und keinen Tatendrang aufkommen lässt, aber gleichwohl oder gerade deswegen allen Alternativen, die Veränderungsbereitschaft erfordern, vorzuziehen ist. Mut- und kraftlos geworden, ständig klagend und jammernd klammerten wir uns am Status quo fest. Wir wussten zwar, dass das Land sich ändern muss – und wir mit ihm. Aber weil uns Freude und Gestaltungswille abhanden gekommen waren, hofften wir gleichzeitig, diese Veränderungen möglichst lange hinauszögern zu können.

Wie jeder von uns aus seiner privaten Erfahrung weiß, gibt es zwei Möglichkeiten, mit der Zukunft umzugehen: sie aktiv zu gestalten oder passiv über sich ergehen zu lassen. In Deutschland hatte sich eine große Mehrheit für Letzteres entschieden und viele tun es heute noch.

Für diese Verweigerungshaltung in den Köpfen waren in hohem Maße die Eliten aus Politik, Wirtschaft und Wissenschaft, gesellschaftliche Gruppen wie die Gewerkschaften oder Kirchen, aber auch die Medien verantwortlich. Sie alle sind ihrer Vorbildverpflichtung leider in keiner Weise gerecht geworden.

Einer Gesellschaft, der Vor- und Leitbilder fehlen, geht die Orientierung verloren.

Einheit, Stillstand, Neubeginn

Der sozial-liberalen Bundesregierung habe ich trotz großen persönlichen Respekts vor Helmut Schmidt bei ihrem Bruch 1982 keine Träne nachgeweint. Zu deutlich war geworden, dass sich die Sozialdemokraten mehrheitlich auf den Marsch in eine Re-Ideologisierungsphase begeben hatten, die ich für die wirtschaftliche und technologische Zukunft Deutschlands für verheerend gehalten habe. Selbst in der SPD machte damals das Bonmot die Runde, wonach die letzte technische Innovation, der die Partei zugestimmt habe, die Einführung des Farbfernsehens gewesen sei. So war es denn kein Wunder, dass die Zulassung des privaten Rundfunks in Deutschland in den Jahren 1983 und 1984 in einem regelrechten Kulturkampfklima durchgesetzt werden musste.

Aber meine Hoffnungen, die ich als Unternehmer in der Hightech-Branche in eine unionsgeführte Regierung gesetzt hatte, wurden bald enttäuscht. Anstelle der versprochenen „geistig-moralischen Wende“ bekamen wir eine Politik des ständigen „Sich-irgendwie-Durchwurstelns“. Keine Spur von klaren Zielen.

Nach der gnadenlosen Durchleuchtung des „Systems Kohl“ und der von ihm geschaffenen innerparteilichen „Bimbes-Kultur“ mit einem dicht verknüpften Netz persönlicher Abhängigkeiten, wie sie seit Ende letzten Jahres erfolgte, wundert man sich in der Rückschau nicht mehr über Helmut Kohls Regierungsstil. Bis zum Spätsommer 1989, als der Zerfallsprozess des kommunistischen Ostblocks und der DDR begannen, war er vornehmlich damit beschäftigt, seine Macht gegen Kritiker aus den eigenen Reihen zu verteidigen. Für ein an den

Herausforderungen der Zukunft orientiertes Regieren im Land blieb da nicht mehr viel Zeit.

Im Frühjahr 1989 erreichte die innerparteiliche Krise der CDU ihren Höhepunkt. Bei Landtags-und Kommunalwahlen erlitt sie schwere Einbrüche, die rechtsradikalen „Republikaner“ zogen in mehrere Parlamente ein, auch ins Europäische Parlament.

In den bundesweiten Umfragen sackte die CDU auf bis zu 31 Prozent ab, während sich die SPD auf deutlich über 40 Prozent steigern konnte. Noch dramatischer sah es bei dem persönlichen Wert für Kohl aus. Mit einer Zustimmung von nur 27 Prozent der Bevölkerung landete er auf der Liste der wichtigsten Politiker auf Platz 18. „Kanzlerdämmerung“ sah der *Spiegel* heraufziehen.

Doch der vom damaligen Generalsekretär Heiner Geißler und dem baden-württembergischen Ministerpräsidenten Lothar Späth für den Parteitag im Herbst anvisierte Putsch gegen Kohl fand nicht statt. Die Putschisten hatten sich zu früh zu erkennen gegeben und zum Zeitpunkt der Entscheidung hatte sie dann der Mut verlassen.

Geißler verlor sein Amt als Generalsekretär und Späth stolperte ein gutes Jahr später über die „Traumschiff-Affäre“ – eine Reihe von teuren Reisen, zu denen er sich von Industriellen hatte einladen lassen. Dass beim Bekanntwerden der Details Kohl seine Hände im Spiel hatte, wurde stets gemunkelt, aber nie bewiesen. (Nutznießer dieses Rücktritts war dann die Jena Optik AG, als deren Vorstandsvorsitzender Späth bis heute hervorragende Arbeit leistet.)

„Saniert“, wie man heute in solchen Fällen zu sagen pflegt, wurde Kohl dann vom sowjetischen Parteichef Michail Gorbatschow, der sich den Reformbestrebungen der mittel- und osteuropäischen Staaten nicht länger entgegenstellte und nach schwierigen Verhandlungen auch der Wiederherstellung der deutschen Einheit und dem Verbleib des vereinigten Deutschlands im westlichen Bündnis zustimmte.

Es bleibt für immer das historische Verdienst von Helmut Kohl, den schmalen Zeitkorridor, in dem die deutsche Einheit möglich war, entschlossen genutzt und die Bedenken der westlichen Verbündeten, vor allem Frankreichs, mit dem Versprechen einer noch stärkeren Einbindung des größer gewordenen Deutschlands in die Europäische Union, einschließlich einer gemeinsamen Währung, ausgeräumt zu haben.

Dafür sind ihm Deutschland und die Deutschen zu bleibendem Dank verpflichtet. Er selbst hat es in der Hand, darüber zu entscheiden, in welchen Proportionen diese Verdienste gegenüber anonymen Spendern und schwarzen Kassen in den Geschichtsbüchern gewichtet werden.

Der Sieg der Union bei der ersten gemeinsamen Bundestagswahl 1990 war dann nur noch Formsache, vor allem auch weil die SPD mit Oskar Lafontaine den für diese Wahl denkbar ungeeignetsten Kanzlerkandidaten aufgeboten hatte. Nicht nur, dass der saarländische Ministerpräsident den Eindruck erweckte, mit seinen Prognosen über die zu erwartenden Kosten der Einheit vor allem den Menschen im Westen diese Einheit vermiesen zu wollen. Es wurde deutlich, dass Lafontaine, wie vielen anderen in seiner Partei, aus ideologischen Gründen ein wiedervereinigtes Deutschland suspekt war. Dieses Denken ging an der damaligen Gefühlslage der Deutschen – vor allem natürlich in den neuen Ländern – gründlich vorbei.

Die Verdienste Kohls bei der Wiederherstellung der staatlichen Einheit sind das eine, seine Fehler und Versäumnisse bei der Verwirklichung der inneren Einheit das andere.

Es ist Helmut Kohl nicht vorzuwerfen, dass er sich beim Umfang der notwendigen Aufbaukosten für die neuen Länder gigantisch getäuscht hat. Die meisten Politiker, Wirtschaftler, auch Journalisten – nicht nur in der Bundesrepublik, sondern im Westen insgesamt – waren der Propaganda des Honecker-Regimes hinsichtlich der wirtschaftlichen Situation in der DDR auf den Leim gegangen, das den Staat noch Mitte der 80er-Jahre zu den zehn führenden Industriestaaten der Welt zählte. Und richtig ist sicher auch, dass das mit dem Zusammenbruch der Sowjetunion verbundene Wegbrechen der Märkte im Osten in seinen Auswirkungen nicht vorhersehbar war.

Aber spätestens bei seinen zahlreichen Wahlkampfreisen in der Noch-DDR im Jahre 1990 hätte Kohl und seinen Mitstreitern klar sein müssen, dass dort nicht in wenigen Jahren *blühende Landschaften* entstehen würden, die gleichsam aus der westdeutschen Portokasse bezahlt werden könnten. Die richtige und verantwortungsbewusste Antwort auf die Strategie Lafontaines, mit dem Hinweis auf die zu erwartenden Kosten die Einheit madig zu machen, wäre gewesen, die anstehenden Probleme nicht zu verschweigen, zu leugnen oder klein zu reden, sondern sie in Relation zu der Größe des Geschenks zu stellen, das die Geschichte uns Deutschen gemacht hat.

Der promovierte Historiker Helmut Kohl, der mit staatsmännischer Größe und oftmals wirklich überzeugender Eindringlichkeit einer in ihrer Mehrheit skeptisch gewordenen Bevölkerung die Notwendigkeit des europäischen Integrationsprozesses mit einer gemeinsamen Währung vor Augen führte, war beim deutsch-deutschen Einigungsprozess auf das Format eines wahlkämpfenden Parteipolitikers geschrumpft, der sich nicht traute, den Menschen die Wahrheit zu sagen.

Ich hätte von Helmut Kohl erwartet, dass er sich wenigstens 1991 – also nach gewonnener Wahl – in einer Fernsehrede direkt an die deutsche Bevölkerung wendet und sinngemäß sagt: Die Probleme, die vor uns liegen, sind größer, als ich erwartet habe, und ihre Lösung wird jedem Einzelnen von uns über einen längeren Zeitraum auch materiell etwas zusätzlich abverlangen. Wir, die wir das Glück haben, seit mehr als 40 Jahren in Freiheit zu leben, sind es den 17 Millionen deutschen Landsleuten, die gezwungen waren, den gleichen Zeitraum in Unfreiheit zu verbringen, sind es unserer Vergangenheit und der Gnade der Geschichte schuldig, diese Probleme in einer gemeinsamen Kraftanstrengung zu meistern. Eine glückliche gemeinsame Zukunft wird uns dafür belohnen.

Ich bin sicher, dass selbst zu diesem Zeitpunkt eine große Mehrheit der Bevölkerung noch zu überzeugen gewesen wäre, den Aufbau Ost nicht nur abstrakt als eine nationale Aufgabe anzusehen, sondern als ein Projekt, für das auch persönlich einzusetzen sich lohnt.

Doch ein solcher Appell an den deutschen Patriotismus unterblieb.

Kohl unternahm nicht einmal den Versuch, die deutsche Grundstimmung, in der die Bewältigung großer Aufgaben nicht als Herausforderung und Chance, sondern nur noch als Zumutung empfunden wird, zu verändern. Ein klassischer Fall von Führungsversagen in einer Top-Position.

Und so kam es, wie es kommen musste: Entgegen allen vorherigen Beteuerungen wurden die Steuern natürlich erhöht, und weil ein großer Teil der Transferleistungen aus den Sozialversicherungssystemen bezahlt wurde, stiegen die Beiträge und damit auch die Lohnnebenkosten weiter an, alles Gift für eine positive Entwicklung auf dem Arbeitsmarkt.

Die Menschen in Ost und West fühlten sich zu Recht hintergangen und so folgten den wenigen Monaten der Freude über die wiedererlangte Einheit Jahre der Verdrossenheit.

(Der erste und gleichzeitig letzte frei gewählte Ministerpräsident der DDR, Lothar de Maiziere, merkte zehn Jahre nach dem Fall der Mauer bitter an: „Von einem

Volk in zwei Staaten entwickeln wir uns zu zwei Völkern in einem Staat.“)

Arbeitslosigkeit und Staatsverschuldung stiegen immer weiter an, das Stimmungsbarometer sackte immer tiefer.

Ende 1993 deuteten alle demoskopischen Daten darauf hin, dass es bei den Bundestagswahlen ein Jahr später zu einem Regierungswechsel in Bonn kommen werde. Die SPD führte in den Umfragen bis zu 10 Prozent vor der Union, der rheinland-pfälzische Ministerpräsident und SPD-Vorsitzende Rudolf Scharping als Kanzlerkandidat lag deutlich vor Helmut Kohl.

Doch im Frühjahr 1994 drehte sich die Stimmung wieder. Die Union bekam für Roman Herzog als Bundespräsidenten bei der Bundesversammlung die Mehrheit. Der enttäuschten SPD, die den nordrhein-westfälischen Ministerpräsidenten Johannes Rau ins Rennen geschickt hatte, und ihrem Kanzlerkandidaten unterliefen in den folgenden Wochen eine Reihe von Ungeschicklichkeiten. Auf der anderen Seite entdeckte Kohl plötzlich das Fernsehen, das er bis dahin nach Möglichkeit eher gemieden hatte, als das ihm adäquate Medium, dessen er sich nun unter professioneller Anleitung virtuos bediente.

Und so langte es im Oktober 1994 für Union und FDP noch einmal für einen, wenn auch hauchdünnen, Sieg: 0,3 Prozent lagen die alten und neuen Koalitionsparteien vor den alten und neuen Oppositionsparteien SPD, Grüne und PDS.

Doch Impulse gingen von dieser vierten Regierung Kohl nicht mehr aus. Der Begriff *Reformstau* wurde zum geflügelten Wort, das man auch im Ausland nicht mehr übersetzen musste.

Apropos Ausland: Ich komme weltweit viel herum. Da mein Englisch fließend und einigermaßen akzentfrei ist und auch mein Name nicht unbedingt auf deutsche Herkunft schließen lässt, habe ich vor allem in den USA eine

Vielzahl drastischer Kommentare über unser Land gehört, die man einem Deutschen höflichkeitshalber nicht so direkt ins Gesicht sagen würde. Kopfschütteln und völliges Unverständnis über dieses Volk von Jammerlappen – völlig zu Recht.

Ich selbst habe mich von der schlechten Stimmung nicht nur nie anstecken lassen, sondern im Rahmen meiner Möglichkeiten nach Kräften dagegen angekämpft. Ich war immer davon überzeugt, dass wir ganz vorne in der Weltspitze mitspielen können, wenn es nur endlich gelänge, die Denkblockaden zu durchbrechen und die festgefahrenen Strukturen in Politik und Wirtschaft aufzubrechen.

Unter der Überschrift *Aufbruch Deutschland* forderte ich in ganzseitigen Anzeigen in der *Süddeutschen Zeitung* die wichtigsten Entscheidungsträger namentlich auf, mit Optimismus und Tatkraft der unablässigen Jammerei und der masochistischen Lust an negativen Nachrichten entgegenzutreten. Schließlich konnte ich am Beispiel meines eigenen Unternehmens nachweisen, dass Erfolg in Deutschland unverändert möglich war, wenn man diesen Erfolg auch wirklich wollte.

Aufbruch Deutschland nannte ich dann auch mein 1996 erschienenes Buch, das viele Wochen auf den Bestsellerlisten stand. Die *Süddeutsche Zeitung* überschrieb ihre dreispaltige Rezension *Abrechnung mit allen Blockierern des Wandels*. Der Autor Helmut Maier-Mannhart, damals Leiter der Wirtschaftsredaktion, schloss mit dem Satz: „Die Stärke des Buches liegt in seiner komprimierten Eindringlichkeit, mit der es den notwendigen geistig-moralischen Wandel anmahnt und – im Falle eines Scheiterns – die katastrophalen Konsequenzen schildert, die Lejeunes Meinung nach bis zur Gefährdung des freiheitlich-demokratischen Systems reichen."

(Exakt dieser Sorge entspringt auch dieses Buch, wenngleich ich seit Beginn dieses Jahres deutlich optimistischer bin.)

Einen besonders aufmerksamen Leser hatte ich offenbar in Bundespräsident Roman Herzog gefunden. In seiner als „Ruck-Rede“ bekannt gewordenen Ansprache im Berliner Hotel Adlon am 26. April 1997 fand ich ganze Passagen aus meinem Buch teilweise wörtlich wieder.

Die Rede erzielte zwar ein gewaltiges Medienecho, doch das einzige, was „ruckte“, waren nach Ende der Rede die Stuhlreihen, um den Weg für den Gang ans Büfett freizumachen.

Warum blieb diese schon im Vorfeld so gekonnt ins Szene gesetzte Rede des Staatsoberhauptes trotz ihrer positiven Aufnahme in der Öffentlichkeit so weitgehend folgenlos? Ich meine, weil Herzog es unterlassen hat, neben der präzisen Darstellung der Probleme auch die verantwortlichen Personen und Institutionen namentlich anzusprechen und von ihnen persönlich den notwendigen Wandel einzufordern. Hätte er dies getan, wäre sicherlich eine heftige Diskussion darüber geführt worden, ob ein Bundespräsident das darf, aber allein schon diese Diskussion hätte zu einem reinigenden Gewitter geführt, das der in Mutlosigkeit und Resignation erstarrten Nation gut getan hätte.

So aber sagten alle, „Herzog hat Recht“ und drehten sich mit ausgestrecktem Zeigefinger einmal um die eigene Achse und das war es dann auch.

Politisch bewegte sich nun gar nichts mehr. Die Regierung dümpelte orientierungslos vor sich hin, und als Oskar Lafontaine den seit der Bundestagswahl 1994 immer glückloser agierenden Rudolf Scharping im Herbst 1995 auf dem Parteitag in Mannheim als Vorsitzender abgelöst hatte, schweißte er die SPD-Mehrheit im Bundesrat zu einem Blockadeinstrument gegen die Bundesregierung zusammen. Diese machte es der Opposition allerdings auch dadurch leicht, dass sie wichtige Vorhaben, wie etwa eine längst überfällige Steuerreform, so spät auf den Weg brachte, dass die sozialdemokratische Blockade als legitimes Mittel in einem längst angelaufenen neuen Wahlkampf akzeptiert wurde.

Der von Politikern aller Parteien stets im Munde geführte Satz: „Erst kommen die Interessen des Landes und erst dann die Interessen der Partei" mussten und müssen bis heute jedem wie Hohn in den Ohren klingen, der sieht, wie ungeniert die Parteien ihre eigenen Interessen mit denen des Landes gleichsetzen.

In *Aufbruch Deutschland* habe ich die Lage so zusammengefasst: „Was mich bewegt und mit immer größerer Sorge erfüllt, ist die hilflose und defensive Art, mit der die Verantwortungsträger aus Politik und Wirtschaft auf die Krisen und Probleme reagieren und dadurch mehr zur Verschärfung als zur Lösung beitragen. Ich kritisiere den Mangel an Mut, gutem Willen, Phantasie, Kreativität, Selbstkritik, Verantwortungs- und Risikobereitschaft, das Übermaß an Feigheit, Kleinmut, Selbstmitleid und Schuldzuweisungen."

Dies war sinngemäß auch die vorherrschende Meinung in den Medien, denen nun auch der Kragen platzte und deren Kommentare immer schärfer wurden. Es begann sich die Auffassung durchzusetzen, dass jede andere Regierungskonstellation besser sei als eine Fortsetzung der amtierenden und dass die Zeit von Helmut Kohl endgültig abgelaufen sei.

Doch dieser, der noch vor der Bundestagswahl 1994 erklärt hatte, er wolle keinesfalls über 1998 hinaus amtieren, hatte es sich inzwischen wieder anders überlegt. Entgegen dem dringenden Rat auch aus den eigenen Reihen, nach der endgültigen Beschlussfassung über die Einführung des Euro beim Europäischen Gipfel am 2. Mai 1998 den Weg für Wolfgang Schäuble als Kanzlerkandidaten freizumachen, stellte er sich taub und tat kund, er wolle es noch einmal wissen. Das wollten, wie sich zeigen sollte, die Wähler auch, aber anders, als Kohl sich das vorstellte.

Der scheinbare Ewigkeitskanzler hätte sich rechtzeitig an das französische Dichterwort erinnern sollen, wonach die Friedhöfe voll sind von Menschen, die sich für unentbehrlich hielten.

Kohl hatte sich auch hinsichtlich seines Herausforderers geirrt. Wäre dieser, wie gemeinhin üblich, vom SPD-Parteivorstand nominiert worden, wäre Oskar Lafontaine die Kandidatur sicher gewesen.

Doch Gerhard Schröder überlistete seinen Konkurrenten, indem er seinen Verzicht auf eine Kandidatur erklärte für den Fall, dass er bei den am 1. März stattfindenden Landtagswahlen in Niedersachsen mehr als 2 Prozent verlieren würde, er machte somit dieses Heimspiel zu einer Abstimmung zwischen ihm und Lafontaine. Schröders Rechnung ging voll auf. Er gewann für die SPD 3,6 Prozent hinzu und wurde noch am Wahlabend zum Kanzlerkandidaten ausgerufen, während Lafontaine zur gleichen Zeit vor seinem Haus in Saarbrücken Schnaps an die wartenden Journalisten ausschenkte.

Obwohl ihm ausgerechnet seine Hausdemoskopen aus Allensbach die Niederlage früher und präziser als alle anderen Institute vorhersagten, glaubte Kohl noch immer an einen erneuten Sieg der konservativ-liberalen Koalition.

Aber der Zug war bereits unwiderruflich in die entgegengesetzte Richtung abgefahren. Da half es auch nicht mehr, dass sich die Präsidenten der größten deutschen Wirtschaftsverbände nicht entblödeten, wenige Monate vor der Wahl bei einer Veranstaltung in München Kohl jetzt plötzlich die baldige Schaffung jener Hunderttausende neuer Arbeitsplätze zu versprechen, die bereitzustellen ihnen in den zurückliegenden Jahren angeblich auf Grund der Kohl'schen Regierungspolitik nicht möglich war. (Dass einer von ihnen, der Präsident des Bundesverbandes der Deutschen Industrie, Olaf Henkel, sich noch am Wahlabend in der SPD-Zentrale Schröder mit den Worten an den Hals warf, er wolle immer bei den Siegern sein, spricht Bände für den Charakter der Spitzenrepräsentanten der deutschen Wirtschaft.)

Die SPD rechnete insgeheim mit einer großen Koalition, da, wenn FDP und PDS wieder in den Bundestag gelangten, eine eigene rot-grüne Mehrheit kaum erreichbar schien.

Doch die Wähler hatten jetzt die Faxen dicke und machten Nägel mit Köpfen. Mit 40,9 Prozent lag die SPD fast 6 Prozent vor der Union, und weil sie außerdem mehr als 100 Direktwahlkreise hinzugewonnen hatte, was sich in entsprechenden Überhangmandaten niederschlug, verfügte Rot-Grün trotz fünf Fraktionen im Bundestag über eine komfortable Mehrheit von 21 Mandaten.

Helmut Kohl und die Union verabschiedeten sich mit Anstand und Stil aus der Regierung und der erste Regierungswechsel nach 1949, bei dem eine Opposition aus Wahlen als Sieger hervorging, vollzog sich erstaunlich unspektakulär.

Die Koalitionsverhandlungen gingen zügig vonstatten und am 27. Oktober 1998 wurde Gerhard Schröder zum Bundeskanzler gewählt.

Aus seiner eher nüchternen und pragmatischen Regierungserklärung ist mir vor allem ein Begriff in Erinnerung geblieben, der mir besonders gut gefallen hat: Schröder kündigte an, seine Regierung werde vor allem *Chancenmanagement* betreiben. Die Chancen vor die Probleme und Schwierigkeiten zu stellen, das war lange überfällig.

Außenpolitisch war die Regierung Schröder-Fischer von Beginn an trittsicher. Die wenige Wochen nach ihrem Amtsantritt anstehende Präsidentschaft in der Europäischen Union und den Vorsitz der Gruppe der größten Industriestaaten (G 8) brachte sie respektabel über die Runden. Die gegen alle Widerstände in den eigenen Reihen feste Haltung im Kosovo-Konflikt, bei dem ausgerechnet die Pazifisten von gestern den ersten Kriegseinsatz deutscher Soldaten seit 1945 anordneten, trug der Regierung allgemein Respekt ein.

Innenpolitisch dagegen torkelten Schröder und Co. mehr oder weniger durch das erste Jahr.

Auch wenn man berücksichtigt, dass die SPD 16 Jahre nicht mehr auf Bundesebene regiert hat und die Grünen noch nie, reicht das als Erklärung für den Fehlstart nicht aus.

Vielmehr brach der während des Wahlkampfs mühsam zugekleisterte Konflikt zwischen Traditionalisten und Modernisierern innerhalb der SPD jetzt, als es galt, die jeweiligen Konzepte umzusetzen, in voller Schärfe aus.

Außerdem schwebte Parteichef Lafontaine offenbar zwischen sich und Schröder eine Aufgabenteilung wie früher in den Staaten des real existierenden Sozialismus vor: Der Regierungschef ist zuständig für die Alltagsarbeit, während über grundlegende Weichenstellungen der Politik im Parteipräsidium der SPD, wo Lafontaine sich einer Mehrheit für seine Position sicher sein durfte, entschieden werde.

Da er mit dieser Vorstellung sowohl am Grundgesetz wie auch am Machtbewusstsein des Kanzlers scheiterte, leistete Lafontaine am 11. März mit seinem Rücktritt von allen Ämtern der Regierung seiner Partei und auch Deutschland einen letzten politischen Dienst.

Der innerparteiliche Streit in der SPD wurde dadurch jedoch weiter angeheizt und erreichte einen Höhepunkt, als Schröder gemeinsam mit dem britischen Premierminister Tony Blair am 8. Juni ein Papier mit der Überschrift *Der Weg nach vorne für Europas Sozialdemokraten* vorlegte. Dort wird zwar die Treue zu den

Grundwerten der Sozialdemokratie gefordert, aber gleichzeitig auch *Bereitschaft zum Wandel der alten Mittel und traditionellen Instrumente*. Was dann auf zehn Seiten folgt, ist im Wesentlichen eine Auflistung ökonomischer Binsenweisheiten wie etwa: „In einer Welt immer rascherer Globalisierung und wissenschaftlicher Veränderungen müssen wir Bedingungen schaffen, in denen bestehende Unternehmen prosperieren und sich entwickeln und neue Unternehmen entstehen und wachsen können."

Der Feststellung „Ein einziger Arbeitsplatz fürs ganze Leben ist Vergangenheit" wird ein vernünftiger Mensch ebenso wenig widersprechen können wie der Forderung, dass sich „die sozialen Sicherungssysteme den Veränderungen in der Lebenserwartung, der Familienstruktur und der Rolle der Frau anpassen" müssen.

Doch weil in diesem Papier an mehreren Stellen Markt und Wettbewerb eine positive Bewertung erfahren, wurde der Text insgesamt mit dem vernichtendsten Etikett versehen, das die linken Kritiker in den Reihen von SPD und Gewerkschaften (intern „Nordkoreafraktion" genannt) in ihrem Arsenal haben, nämlich dem des „Neoliberalismus".

Schon die sicht- und hörbare Angewidertheit, mit der dieser Begriff ausgesprochen wird, macht deutlich, dass er hinsichtlich seiner Abscheulichkeit dem Neofaschismus kaum nachsteht und deshalb gesellschaftliche Ächtung verdient.

In dem Schröder-Blair-Papier sah die SPD-Linke auch den Hauptgrund dafür, dass die Partei bei der kurz nach seiner Veröffentlichung stattgefundenen Wahl zum Europäischen Parlament mit 30,7 Prozent fast 9 Prozent hinter der Union landete. Diese eilte nach der gewonnenen Hessenwahl von Sieg zu Sieg, während in der SPD bis in den Herbst hinein der Kampf *Wir gegen uns* (Schröder) ausgetragen wurde.

Alle Umfragen zeigten das Ansehen der Regierung und auch des Kanzlers selbst im freien Fall und schon wurde für das Frühjahr 2000 nach den fast unausweichlich erscheinenden Niederlagen bei den Landtagswahlen in Schleswig-Holstein und Nordrhein-Westfalen das Auseinanderbrechen von Rot-Grün prognostiziert. CDU und CSU erhoben für diesen Fall bereits die Forderung nach Neuwahlen, aus denen sie sich als Sieger so sicher hervorgehen sahen, wie das Amen dem Gebet folgt.

Doch es bewahrheitete sich wieder einmal der Satz des früheren britischen Premierministers Harold Wilson, wonach in der Politik eine Woche eine lange Zeitspanne sei. (Auf den Aktienmärkten können Tage eine Ewigkeit sein.)

Nachdem die Führungsriege der SPD nach den Worten von Lafontaines Nachfolger Hans Eichel „in den Abgrund geblickt hat“ und dabei wohl erschauderte, fand die Partei zu den Tugenden Disziplin und weitgehende Geschlossenheit zurück.

Eigene Leistungen, aber auch eine gehörige Portion Glück leiteten die Trendwende ein. So brachte der Finanzminister sein Programm *Zukunft 2000*, mit dem in den Jahren 1999 und 2000 40 Milliarden DM eingespart werden, weitgehend unverändert über die parlamentarischen Hürden. Angesichts der Tatsache, dass die Schulden des Bundes auf 1,5 Billionen Mark angestiegen waren, was Zinszahlungen von 82 Milliarden Mark im Jahr oder 150.000 Mark in der Minute bedeutet, eine unausweisliche Maßnahme, wenn der Staat handlungsfähig bleiben sollte. Ende November konnte sich Kanzler Schröder dann als Retter des kurz vor dem Aus stehenden Baukonzers Holzmann feiern lassen, als die Banken ein Sanierungskonzept von mehr als 4 Milliarden DM an 250 Millionen DM scheitern lassen wollten, die Schröder dann in Form staatlicher Hilfen zur Verfügung stellte. Diese Intervention wurde zwar von Vertretern der reinen

Wettbewerbslehre heftig kritisiert, doch das ließ Schröder verständlicherweise kalt, gab ihm das Versagen der Banken doch die willkommene Gelegenheit, sich seinen parteiinternen Kritikern als ein auch wertebewusster Sozialdemokrat zu empfehlen, dem die Rettung von Arbeitsplätzen wichtiger ist als Lehrsätze liberaler Ordnungspolitik.

(Interventionen dieser Art gehören zum Alltagsgeschäft aller Länderwirtschaftsminister, gleich welcher parteipolitischen Coleur.)

Die Rechnung ging voll auf. Am 7. Dezember wurde Schröder auf dem SPD-Parteitag mit einem für seine Verhältnisse hervorragenden Ergebnis von fast 86 Prozent als Vorsitzender wieder gewählt, rund 10 Prozent mehr als bei seiner ersten Wahl nach Lafontaines Rücktritt. Und die Serie hielt an: Dank der exzellenten Vorarbeit seines Beauftragten Otto Graf Lambsdorff gelang es Schröder, den unwürdigen und Deutschlands Ansehen im Ausland im hohen Maße schädlichen Streit um die Entschädigung ehemaliger Zwangsarbeiter zu einem guten Ende zu bringen. Ende des Jahres legte sein Finanzminister den Entwurf für eine Steuerreform vor, die wesentlich mutigere Schritte für eine Entlastung auch der Wirtschaft vorsieht, als sie von dieser selbst erwartet wurden. Mit dem Rückenwind des überwiegend positiven öffentlichen Echos nahm Schröder Anfang des neuen Jahres im Bündnis für Arbeit dem IG Metall-Vorsitzenden Klaus Zwickel dessen unsinniges Lieblingsspielzeug der obligaten Rente mit 60 aus der Hand und verlagerte die Verantwortung für die Schaffung neuer Arbeitsplätze wieder dorthin, wo sie hingehört, nämlich in die Zuständigkeit der Tarifpartner. Günstige Wachstumsprognosen und ein vorhersehbarer Abbau der Arbeitslosigkeit um 300.000, wenn auch in erster Linie aus demographischen Gründen, sorgten dafür, dass für Schröder und der SPD wieder die Sonne schien.

Die Wiedergenesung der schon dem Ableben nahe scheinenden Regierung kam allerdings auch keinen Augenblick zu früh.

Denn seit dem 7. November 1999 nahm das Drama der CDU ihren Lauf. An diesem Tag wurde bekannt, dass der frühere Schatzmeister Walther Leisler Kiep und der Finanzberater der Partei, Horst Weyrauch, 1991 auf einem Parkplatz in der Schweiz von dem Rüstungslobbyisten Karlheinz Schreiber 1 Million DM bar in einem Koffer erhalten hatten. Am 30. November räumte der CDU-Vorsitzende Kohl ein, er habe über die Jahre hinweg rund 2 Millionen DM an Spenden eingesammelt und am Rechenwerk der Partei vorbeigeschleust, und erklärte gleichzeitig, er werde die Spender nicht nennen, da er sich an das ihnen gegebene Ehrenwort gebunden fühle. Am 10. Januar teilte der sich bis dahin als Chefaufklärer deklarierende CDU-Vorsitzende Wolfgang Schäuble en passant in einem Fernsehinterview mit, er habe 1994 von Schreiber 100.000 DM in bar erhalten, ohne sich nach der Weiterleitung an die Schatzmeisterei um die ordnungsgemäße Verbuchung zu kümmern.

Vier Tage später musste der ehemalige hessische CDU-Landesvorsitzende und Bundesinnenminister Manfred Kanther eingestehen, während seiner Zeit als Generalsekretär der Partei in Hessen Anfang der 80er-Jahre rund 8 Millionen DM im Ausland angelegt zu haben, um sie nicht, wie gesetzlich vorgeschrieben, als Parteivermögen offen legen zu müssen. Mittlerweile war der Betrag auf fast 18 Millionen angestiegen.

Ein Teil dieser Gelder, etwa 6 Millionen DM, wurden Jahre später auf die Konten der Partei zurücküberwiesen und im Rechenschaftsbericht als „sonstige Einnnahmen“ ausgewiesen.

Als Anfang Dezember diese Beträge ruchbar wurden, erklärte die hessische CDU wochenlang, es handle sich dabei um die Vermächtnisse jüdischer Emigranten – eine besonders perfide Lüge.

Die *Frankfurter Allgemeine Zeitung* hielt der CDU am 17. Januar 2000 in einem Leitartikel vor, sie erweise sich „als ein Nest der Verlogenheit und des Gesetzesbruches".

Am gleichen Tag zog die Führung der CDU einen ersten deutlichen Trennungsstrich zu Helmut Kohl. Während Schäuble demonstrativ das Vertrauen ausgesprochen wurde, wurde Kohl vor die Alternative gestellt, entweder die Namen der Spender endlich preiszugeben oder auf den Ehrenvorsitz zu verzichten. Kohl entschied sich noch am gleichen Abend für Letzteres.

Zu dieser ebenso unbegreiflichen wie unappetitlichen Affäre an dieser Stelle nur so viel: Die Union hat allen Anlass, den Wählern im Nachhinein dafür zu danken, von ihnen 1998 aus der Regierungsverantwortung entlassen worden zu sein. Man stelle sich nur für einen Augenblick vor, eine Regierungspartei sähe sich mit einer derartigen Skandalserie konfrontiert. Dann hätten wir es nicht „nur" mit der Krise einer Partei, sondern mit einer wirklichen Staatskrise zu tun und ein Vergleich zwischen der CDU und ihrer 1994 im Korruptionssumpf versunkenen italienischen Schwesterpartei Democrazia Christiana wäre nicht so abwegig, wie er es unter den gegebenen Umständen gottlob ist.

Drei Monate ging die CDU durch ein Stahlbad, wie es in der deutschen Nachkriegsgeschichte ohne Beispiel ist.

Als Wolfgang Schäuble im Januar sein Amt als Parteichef zur Verfügung stellen wollte, sich davon aber auf Drängen der Führungsgremien abbringen ließ, war er bereits zu der Einsicht gelangt, dass der notwendige Neuanfang der CDU mit ihm nicht zu schaffen sein werde.

Wer auch immer die Fäden der Intrige im Hintergrund gezogen hat, plötzlich sah sich Schäuble in eine bizarre Auseinandersetzung mit der früheren Parteischatzmeisterin und nunmehrigen Parlamentarischen Geschäftsführerin der Bundestagsfraktion, Brigitte Baumeister, verstrickt. Diese widersprach, ebenso wie Karlheinz Schreiber, Schäubles Darstellung, wonach er die Barspende von Schreiber selbst einen Tag nach der Begegnung mit ihm entgegengenommen habe. Alle drei legten zur Untermauerung der Glaubwürdigkeit ihrer jeweiligen Darstellung öffentlich eidesstattliche Erklärungen vor.

Trotz dieser Auseinandersetzungen stärkte das CDU-Präsidium Schäuble am 14. Februar noch einmal den Rücken. Einen Tag später gab Bundestagspräsident Wolfgang Thierse bekannt, dass die CDU wegen der hessischen Finanzmanipulationen, die zu einem falschen Rechenschaftsbericht für das Jahr 1998 geführt hatten, 41,3 Millionen DM zurückzahlen müsse. Am Nachmittag des gleichen Tages sah sich Schäuble von den nordrhein-westfälischen CDU-Bundestagsabgeordneten mit einer Rücktrittsforderung konfrontiert. Am Abend kündigte er die sofortige Niederlegung seines Amtes als Fraktionsvorsitzender an sowie seinen Verzicht auf eine nochmalige Kandidatur als Parteivorsitzender auf dem Parteitag im April.

Bei der Landtagswahl in Schleswig-Holstein am 27. Februar blieben erdrutschartige Veränderungen aus. Die CDU musste mit 35,2 Prozent zwar einen Verlust von 2 Prozent verzeichnen, was angesichts der Umstände jedoch als ein noch passables Ergebnis gewertet wurde. Die SPD gewann erwartungsgemäß dazu. Mit 43,1 Prozent war sie jedoch deutlich von der absoluten Mehrheit entfernt, von der manche Sozialdemokraten in den letzten Tagen vor der Wahl geträumt hatten. Die FDP konnte sich um 1,9 Prozent auf 7,6 Prozent verbessern, die Grünen verschlechterten sich um den gleichen Prozentsatz, aber dank sozialdemokratischer Leihstimmen reichte es für 6,2 Prozent und damit für eine Fortsetzung der rot-grünen Koalition.

Mittlerweise hatte sich die Finanzaffäre in der hessischen CDU ausgeweitet. Der Landesvorsitzende und Ministerpräsident Roland Koch musste am 8. Februar zugeben, vier Wochen zuvor die Öffentlichkeit mit der Unwahrheit bedient zu haben. Damals hatte er Einnahmen der Partei als regulär bezeichnet, obwohl er bereits gewusst hatte, dass die Gelder offenbar von einem Treuhänderkonto stammten. Seine falsche Darstellung bezeichnete Koch als „eine Dummheit", für die er sich entschuldigte, lehnte aber einen Rücktritt ab.

Die Bundesspitze der FDP, allen voran der Vorsitzende Wolfgang Gerhardt, bedrängte daraufhin die hessischen Parteifreunde, die Zusammenarbeit mit Koch aufzukündigen. Dieser wurde am 19. Februar mit dem Traumergebnis von 97,6 Prozent von seiner Partei im Amt des Vorsitzenden bestätigt und am 4. März beschloss die hessische FDP auf einem Sonderparteitag, die Koalition mit Roland Koch fortzusetzen.

Zwei Tage nach dem Urnengang in Schleswig-Holstein wählte die CDU/CSU-Bundestagsfraktion den bisherigen Vize und Finanzexperten Friedrich Merz zu ihrem neuen Vorsitzenden.

Für die Wahl des neuen Parteivorsitzenden wählte die Unionsführung ein Verfahren, das sich deutlich von der bisherigen Praxis, bei der wichtige Positionen im kleinen Kreis ausgekungelt wurden, unterscheiden sollte. In einer Serie von Regionalkonferenzen wollte die Führung in die „Partei hineinhören". Selbst eine Mitgliederbefragung wurde für den Fall nicht ausgeschlossen, dass sich mehrere Kandidaten um das Amt des Vorsitzenden bewerben würden. Doch was die Parteioberen von ihrer Basis zu hören bekamen, war so eindeutig, dass alle Planspiele, etwa für eine „Bellheim"-Lösung mit Kurt Biedenkopf, Erwin Teufel oder Bernhard Vogel, schnell Makulatur wurden und mögliche Kandidaten wie Volker Rühe oder Jürgen Rüttgers abwinkten. Die Basis wollte in ihrer überwältigenden Mehrheit Generalsekretärin Angela Merkel an der Parteispitze sehen.

Frau Merkel hatte als Erste aus der Führungsriege den Bruch mit der Ära Kohl öffentlich dokumentiert. In einem Artikel für die *Frankfurter Allgemeine Zeitung* vom 22. Dezember 1999 forderte sie ihre Partei auf, sich von Kohl zu lösen und ihre Zukunft selbst in die Hand zu nehmen.

Wolfgang Schäuble ließ erst im Rahmen der Regionalkonferenzen öffentlich seiner Verbitterung über das Verhalten Helmut Kohls freien Lauf. Kohl, so sagte er jetzt, habe „nicht nur von mir, sondern von der Partei“ über lange Zeit hinweg viel Loyalität erfahren. Jetzt habe er „vergessen, dass er auch Loyalität schuldet“. An anderer Stelle klagte Schäuble, wenn Helmut Kohl von der 100-prozentigen Loyalität, die ihm durch ihn, Schäuble, und die CDU entgegengebracht worden sei, „nur 1 Prozent“ zurückgegeben hätte, hätte sich die CDU die schlimmen drei Monate ersparen können.

Als Kohl am 17. März anlässlich einer Feierstunde zum 10. Jahrestag der ersten freien Wahlen in der ehemaligen DDR nach Monaten erstmals wieder ins Plenum des Bundestages kam, würdigte ihn Schäuble keines Blickes.

Kohl hatte zuvor auf eine für ihn typische Weise versucht, seine angeschlagene Reputation in der Öffentlichkeit und in der Partei wieder zu verbessern. Um den materiellen Schaden auszugleichen, der der CDU durch die rund 2 Millionen DM Spenden, die Kohl an der Schatzmeisterei vorbeigeschleust hatte, entstanden war, sammelte er das zu erwartende Bußgeld in Höhe von 6,3 Millionen DM bei Freunden und Sympathisanten ein. Diesmal wurden die Spender öffentlich gemacht. Die Liste reichte von Leo Kirch (1 Million DM) bis zu dem Schlagersänger Michael Holm (5.000 DM). Die Namen der früheren anonymen Spender zu nennen, an deren Existenz die Zweifel immer weiter zunehmen, weigert sich Kohl unverändert. Ebenso lehnt er es ab, sein Bundestagsmandat niederzulegen, und begründet das damit, dass er ohne die mit dem Mandat verbundene Immunität im Untersuchungsausschuss „völlig hilflos“ sei.

Die CDU-Führung reagierte auf Kohls Kollekte kühl. Schäuble meinte dazu: „Der Vertrauensverlust, der durch Verstöße gegen das Parteiengesetz entstanden ist, kann nicht durch Geldzahlungen allein, sondern nur durch Aufklärung behoben werden.“

Bei der Sitzung des CDU-Vorstandes am 20. März kündigte Angela Merkel an, auf dem Parteitag vom 9. – 11. April in Essen für das Amt der Parteivorsitzenden zu kandidieren. Vom Vorstand wurde diese Erklärung einstimmig begrüßt. Schon vorher hatte auch die CSU, die sich um die Bandbreite an der Spitze ihrer Schwesterpartei sorgte, ihre Bereitschaft zu einer vertrauensvollen Zusammenarbeit mit der neuen CDU-Vorsitzenden erklärt.

Am 11. April 2000 hat der CDU-Parteitag Angela Merkel mit fast 96 Prozent zur neuen Parteivorsitzenden gewählt.

Unter dem Druck der Ereignisse hat die CDU bei der Auswahl ihres neuen Führungspersonals die Generation der Schäubles und Rühes übersprungen und setzt nun auf die Mittvierziger. Mit einem Schlag sieht sie nun jünger aus als die SPD, der dieser Generationswechsel noch bevorsteht. Dass sie diesen mutigen Schritt wagen konnte, verdankt sie ironischerweise dem Verhalten von Helmut Kohl. Das eigentlich schwere Erbe, das dieser seiner Partei hinterlassen hatte, waren nicht die schwarzen Kassen, sondern die Tatsache, dass sich die CDU im Verlauf seiner 25-jährigen Vorsitzendenzeit von ihm hat politisch entmündigen lassen.

Heiner Geißler, einer der wenigen, der bereits vor 12 Jahren gegen das „System Kohl“ aufbegehrte, dafür in die Wüste geschickt wurde, sich nie verbogen hat und sich jetzt ebenso wie Norbert Blüm aus den Führungsgremien zurückzieht, hat in seinem 1995 erschienenen Buch *Gefährlicher Sieg – Die Bundestagswahl 1994 und ihre Folgen*, ohne Kohl beim Namen zu nennen, das Problem präzise beschrieben:

„Die Gefahr einer Dogmenherrschaft besteht immer. Ein geistiges Sultanat ist bequem für die Regierenden, weil jeder, der an das Dogma rührt, ein Abweichler ist, der sich an den Fundamenten vergeht. Hier kommt der Befund von Elisabeth Noelle-Neumann, der Leiterin des Instituts für Demoskopie Allensbach, ins Spiel, wonach Streit die Mehrheitsfähigkeit einer Partei gefährde. Sicher ist dies richtig im Vorfeld einer Wahl, aber jeder, der Macht hat, wird diese These gerne aufgreifen und zur allgemeinen, immer gültigen Regel machen, schon allein um den eigenen Laden zu disziplinieren. Es heißt dann, jeder, der streite oder eine abweichende Meinung äußere, gefährdet die Macht und die eigene Partei. Aus dieser vordemokratischen Haltung kann die Verlockung entstehen, ‚Dissidenten' zu disziplinieren oder mundtot zu machen. Nicht wenige haben eine sagenhafte Angst davor, eines Tages ‚den Anruf von oben' zu erhalten. Solche Anrufe gibt es, und es ist eine Frage des Rückgrats, ob man kuscht oder nicht. Wer sich einmal kastrieren lässt, läuft das ganze Leben so herum. Der ‚Anruf von oben' ist oft unvermeidlich, das Kriechen und Kuschen nicht."

Wenn die CDU daraus die richtigen Lehren zieht und nach der monatelangen Krise den Kurs der Erneuerung kosequent fortsetzt, kann tatsächlich in Erfüllung gehen, was Angela Merkel am Schluss ihrer Parteitagsrede in Anlehnung an den Satz von Oskar Lafontaine auf dem Mannheimer Parteitag 1995 den Delegierten zurief: „Wir sind wieder da!"

Das wäre wichtig im Interesse der CDU, aber auch der politischen Stabilität unseres Landes.

2.
Konsequenz aus der Geschichte: ein europäisches Deutschland

Selbstbewusst die historische Verantwortung annehmen

„Die Deutschen“, so sagte Winston Churchill einmal, „hat man entweder an der Kehle oder an den Stiefeln.“

So einen Satz würde heute sicherlich niemand mehr über Deutschland sagen. Aber im Verlauf Hunderter von Auslandsreisen wurde und werde ich bis zum heutigen Tag immer wieder gefragt: Wann benehmt Ihr Deutschen euch endlich wie ein ganz normales Volk?

Meine Antwort darauf lautet immer: Erst dann, wenn wir uns in Deutschland selbst darauf geeinigt haben, dass wir das sind. Und das kann dauern.

In seiner heftig diskutierten Rede aus Anlass der Verleihung des Friedenspreises des Deutschen Buchhandels im Oktober 1998 fragte Martin Walser: „Aber in welchen Verdacht gerät man, wenn man sagt, die Deutschen seien jetzt ein ganz normales Volk, eine ganz gewöhnliche Gesellschaft?“

Walser hatte dieser Frage die beiden folgenden Sätze vorausgestellt: „Auschwitz eignet sich nicht, Drohroutine zu werden, jederzeit einsetzbares Einschüchterungsmittel oder Moralkeule oder auch nur Pflichtübung. Was durch Ritualisierung zustande kommt, ist von der Qualität des Lippengebets.“ An anderer Stelle sprach er von einer *Instrumentalisierung unserer Schande zu gegenwärtigen Zwecken.*

(Er spielte damit u. a. auf die Bemerkung von Günther Grass nach dem Fall der Mauer an, wonach ein Volk, das für Auschwitz verantwortlich sei, kein Recht auf Einheit habe. Die 17 Millionen Menschen, die unter der DDR-Diktatur gelitten haben, müssen einen solchen Satz, aus dem Westen gesprochen, als Zumutung verstanden haben. Einer der Ersten, die Grass damals heftig widersprachen, war sein Freund Willy Brandt. Es ist in der Tat auch eine schlimme Unsitte bei uns, in der innenpolitischen Auseinandersetzung von heute Vergleiche mit der NS-Zeit heranzuziehen. Das ist nicht nur eine bösartige Entgleisung gegenüber dem politisch Andersdenkenden in der Demokratie, sondern, schlimmer noch: eine Verharmlosung der Verbrechen und eine Verhöhnung der Opfer. In diese Kategorie gehört z. B. auch ein Begriff wie „KZ-Hühnerhaltung".)

Die Antwort erhielt Walser von der Mehrheit der Publizistik sofort: Er geriet in den Verdacht, sich in die Reihe derer eingeordnet zu haben, die einen „Schlussstrich" unter die Vergangenheit ziehen und nicht länger an die deutsche Schuld während des Nationalsozialismus erinnert werden wollten.

Liest man die Rede unvoreingenommen im Wortlaut nach, wird man diesen Verdacht schwerlich erheben können. Und auch die Zuhörer hatten es so nicht verstanden, schließlich erhoben sie sich am Ende der Rede von ihren Plätzen und spendeten stehend Applaus. Walsers Kritiker, an ihrer Spitze der Vorsitzende des Zentralrates der Juden in Deutschland, Ignaz Bubis, warfen ihm dagegen vor, er habe zumindest so missverständlich formuliert, dass ihn Rechtsradikale wie der Verleger der *National-Zeitung*, Gerhard Frey, umgehend als Kronzeugen für ihre Geisteshaltung vereinnahmten. (Vor dem Beifall der falschen Seite ist allerdings wohl niemand gefeit.) Es folgte eine ebenso heftige wie ernsthafte Debatte. Politiker, sonst zu allem und jedem mit schnellen Wortmeldungen bei der Hand, beteiligten sich daran bemerkenswerterweise nicht. Nur Kanzler Schröder ließ sich auf die Frage, ob er Walsers Meinung teile, mit dem sibyllinischen Satz vernehmen: „Schriftsteller dürfen so etwas sagen." Politiker, so darf man das wohl im Umkehrschluss verstehen, dagegen nicht. Warum eigentlich nicht?

Ich habe mich bei dieser Debatte wieder einmal gefragt, warum wir 53 Jahre nach Kriegsende noch immer nicht zu einem Konsens gekommen sind, wie wir mit dem dunkelsten Kapitel unserer Geschichte umgehen sollen und wie wir die Verantwortung und das Gedenken daran auch für künftige Generationen aufrechterhalten können, ohne uns durch die Vergangenheit für die Gegenwart und die Zukunft selbst zu lähmen.

Ich glaube, der hauptsächliche Grund dafür ist, dass wir Deutsche es nicht geschafft hatten, uns aus eigener Kraft von dem nationalsozialistischen Terrorregime zu befreien, sondern um den Preis der bedingungslosen Kapitulation befreit wurden. (Bei aller sonstigen Unvergleichbarkeit: Die Bevölkerung der ehemaligen DDR kann mit Stolz für sich in Anspruch nehmen, ihre Freiheit 1989 selbst erkämpft zu haben.)

Der Weg des Neuanfangs war deshalb mit Legenden und Lebenslügen gepflastert. Weil wir nicht ehrlich zu uns selbst waren, werden wir bis heute immer wieder mit bitteren Wahrheiten konfrontiert, die wir bewusst verdrängt hatten und in Teilen immer noch verdrängen.

Nach 1945 war die vorherrschende Meinung in Deutschland, Krieg und Holocaust seien allein das Werk von Hitler, Himmler, Göring und der SS gewesen. Die überwältigende Mehrheit der Deutschen habe mit all dem nichts zu tun gehabt, ja – wie im Fall der Konzentrationslager – nicht einmal etwas gewusst.

Auch wenn die Zahl derer, die solche Geschichtsklitterungen verbreiteten oder glaubten, im Laufe der Jahrzehnte auf einen eher kleinen Kern von Unbelehrbaren zurückgegangen war, erregte der junge amerikanische Historiker Daniel Jonah Goldhagen 1996 mit seinem Buch *Hitlers willige Vollstrecker* gewaltiges Aufsehen.

Auf mehrere hunderttausend, und damit erheblich mehr, als bis dahin von der Forschung angenommen, schätzt Goldhagen darin die Zahl derjenigen, die als Mitglieder der Einsatzgruppen, der Polizeibataillone, des Wachpersonals in den Lagern und Ghettos und als Angehörige von Wehrmachtseinheiten direkt an Mord- und Vernichtungsaktionen beteiligt waren. Und das waren, so Goldhagen, keine fanatischen SS-Leute, sondern freundliche Familienväter, gewöhnliche Deutsche, ein durchaus repräsentativer Querschnitt der Gesellschaft. Sie mordeten auch nicht, weil sie dazu gezwungen wurden, wie später viele behaupteten, nicht aus blindem Gehorsam oder Angst vor Bestrafung im Falle der Weigerung, sondern aus freien Stücken, eifrig und ohne irgendwelche moralischen Bedenken.

Es spricht für das gereifte demokratische Selbstverständnis einer großen Mehrheit in Deutschland, dass Goldhagens Untersuchung keineswegs entrüstet zurückgewiesen wurden, sondern Gegenstand vieler ebenso leidenschaftlicher wie ernster Diskussionen, zum Teil auch mit dem Autor, war.

Stieß Goldhagen mit der von ihm geschätzten Zahl der unmittelbaren Täter kaum auf Widerspruch, so lehnten die Historiker eine weitere These des Harvard-Professors nahezu geschlossen ab, dass es nämlich zwischen der NS-Führung und einer breiten Mehrheit im Volk eine Art stillschweigende Einigkeit herrschte, dass Deutschland und in der Folge ganz Europa „judenrein“ gemacht werden sollte. Deshalb hätten auch so viele „normale“ Bürger ohne Skrupel gemordet. Mit dieser Behauptung ist Goldhagen nahe am Vorwurf einer deutschen Kollektivschuld.

Dazu hatte 11 Jahre zuvor Bundespräsident Richard von Weizsäcker anlässlich des 40. Jahrestages des Kriegsendes klare Worte gefunden: „Schuld oder Unschuld eines ganzen Volkes gibt es nicht. Schuld ist wie Unschuld nicht kollektiv, sondern persönlich. Es gibt entdeckte und verborgen gebliebene Schuld von Menschen. Es gibt Schuld, die sich Menschen eingestanden oder abgeleugnet haben. Jeder, der die Zeit mit vollem Bewusstsein erlebt hat, fragt sich heute im Stillen selbst nach seiner Verstrickung. Von jenen, die damals entweder Kinder waren oder noch nicht lebten, erwartet kein fühlender Mensch, dass sie ein ‚Büßerhemd' tragen müssen. Die Vorfahren haben ihnen aber eine schwere Erbschaft hinterlassen. Wir alle, ob schuldig oder nicht, ob alt oder jung, müssen die Vergangenheit annehmen. Wir alle sind von ihren Folgen betroffen und für sie in Haftung genommen." Mit einfühlsamen Worten und dennoch unmissverständlich bezog Weizsäcker in seiner Rede auch Stellung zu einer Frage, die für die Nachkriegsgeneration eher unverständlich ist, ob nämlich der 8. Mai 1945 ein Tag der *Niederlage* oder ein Tag der *Befreiung* gewesen sei.

Der Bundespräsident: „Der eine kehrte heim, der andere wurde heimatlos. Dieser wurde befreit, für jenen begann die Gefangenschaft. Viele waren einfach nur dafür dankbar, dass Bombennächte und Angst vorüber und sie mit dem Leben davongekommen waren. Andere empfanden Schmerz über die vollständige Niederlage des deutschen Volkes."

Es komme ihm jedoch darauf an, das zu sagen, „was es heute für uns alle gemeinsam zu sagen gilt: Der Tag des Kriegsendes war ein Tag der Befreiung, der Befreiung von dem menschenverachtenden System der nationalsozialistischen Gewaltherrschaft."

Während der konservative Flügel seiner eigenen Partei an dieser Passage Anstoß nahm, wurde die Rede

Weizsäckers ansonsten im In- und Ausland mit großer Zustimmung aufgenommen, gilt als eine der bedeutendsten Ansprachen seiner 10-jährigen Präsidentschaft.

Der Beifall für Weizsäcker war auch deshalb so groß, weil drei Tage zuvor eine von Bundeskanzler Kohl historisch gut gemeinte Geste gründlich danebenging und zur Peinlichkeit geriet.

Kohl, der im September 1984 bei der Versöhnungsfeier auf dem Soldatenfriedhof Donaumont bei Verdun, wo Tausende gefallener deutscher Soldaten des Ersten Weltkrieges begraben sind, Frankreichs Staatspräsident Francois Mitterrand die Hand gereicht hatte, wollte eine vergleichbare Symbolhandlung mit dem amerikanischen Präsidenten Ronald Reagan wiederholen.

Als Ort wählte Kohl den Soldatenfriedhof Bitburg in seiner rheinland-pfälzischen Heimat. Als die Amerikaner bereits zugestimmt hatten, wurde bekannt, dass dort auch Anhörige der Waffen-SS begraben waren. Die Aufregung, vor allem in den USA, war groß. Doch trotz des Drängens der amerikanischen Regierung war Kohl nicht bereit, das Besuchsprogramm zu ändern. Der Journalist Klaus Dreher, Verfasser der bisher umfangreichsten und detailliertesten Kohl-Biografie, schreibt, gestützt auf den Bericht eines amerikanischen Kollegen, Präsident Reagan habe nach einem letzten Telefongespräch mit Kohl vor dem Besuch zu seinen Beratern gesagt: „Wir müssen es tun. Helmut sagt, dass seine Regierung sonst gestürzt würde."

Mit der gleichen Sturheit, mit der Kohl auf dem Besuch Reagans in Bitburg beharrte, setzte er allerdings auch gegen erbitterten Widerstand aus seiner Partei, insbesondere den des Regierenden Bürgermeisters von Berlin, Eberhard Diepgen, den Bau des Holocaust-Mahnmals in der Hauptstadt durch, das er dem im Sommer 1999 verstorbenen Ignaz Bubis einst versprochen hatte.

Beim symbolischen Baubeginn am 27. Januar dieses Jahres würdigte eine der Initiatorinnen, die Kohl politisch fern stehende Journalistin Lea Rosh, ausdrücklich dessen Einsatz: „Mein Dank gilt Helmut Kohl, der dieses Denkmal wirklich wollte, auch wenn er nicht mehr die Kraft hatte, es in seiner Kanzlerschaft durchzusetzen."

Auf keinem anderen politischen Feld können Politiker so leicht ausrutschen, sehen sie sich so leicht Missverständnissen ausgesetzt wie bei Äußerungen zum Umgang mit unserer Vergangenheit.

Als Helmut Kohl bei seinem Israel-Besuch 1984 sagte, er rede als jemand „der in der Nazizeit nicht in Schuld geraten konnte, weil er die Gnade der späten Geburt und das Glück eines besonderen Elternhauses" gehabt habe, wurde er heftig kritisiert – in Deutschland, nicht in Israel. Ich kann an diesem Satz nichts anstößiges finden. Auch ich habe in dieser Hinsicht die Gnade der späten Geburt. Niemand meiner Generation oder der folgenden, denen das Leben in einer Diktatur erspart blieb, sollte selbstgerecht von sich behaupten, er wäre gewiss ein Widerstandskämpfer gewesen.

Den Bundestagspräsidenten Philipp Jenninger kostete ein bizarres Missverständnis gar das Amt. Bei seiner Rede zum 50. Jahrestag der Reichspogromnacht, oftmals verniedlichend „Reichskristallnacht" genannt, am 9. November 1988 wollte Jenninger einen möglichst wirklichkeitsnahen Eindruck von dem Gedankengut der Nazis 1933 vermitteln und trug deshalb eine Reihe von Zitaten vor. Weil Jenninger diese Zitate nicht deutlich als solche kennzeichnete und man bekanntlich An- und Ausführungszeichen nicht hören kann, mussten die Zuhörer den verheerenden Eindruck gewinnen, der zweithöchste Repräsentant des Staates trage seine eigenen Gedanken vor. Der Eklat war so groß, dass auch nachträgliche Erklärungen nichts mehr nützten. Jenninger musste gehen.

Bundespräsident Roman Herzog drohte gleich zu Beginn seiner Amtszeit ins Stolpern zu geraten. In seiner kurzen Dankesrede unmittelbar nach seiner Wahl im Mai 1994 sagte Herzog, er wünsche sich von den Deutschen eine „unverkrampfte Haltung“. Prompt sah er sich den üblichen Verdächtigungen ausgesetzt, die er jedoch schon bald eindrucksvoll und überzeugend widerlegte.

Anderen wurde größere Schonung zuteil. Als Kanzler Schröder in der Debatte um die Holocaust-Gedenkstätte die Hoffnung äußerte, es möge ein Mahnmal entstehen, „zu dem man gerne hingeht“, runzelten nur einige Feuilletonisten die Stirn. Helmut Kohl hätte man wegen eines solchen Satzes wohl fast so heftig angegriffen wie wegen seiner schwarzen Konten.

Doch für den Umgang mit unserer Geschichte trägt nicht nur die Politik Verantwortung. Auch andere gesellschaftliche Gruppierungen müssen sich mit ihrer historischen Verantwortung auseinander setzen und manche sind dieser Verantwortung bis heute nicht ausreichend gerecht geworden.

Als positives Beispiel möchte ich die Bundeswehr hervorheben. Was bei ihrer Aufstellung 1955 noch ein Wunsch war, nämlich das Heraustreten aus der Tradition der Wehrmacht, ist heute Realität. Die Bundeswehr ist kein Staat im Staate, sie ist fest in das demokratische Gefüge eingebunden und genießt zu Recht im In- und Ausland großes Ansehen. Diese Vertrauensgrundlage war die Voraussetzung dafür, dass Friedenseinsätze der Bundeswehr auch in Gebieten akzeptiert werden, wo deutsche Soldaten früher Krieg führten. Dass es nach der Wiedervereinigung gelungen ist, die fast 100.000 Soldaten der ehemaligen Nationalen Volksarmee ohne größere Probleme in die Bundeswehr zu integrieren, war eine bedeutende Leistung vor allem auch des damaligen Verteidigungsministers Volker Rühe.

Die Rolle der Wehrmacht vor und während der NS-Zeit allerdings wird die Historiker wohl noch lange Zeit beschäftigen.

Das bei den Nürnberger Kriegsverbrecherprozessen gezeichnete Bild der Unterscheidung zwischen der verbrecherischen SS und der „sauberen Wehrmacht" war zwar in den Jahrzehnten danach schon immer wieder korrigiert worden. Dennoch brach die Debatte 1995 noch einmal mit voller Wucht aus. Das Hamburger Institut für Sozialforschung zeigte in vielen Städten Deutschlands und Österreichs die Ausstellung „Vernichtungskrieg – Verbrechen der Wehrmacht 1941 bis 1944".

Während die einen damit den Mythos von der *sauberen Wehrmacht* endgültig zerstört sahen, erblickten andere darin einen pauschalen Angriff auf das Ansehen aller Wehrmachtsangehörigen. Ein unverdächtiger Zeitzeuge wie Otto Graf Lambsdorff nannte bei einer Debatte im Bundestag die Ausstellung „nicht gut, aber wichtig".

Die Ausstellungsveranstalter erwiesen ihrem Informations- und Aufklärungsvorhaben allerdings selbst einen schlechten Dienst, als sie all jene, die Zweifel an der Richtigkeit mancher Bilder und ihrer Zuordnung äußerten, in die Ecke des Rechtsradikalismus zu rücken versuchten.

Als dann aber Ende 1999 mehrere Historiker zweifelsfrei eine Reihe von Fehlern dokumentierten, etwa dass es sich bei manchen der dargestellten Soldaten nicht um deutsche, sondern die anderer Nationen handelte, zog Institutsleiter Jan Philipp Reemtsma die Ausstellung, kurz bevor sie auch in den USA gezeigt werden sollte, zur umfassenden Überarbeitung aus dem Verkehr. Bei diesem sensiblen Thema wäre größere Sorgfalt schon im Vorfeld besser gewesen.

Die deutsche Justiz musste sich den Vorwurf gefallen lassen, bei der Aufarbeitung ihrer Rolle während der NS-Zeit nach dem Motto verfahren zu sein, dass eine Krähe der anderen kein Auge aushackt. Ich kann die juristische Seite nicht beurteilen. Fest steht jedenfalls, dass kein einziger der Blutrichter des Volksgerichtshofes, der Tausende von Menschen, zum Teil auf der Grundlage hanebüchener Anklagen, aufs Schafott schickte, nach dem Krieg rechtskräftig verurteilt wurde. Sie und ihre Witwen erhielten stattliche Pensionen, während die Hinterbliebenen der Opfer nichts erhielten.

Auch über die Beteiligung vieler Wissenschaftler am Euthanasieprogramm und an Menschenversuchen in den Konzentrationslagern tauchen bis in die jüngste Zeit hinein immer wieder neue Berichte auf.

Ein geradezu erbärmliches Beispiel für fehlendes Problem- und Verantwortungsbewusstein gibt die deutsche Wirtschaft bei der Entschädigung ehemaliger Zwangsarbeiter ab.

Mein Partner Herbert E. Graus und ich schrieben deshalb am 8. November 1999 an den Beauftragten des Bundeskanzlers für die Stiftungsinitiative deutscher Unternehmen, Otto Graf Lambsdorff, folgenden Brief:

> „Mit Unverständnis und Empörung verfolgen wir seit langem die unwürdige Feilscherei führender deutscher Unternehmen hinsichtlich ihres Beitrages zur Entschädigung ehemaliger Zwangsarbeiter.
> Dieses krämerseelenhafte Geschachere empfinden wir als zutiefst unmoralisch gegenüber den Opfern und dem Ansehen unseres ganzen Landes in der Welt in hohem Maße abträglich. Wir schämen uns für dieses Verhalten!
> Deshalb haben wir, beide Vorstände eines erfolgreichen mittelständischen Unternehmens und selbst Jahrgang 1944 und 1945, uns entschlossen, die Stiftungsinitiative mit DM 100.000 zu unterstützten. Bitte

teilen Sie uns die Nummer des Kontos mit, auf das wir den Betrag sofort überweisen können.
Wir möchten unseren Beitrag als Signal verstanden wissen und machen ihn allein aus dem Grund auch öffentlich, um ihn mit der Aufforderung und dem Appell zu verbinden, dass weitere Unternehmen diesem Beispiel folgen mögen.
Wenn schon diejenigen, die ihren wirtschaftlichen Erfolg in nicht geringem Maße der Arbeit von Zwangsarbeitern verdanken, nicht bereit sind, aus ihren immensen Erträgen einen angemessenen Beitrag zu leisten, dann ist es notwendig, dass auch Unternehmen und Unternehmer, die selbst keine persönliche Schuld auf sich geladen haben, deutlich machen, dass sich die deutsche Wirtschaft insgesamt ihrer historischen Verantwortung bewusst ist."

Wir erhielten zahllose, ausnahmslos zustimmende Briefe, Faxe und E-Mails aus der ganzen Welt. Sehr beeindruckt von unserer Initiative zeigte sich auch eine Delegation japanischer Juristen, die uns im März besuchte. Bekanntlich steht Japan vor dem gleichen Problem hinsichtlich der Forderungen früherer von japanischen Unternehmen beschäftigter südkoreanischer Zwangsarbeiter.

Graf Lambsdorff schrieb uns am 15. November u. a. zurück:

„Für Ihre großzügige Unterstützung der Stiftungsinitaitive möchte ich mich sehr bedanken.
Ich weiß Ihre Geste umso mehr zu schätzen, als Ihr Haus als junges und erfolgreiches Unternehmen damit ein Beispiel für die historische Gesamtverantwortung

der deutschen Wirtschaft für das, was im Zweiten Weltkrieg geschehen ist, gibt."

Erst als die Bundesregierung ihren Anteil auf 5 Milliarden DM aufgestockt hatte, war die Wirtschaft bereit, die gleiche Summe zuzusagen, um mit nunmehr 10 Milliarden DM wenigstens auf den Minimalbetrag zu kommen, der eine Einigung möglich machte.

Wenn man bedenkt, dass die Beträge auch noch steuerlich abzugsfähig sind, beläuft sich der tatsächliche Beitrag der Wirtschaft auf ganze 2,5 Milliarden DM.

Wenn ich diese Summe z. B. einmal in Relation stelle zu den 7 Milliarden DM, die die Deutsche Bank beim Baupleitier Jürgen Schneider in den Sand gesetzt hat und die vom späteren Aufsichtsratsvorsitzenden Hilmar Kopper als „Peanuts" bezeichnet wurden, oder zu dem etwa gleichen Betrag, den die Hypobank bei Immobiliengeschäften verloren hat, dann kann ich über das Gejammere der Wirtschaft über diese „Belastung" nur verständnislos den Kopf schütteln.

Und auch dieser an der Leistungskraft der deutschen Wirtschaft gemessen vergleichsweise lächerliche Betrag ist noch keineswegs gesichert. In Bayern beispielsweise waren Anfang Februar ganze 10 (in Worten: zehn) von insgesamt rund 12.000 Unternehmen mit mehr als 50 Beschäftigten, meines eingeschlossen, der Stiftungsinitiative beigetreten.

Ein Grund für diese bockbeinige Verweigerungshaltung vieler Firmen ist offenbar die Befürchtung, der Beitritt zur Stiftungsinitiative sei gleichbedeutend mit einem Schuldanerkenntnis, dessen man sich schämen müsste und das mit wirtschaftlichen Nachteilen für das Unternehmen verbunden sein könnte.

Das Gegenteil ist der Fall. Auch wenn Teile der Wirtschaft Hitlers Aufstieg mit finanziert haben, so war das NS-Regime doch ein staatliches System. Es ist mit ganz wenigen Ausnahmen auch kaum anzunehmen, dass heute noch aktive Unternehmer und Manager persönlich für die Beschäftigung von Zwangsarbeitern verantwortlich waren.

Ihren Nachfolgern sollte es daher nicht schwer fallen, einen angemessenen Beitrag zur Übernahme der Verantwortung für das Ansehen der deutschen Wirtschaft und Deutschlands in der Welt zu leisten.

Ich fasse an dieser Stelle einmal zusammen: Deutschland hat in den 12 Jahren der nationalsozialistischen Gewaltherrschaft schwere Schuld auf sich geladen. Die Verbrechen wurden nicht *im deutschen Namen*, wie es oftmals heißt, sondern *von Deutschen* begangen. Die Schwere dieser Schuld wird auch nicht dadurch gemindert, dass Kriegsverbrechen und Verbrechen gegen die Menschlichkeit auch von anderen Staaten begangen wurden. Jeder Versuch, durch Aufrechnung die deutschen Verbrechen zu relativieren, verbietet sich.

Ich bin sicher, dass die überwältigende Mehrheit der Deutschen diese Meinung teilt.

Bei den zahllosen Gesprächen, die ich im Ausland, gerade in den USA, wo man bekanntlich besonders genau hinhört, oder mit ausländischen Gästen in Deutschland auch über dieses Thema geführt habe, lautet der Grundtenor meistens so: Ihr Deutschen habt euch mehr als andere mit den finsteren Seiten eurer Geschichte auseinander gesetzt, habt bewiesen, dass ihr aus der Vergangenheit die Lehren für die Gegenwart und Zukunft gezogen habt, und deshalb haben wir zu euch Vertrauen.

Vom „Erbfeind" zum verlässlichen Partner

Dadurch, dass die nachfolgenden Generationen ihre Verantwortung für die Geschichte nicht leugnen, sondern auch für sich angenommen haben, haben wir gleichzeitig das Recht erworben, als gleichberechtigtes Mitglied der Völkergemeinschaft unsere Interessen so selbstbewusst zu vertreten wie jedes andere Land. In dieser Interessenvertretung sollten wir uns auch dann nicht irritieren lassen, wenn wie gelegentlich in einigen englischen Zeitungen aus wirtschaftlichen Gründen und zu innenpolitischen Zwecken, die „Faschismuskeule“ gegen Deutschland geschwungen wird.

Ende Januar 2000 beschlossen 47 Staaten bei dem Internationalen Holocaust-Forum in Stockholm eine Erklärung, in der es u. a. heißt: „Der Holocaust hat die Fundamente der Zivilisation grundlegend verändert. Der einmalige Charakter wird immer universelle Bedeutung behalten.“

Und weiter: „Wir müssen die moralischen Grundsätze unserer Völker und die politischen Grundsätze unserer Regierungen stärken, um sicherzustellen, dass künftige Generationen die Ursachen des Holocausts verstehen und darüber nachdenken können.“ Die Konferenz drückte schließlich die Hoffnung aus, dass die „Samen für eine bessere Zukunft im Boden einer bitteren Vergangenheit“ ausgebracht worden sind.

Diese bessere Zukunft heißt für Deutschland Europa.

„Wir wollen Europa einigen, um durch einen freien kontinentalen Markt mit einer stabilen Währung den Lebensstandard von Millionen Europäern zu heben und sie aus dem unbeschreiblichen Elend zu retten, unter dem sie leiden.“

Es war der österreichische Politiker und Publizist Richard Nikolaus Graf von Coudenhove-Kalergi, der diese Zielsetzung auf dem Europakongress in Den Haag im Mai 1948 formulierte. Coudenhove-Kalergi, der bereits 1923 die Schrift *Paneuropa* veröffentlichte, gilt als Vater des Europagedankens und wurde 1950 mit dem erstmals verliehenen Karlspreis der Stadt Aachen für Verdienste um die europäische Einigung ausgezeichnet. Nach seiner Vorstellung sollte dieses Europa vor allem Frankreich und Deutschland zu einem Staatenbund zusammenführen. Winston Churchill ging nach dem Krieg noch einen Schritt weiter und forderte die Vereinten Staaten von Europa – allerdings ohne Großbritannien.

Deutschlands Größe und seine geographische Lage waren stets das Kernproblem Europas gewesen. Einerseits – gottlob – zu klein, um Europa zu beherrschen, war Deutschland andererseits zu groß, als dass es von seinen Nachbarn nicht gefürchtet wurde. Das galt insbesondere für den „Erbfeind" Frankreich.

So erklärte der radikalsozialistische Ministerpräsident Georges Clemenceau 1913: „Es gibt in Europa 20 Millionen Deutsche zu viel." Und mit den Sätzen „Ich liebe Deutschland. Ich liebe es so sehr, dass ich zufrieden bin, weil es gleich zwei Deutschland gibt" hat der 1970 verstorbene Schriftsteller Francois Mauriac jenes Unbehagen gegenüber einem wiedervereinigten Deutschland zum Ausdruck gebracht, das in der französischen Regierung auch 1989/90 vorherrschend war.

Aus dem Wiener Kongress von 1815, der die politische Landschaft Europas nach den napoleonischen Kriegen neu ordnete, ging unter Führung Österreichs der Deutsche Bund hervor, der mit Wien als Hauptstadt 39 souveräne Fürstentümer und reichsfreie Städte umfasste. Mit dieser Aufsplitterung sollten nach dem Willen des österreichischen Kanzlers Fürst von Metternich nationale und demokratische Bestrebungen verhindert werden.

Aus dieser Zeit stammt auch das „Lied der Deutschen", das 1841 von August Heinrich Hoffmann von Fallersleben verfasst und später mit der Melodie der von Joseph Haydn komponierten Kaiserhymne („Gott erhalte Franz den Kaiser, unsern guten Kaiser Franz") vertont wurde.

Seine erste Strophe „Deutschland, Deutschland über alles, über alles in der Welt“ war nicht Ausdruck von Größenwahn, sondern des Wunsches, das zersplitterte Deutschland zu einen. Auch die Zeile „Von der Maas bis an die Memel, von der Etsch bis an den Belt“ entsprang nicht Eroberungsgelüsten, vielmehr bildeten diese Flüsse die Grenzen des Deutschen Bundes in den vier Himmelsrichtungen.

Nach dem Ersten Weltkrieg von den Siegermächten verboten, wurde das Deutschlandlied 1922 durch einen Erlass des Sozialdemokraten Friedrich Ebert, dem ersten Reichspräsidenten der Weimarer Republik, zur deutschen Nationalhymne erhoben.

Die Nationalsozialisten behielten die Hymne zwar bei, verwendeten allerdings nur die erste Strophe, und diese gleichsam als „Vorstrophe“ für ihr eigentliches Kampflied, das „Horst-Wessel-Lied“. („Die Fahne hoch, die Reihen fest geschlossen, SA marschiert mit ruhigem, festen Schritt. Kam’raden, die Rotfront und Reaktion erschossen, marschier’n im Geist in unsern Reihen mit.“) Sein Namensgeber Horst Wessel war ein ehemaliger Jurastudent, der schon 1926 der SA und der NSDAP beitrat und 1930 im Alter von 27 erschossen wurde. Ob es ein privater Racheakt oder ein politisches Attentat war, wurde nie zweifelsfrei geklärt. Die Nazis jedenfalls erklärten ihn zum Märtyrer, bei dessen Beerdigung auch Göring und Goebbels anwesend waren.

Nach dem Krieg wurde das *Deutschland, Deutschland über alles ...* natürlich anders empfunden als zum Zeitpunkt seiner Entstehung und so blieb lange umstritten, wie mit dem Deutschlandlied verfahren werden sollte.

1952 einigten sich Bundespräsident Theodor Heuss und Bundeskanzler Adenauer in einem Briefwechsel darauf, dass zwar alle drei Strophen weiterhin die Nationalhymne bilden, bei offiziellen Anlässen jedoch nur die dritte Strophe gesungen werden sollte. Das war ein gut gemeinter, aber in der Wirkung unbefriedigender Kompromiss. Er hat nämlich bis heute zur Folge, dass die Mehrheit der Deutschen die erste Strophe für verboten halten, was wiederum auf alte und neue Rechtsradikale den besonderen Reiz ausübt, diese erste Strophe zur Erkennungsmelodie ihrer Gesinnung zu machen. Das haben der Dichter Hoffmann von Fallerlsleben und diejenigen, die mit diesem Lied einst für Freiheit und Demokratie in Deutschland stritten, wahrlich nicht verdient.

Ich denke, es wäre besser gewesen, dem neuen, demokratischen Deutschland nach 1945 entweder auch eine neue Nationalhymne zu geben oder das Deutschlandlied mit Hinweis auf die Geschichte seiner Entstehung in voller Länge offiziell zu belassen.

Auch Frankreich wird ja wohl den Refrain des im April 1792 komponierten „Kriegslied der Rheinarmee“, das die Truppen von Marseille bei ihrem Einmarsch in Paris im Juli des gleichen Jahres als ihren Marschgesang übernahmen und deshalb den Namen *Marseillaise* erhielt, kaum als zeitgemäße Aufforderung verstanden wissen wollen, wenn es dort heißt: „Zu den Waffen, Bürger! Schließt die Reihen, vorwärts marschieren wir! Das unreine Blut tränke unserer Äcker Furchen!“ Offizielle Nationalhymne wurde die Marseillaise übrigens erst 1946.

1866 führte Preußens Ministerpräsident Otto von Bismarck siegreich Krieg gegen Österreich und die Mehrheit der Staaten des Deutschen Bundes. Es entstand der Norddeutsche Bund und nach dem Sieg gegen Frankreich 1871 das Deutsche Reich.

Im Juni 1914 wurde der österreichische Thronfolger Franz Ferdinand in Sarajewo ermordet. Durch die uneingeschränkte Unterstützung Österreichs-Ungarns durch das Deutsche Reich eskalierte der im August ausgebrochene militärische Konflikt zum Ersten Weltkrieg.

Im Friedensvertrag von Versailles im Juni 1919 musste Deutschland die Alleinschuld am Krieg anerkennen.

Es verlor viele Gebiete und wurde durch immense Reparationsforderungen schwer belastet. Für die Weimarer Republik mit Reichspräsident Friedrich Ebert an der Spitze war der Versailler „Diktatfrieden“ von Beginn an eine schwere Belastung; er bildete den Nährboden, auf dem die nationalistischen und rechtsextremistischen Kräfte ihre zunehmende Stärke bezogen.

Um sich aus seiner völligen Isolierung zu befreien, schloss Deutschland 1922 in der italienischen Stadt Rapallo einen Vertrag mit Sowjetrussland, der neben wirtschaftlicher Zusammenarbeit in einem geheimen Zusatzabkommen auch eine militärische Kooperation vorsah.

Der Begriff „Rapallo“ steht bei den westeuropäischen Staaten bis heute als Schreckgespenst eines deutsch-russischen Sonderweges in Europa und wurde auch im Zuge der Wiedervereinigung mehrfach mahnend in die Debatte geworfen.

Wie das 1945 in Trümmern liegende Deutschland von den Siegermächten zu behandeln sei, darüber gab es vor allem in den Vereinigten Staaten höchst gegensätzliche Vorstellungen. Der nach seinem Urheber, dem amerikanischen Finanzminister Henry Morgenthau, genannte Plan von 1944 sah neben einer Teilung Deutschlands auch dessen Entindustrialiserung und Rückverwandlung in einen Agrarstaat vor. Unter dem Protest der amerikanischen Öffentlichkeit verweigerte Präsident Franklin D. Roosevelt die Zustimmung.

Unter Roosevelts Nachfolger Harry S. Truman entwickelte dessen Außenminister George Marshall 1947 den Plan zum Wiederaufbau des zerstörten Europas. Der Marshall-Plan bildete eine wichtige Grundlage für die schon bald eintretende wirtschaftliche Erholung Deutschlands.

Deutschland hat sich des Vertrauens würdig erwiesen, das ihm seine ehemaligen Feinde nach der größten Katastrophe der Weltgeschichte, bei der insgesamt rund 55

Millionen Menschen, darunter 30 Millionen Angehörige der Zivilbevölkerung, ums Leben kamen, entgegenbrachten.

Sowohl in den europäischen Institutionen wie auch im westlichen Verteidigungsbündnis wurde Deutschland schon bald als zuverlässiger Partner geschätzt und erwarb sich sogar den Ruf eines europäischen Musterknaben. Die durch die fortbestehenden Rechte der Siegermächte USA, Sowjetunion, Frankreich und England eingeschränkte Souveränität hat Deutschlands Weg zu einer der führenden Wirtschaftsnationen der Welt in keiner Weise behindert. Und mit der abschätzig gemeinten Bemerkung, Deutschland sei zwar wirtschaftlich ein Riese, politisch aber ein Zwerg, konnte unser geteiltes Land gut leben.

Nach der mit der Wiedervereinigung verbundenen Herstellung der vollen Souveränität mahnten die europäischen und atlantischen Partner auch ein größeres außenpolitisches und militärisches Engagement der Deutschen, etwa bei Friedensmissionen der Vereinten Nationen, an. Politiker quer durch die Parteien hatten diese Abstinenz stets mit dem Hinweis auf die deutsche Vergangenheit begründet, die aus moralischen Gründen einen Einsatz deutscher Soldaten außerhalb des Bündnisgebietes verbiete. Auch stehe das Grundgesetz dagegen. Dies wurde jedoch zunehmend als Ausrede und Drückebergerei gewertet. (Wenn auch nicht mit Soldaten, so hat sich Deutschland doch mit beträchtlichen finanziellen Mitteln an Einsätzen beteiligt. So betrug etwa der Beitrag für den Golfkrieg 1991 13 Milliarden DM.)

Im Juli 1994 entschied das Bundesverfassungsgericht, dass sich Deutschland mit Soldaten sowohl an Einsätzen im Rahmen von Aktionen der Nato oder der Westeuropäischen Union zur Umsetzung der Beschlüsse des UN-Sicherheitsrates als auch an Aktionen der Friedenstruppen der Vereinten Nationen beteiligen kann. Allerdings muss die Bundesregierung in jedem Einzelfall zuvor die mehrheitliche Zustimmung des Bundestages einholen. Anlass für das Urteil war der Blauhelmeinsatz von Bundeswehrsoldaten in Somalia.

Doch die größte außenpolitische Bewährungsprobe hatte Deutschland im April 1999 beim Kosovokonflikt zu bestehen. Nicht nur, dass erstmals seit 1945 deutsche Soldaten an einem Kriegseinsatz teilnahmen, die Nato-Mission konnte sich auch nicht auf eine Resolution der Vereinten Nationen stützen, weil Russland und China als ständige Mitglieder des Sicherheitsrates dagegen ihr Veto einlegten.

Kritiker des Militäreinsatzes haben vor allem die amerikanische Dominanz bemängelt. Doch eine solche Kritik fällt auf die Europäer selbst zurück, die sich seit Ausbruch der Gewalttätigkeiten im ehemaligen Jugoslawien 1991 unfähig gezeigt haben, die Probleme auf dem Balkan ohne massive Unterstützung der USA zu lösen.

Immerhin scheinen die Europäer nun endlich ernsthaft bereit zu sein, ihr militärisches Abhängigkeitsverhältnis wenigstens zu lockern. Dabei kann es natürlich nicht darum gehen, ein paralleles oder gar ein mit der Nato konkurrierendes Bündnis zu errichten, wie manche amerikanischen Politiker bereits befürchten. Vielmehr müssen die Europäer unter dem Dach der Nato mehr Verantwortung auf ihrem Kontinent übernehmen.

Die Beteiligung am Kosovokrieg war eine Zäsur in der deutschen Nachkriegsgeschichte. Die Debatte, vor allem in den Feuilletons, war zwar heftig, aber sie hat das Land nicht annähernd so gespalten wie etwa bei der Nachrüstung Anfang der 80er-Jahre. Das lag in der Hauptsache daran, dass es eine rot-grüne Bundesregierung war, die deutlich machte, dass Bündnisloyalität ein „Teil der deutschen Staatsräson" ist, wie Bundeskanzler Schröder erklärte, und dass die Oppositionsparteien mit Ausnahme der PDS den Regierungskurs unterstützten.

Der Kampf um den Euro

Das Datum, das einen weiteren, für die Bevölkerung noch tieferen Einschnitt markieren wird, steht bereits fest: Es ist der 1. Januar 2002. An diesem Tag heißt es für die Deutschen Abschied nehmen von der geliebten Deutschen Mark, dem Symbol des wirtschaftlichen Aufstiegs nach dem Krieg schlechthin.

Der Weg zu einer gemeinsamen Währung war lang und steinig. Ich will an dieser Stelle nur die wichtigsten Stationen in Erinnerung rufen.

Schon 1971 beschloss der Europäische Rat, eine volle Wirtschafts- und Währungsunion innerhalb von 10 Jahren anzustreben. Doch bereits drei Jahre später wurde das Projekt abgebrochen, da, wie ein Bericht feststellte, „die nationalen Wirtschafts- und Geldpolitiken in den letzten 25 Jahren nie unvereinbarer und divergenter gewesen sind als heute".

1979 wurde auf Vorschlag von Bundeskanzler Helmut Schmidt und des französischen Staatspräsidenten Valéry Giscard d'Estaing das Europäische Währungssystem (EWS) geschaffen, mit dessen Hilfe die Kurse der einzelnen Währungen enger aneinander gebunden werden sollten.

Unter ihrem neuen Präsidenten Jacques Delors legte die Europäische Kommission 1985 Empfehlungen zur Vollendung des Binnenmarktes vor. Mit den darin vorgesehenen Schritten konnte die Stagnation überwunden werden, in die die Integration der EU in den zurückliegenden Jahren geraten war.

Im März 1987 sprach sich der damalige Außenminister Hans-Dietrich Genscher dafür aus, die Diskussion über die Weiterentwicklung des Europäischen Währungssystems hin zu einer Währungsunion wieder in Gang zu setzen. Im Februar 1988 forderte Genscher in einer Denkschrift die Schaffung eines europäischen Währungsraumes und einer Europäischen Zentralbank. Ein Ausschuss der Europäischen *Gemeinschaft*, wie die Europäische Union damals noch hieß, legte im April 1989 einen Bericht vor, der die Verwirklichung der vollen Währungsunion in drei Schritten vorsah.

Diese Daten und die Tatsache, dass wichtige Anstöße zur Währungsunion von Deutschland aus kamen, sind deshalb wichtig, weil später die Legende verbreitet wurde, Deutschlands Zustimmung zur Währungsunion wäre die Bedingung für Frankreichs Zustimmung zur deutschen Wiedervereinigung gewesen.

Richtig ist sicherlich, dass den Franzosen die starke DM und die mächtige Stellung der Deutschen Bundesbank schon lange ein Dorn im Auge war. Und dass nach Abschluss des Maastrichter Vertrages, in dem die Währungsunion beschlossen wurde, die französische Zeitung *Le Figaro* schrieb, Maastricht sei „Versailles ohne Krieg", die Währungsunion also mit dem Diktatfrieden nach dem Ersten Weltkrieg gleichsetzte, dem sich Deutschland unterwerfen musste, hat dieser Legende weiter Nahrung gegeben, zumal sie von den Euro-Gegnern in Deutschland dankbar aufgegriffen wurde. Aber der Wahrheitsgehalt hat sich dadurch nicht erhöht. Sicherlich war Frankreich eine gemeinsame Währung ein besonderes Anliegen, aber sie lag ebenso im deutschen Interesse. Genscher hat das später noch einmal klar gestellt: „Wir waren aus mehreren Gründen für die Währungsunion. Im Vordergrund standen nicht nur wirtschaftliche Gründe. Der Binnenmarkt kann ohne einheitliche Währung nicht seine volle Wirkung entfalten; Deutschlands Schultern sind auf die Dauer zu schmal, um die Last der Rolle als wichtiges Reservewährungsland zu tragen; im europäischen Ausland nahmen die Frustrationen zu, weil in immer mehr Ländern die Geldpolitik sich darauf reduzierte, 15 Minuten nach der Bundesbank deren Zinsentscheidungen nachzuvollziehen."

Eine Rolle habe auch das Ziel gespielt, angesichts der in völligem Umbruch befindlichen weltpolitischen Szene die in Europa erreichte Stabilität zu sichern und gefährliche Illusionen über eine Mittellage, einen Sonderweg Deutschlands zwischen Ost und West, zu verhindern.

Helmut Kohl, Hans-Dietrich Genscher und Theo Waigel haben damals eine wahrhaft weit blickende Politik betrieben,wobei Waigel die schwierigste Rolle zukam, nämlich die zögernde Bundesbank für das Projekt der Währungsunion zu erwärmen.

Im Dezember 1991 wurde im niederländischen Maastricht die Gründung der Europäischen Union beschlossen und mit ihr die Vereinbarung über die Wirtschafts- und Währungsunion mit dem Beginn am 1. Januar 1999. Auch dieses feste Datum ist Deutschland keineswegs, wie später gelegentlich behauptet, aufgezwungen worden. „Ich war für die Festlegung eines Datums für den Beginn der Währungsunion. Für uns war entscheidend, dass Frankreich der unabhängigen Notenbank zustimmte. Das war eine Revolution französischen währungspolitischen Denkens und die Morgengabe Frankreichs.“ So noch einmal Genscher rückblickend im Herbst 1996.

Urheber des Datums 1.1.1999 war übrigens der damalige italienische Ministerpräsident Giulio Andreotti. Ihm war wichtig, dass die Währungsunion noch vor dem Jahr 2000 beginnt. Auf französischen Wunsch sollte die künftige gemeinsame Währung damals noch „ECU“ (European Currency Unit – Gemeinsame europäische Währung) heißen. Auf Drängen Deutschlands wurde der „ECU“ später durch den „Euro“ ersetzt.

Im Dezember 1992 stimmten Bundestag und Bundesrat dem Maastrichter Vertrag zu. Gleichzeitig verabschiedete das Parlament eine Entschließung, in der es u.a. hieß: „Der Deutsche Bundestag nimmt die Besorgnis in der Bevölkerung über die Einführung einer gemeinsamen europäischen Währung ernst. Es muss daher alles getan werden, damit sich diese Sorgen als gegenstandslos erweisen. Die Stabilität der Währung muss unter allen Umständen gewährleistet sein."

Der Bundestag forderte weiter eine enge und strikte Auslegung der Stabilitätskriterien und behielt sich vor Inkrafttreten der Währungsunion durch den Beschluss der Europäischen Staats- und Regierungschefs im Sommer 1998 eine nochmalige Prüfung vor. Schließlich wurde die Bundesregierung aufgefordert, sich mit Nachdruck für Frankfurt am Main als Sitz der Europäischen Zentralbank einzusetzen. Frankreich stimmte dem zähneknirschend zu. Da man wusste, dass der Bevölkerung keines Landes der Verzicht auf die eigene Währung so schwer fallen würde wie den Deutschen, musste den Deutschen eine Reihe von Zugeständnissen gemacht werden.

Die Sorgen vor allem der älteren Menschen in Deutschland waren verständlich. Schließlich hatten viele von ihnen noch die Währungsreform von 1948 mit erlebt, als ihre Spareinlagen und Guthaben im Verhältnis von 100 Reichsmark zu 6,50 DM umgetauscht wurden, und nicht wenige von ihnen glaubten, die künftige Währungsunion sei das Gleiche wie eine Währungsreform. In kaum einem anderen Land ist auch die Angst vor Inflation so groß wie in Deutschland, die DM galt als Garant für Stabilität und die Deutsche Bundesbank als ihre Hüterin.

Nachdem der Maastricht-Vertrag die parlamentarischen Hürden genommen hatte, war für die Bundesregierung und die Parteien das Thema zunächst erledigt. Über die Konsequenzen, die vor allem mit der Währungsunion verbunden sein würden, gab es nur spärliche Informationen; eine große öffentliche Debatte, wie sie der Bedeutung angemessen gewesen wäre, fand nicht statt – wenigstens vorerst nicht.

Eine Reihe von grundsätzlichen Gegnern des europäischen Integrationsprozesses zogen dagegen vor das Bundesverfassungsgericht, um den Maastricht-Vertrag zu Fall zu bringen, weil er ihrer Ansicht nach in unzulässiger Weise nationale Kompetenzen auf Europa übertrage. Prominentester Kläger war der Rechtsanwalt Manfred Brunner, viele Jahre lang Münchner Stadtrat, Landesvorsitzender der bayerischen FDP und Kabinettschef des deutschen EU-Kommissars Martin Bangemann. Diesen Posten musste er auf Druck von Bundeskanzler Kohl räumen, weil er immer wieder öffentlich die europäische Integrationspolitik kritisierte. Brunner, ein enger Freund des CSU-Landtagsabgeordneten und früheren Münchner Parteivorsitzenden Peter Gauweiler und des FPÖ-Vorsitzenden Jörg Haider (im Gegensatz zu dem opportunistischen Kärtner Landeshauptmann ist Brunner allerdings ein Überzeugungstäter), trat dann aus der FDP aus und gründete mit dem „Bund freier Bürger" eine national- und rechtsliberale Partei, der allerdings bei den Wählern kein Erfolg beschieden war. Ende 1998 verließ er die Partei und kehrte wieder zur FPD zurück, jedoch nicht in Bayern, sondern in Sachsen.

Im Oktober 1993 wies das Bundesverfassungsgericht die Klage von Brunner und anderen ab. In seinen Leitsätzen und in der Begründung zog das höchste deutsche Gericht jedoch auch Grenzen in Bezug auf die Übertragung nationaler Kompetenzen an die europäischen Institutionen.

So heißt es etwa: „Das Demokratieprinzip hindert die Bundesrepublik Deutschland nicht an einer Mitgliedschaft in einer – supranational organisierten – zwischenstaatlichen Gemeinschaft. Voraussetzung der Mitgliedschaft ist aber, dass eine vom Volk ausgehende Legitimation und Einflussnahme auch innerhalb des Staatenverbundes gesichert ist."

An anderer Stelle: „Vermitteln – wie gegenwärtig – die Staatsvölker über die nationalen Parlamente demokratische Legitimationen, sind der Ausdehnung der Aufgaben und Befugnisse der Europäischen Gemeinschaften vom demokratischen Prinzip her Grenzen gesetzt. Dem Deutschen Bundestag müssen Aufgaben und Befugnisse von substanziellem Gewicht verbleiben."

Und schließlich stellt das Bundesverfassungsgericht fest: „Der Unions-Vertrag begründet einen Staatenverbund zur Verwirklichung einer immer enger werdenden Union der – staatlich organisierten – Völker Europas, keinen sich auf ein europäisches Staatsvolk stützenden Staat."

Mit dem Begriff *Staatenverbund* machten die obersten Richter deutlich, dass die Europäische Union ein historisch völlig neuartiges Gebilde ist, das sich außerhalb der herkömmlichen staatsrechtlichen Begriffe wie Bundesstaat, Staatenbund oder Konföderation entwickelt.

Drei Jahre nach der Ratifizierung des Maastricht-Vertrags durch Bundestag und Bundesrat und zwei Jahre nach dem Urteil des Bundesverfassungsgerichts bricht die öffentliche Debatte um die Währungsunion dann in aller Breite und Schärfe aus. Von den 248 Artikeln, die der Vertrag umfasst, steht vor allem einer, der Artikel 109j, im Mittelpunkt der Diskussion. Dort sind die Kriterien festgelegt, die jedes Land erfüllen muss, das der Währungsunion beitreten will.

1. Die jährliche Neuverschuldung soll 3 Prozent nicht übersteigen.
2. Die Gesamtverschuldung soll nicht über 60 Prozent des Bruttoinlandsprodukts liegen.
3. Der Wechselkurs der Währung muss innerhalb der Bandbreite des Europäischen Währungssystems liegen.
4. Dauerhaftigkeit der langfristigen Zinsen

5. Die Inflationsrate eines Teilnehmerlandes darf nicht mehr als 1,5 Prozent über jener der preisstablisten Länder liegen.

Die Diskussion konzentriert sich in erster Linie auf das Neuverschuldungskriterium. Dann folgt mit weitem Abstand das Problem der Gesamtverschuldung, während die Inflationsrate (weil in allen Ländern niedrig), Wechselkurs und Zinsen keine Rolle spielen. Die Debatte verschärfte sich zu dem Zeitpunkt, als entgegen den bisherigen Erwartungen Spanien, Portugal und vor allem Italien deutlich gemacht haben, bereits von Beginn an bei der Währungsunion dabei sein zu wollen. Bei Griechenland war immer klar, dass es die Kriterien nicht würde erfüllen können, Großbritannien, Dänemark und Schweden hatten eine Teilnahme zum 1. Januar 1999 abgelehnt.

Hauptargument der Euro-Gegner: Die Haushalts- und Finanzpolitik vor allem Italiens gefährde die Stabilität der gemeinsamen Währung.

Der Frontverlauf der rund zweieinhalbjährigen Debatte pro und kontra Euro: Großindustrie, Banken und Versicherungen naheliegenderweise pro, Mittelstand und Handwerk vor allem wegen fehlender Informationen abwartend bis skeptisch. Auch die Gewerkschaften waren im Prinzip dafür, kritisierten aber, dass nicht auch Anstrengungen zum Abbau der Arbeitslosigkeit in den Kriterienkatalog aufgenommen wurden. Die wichtigsten meinungsbildenden Medien äußerten sich mit großer Mehrheit zustimmend.

Bei den Parteien standen CDU, FDP und nach kurzer Diskussion auch die Grünen nahezu geschlossen hinter der Währungsunion, die PDS war ebenso geschlossen dagegen. Große Teile der SPD, vor allem deren Spitze, erlagen zunächst der Versuchung, die mehrheitliche Ablehnung der Bevölkerung auf ihre parteipolitischen

Mühlen zu lenken. Als niedersächsischer Ministerpräsident tönte Gerhard Schröder, hier habe die Linke ihr „nationales Thema". Parteichef Oskar Lafontaine und Fraktionschef Rudolf Scharping ließen sich ähnlich vernehmen. Am tollsten trieb es der SPD-Spitzenkandidat bei den Landtagswahlen in Baden-Württemberg, Dieter Spöri. Er ließ Plakate kleben, auf denen er sich zum Retter der DM aufschwang. Doch der vermeintliche Retter stand am Wahlabend im Frühjahr 1996 als der große Verlierer da. Von den ohnehin mageren 29,4 Prozent bei den Wahlen 1992 war die SPD nochmals um 4,3 Prozent auf blamable 25,1 Prozent zurückgefallen. CDU, Grüne und FDP hatten deutlich zugelegt, die Republikaner nur wenig verloren. Nun regten sich in der SPD-Führung erste Zweifel, ob man auf das richtige Pferd gesetzt hatte. Diese Zweifel wurden verstärkt durch das Kopfschütteln der sozialdemokratischen Schwesterparteien in Europa, den lauten Protest ihrer Abgeordneten im Europäischen Parlament und durch immer mehr prominente Euro-Befürworter in den eigenen Reihen, allen voran Altbundeskanzler Helmut Schmidt. Und schließlich war es den Sozialdemokraten dann doch peinlich, dass sie plötzlich mit Schönhuber, Haider, Gauweiler, Brunner in einem Boot saßen. So vollzog die SPD im Verlauf des Jahres 1997 eine deutliche Kehrtwendung und signalisierte – wenn auch wegen der Stimmung bei der Stammwählerschaft ohne Begeisterung – ihre Zustimmung zur Währungsunion. „Augen zu und durch" hieß von nun an die Parole. Nur Gerhard Schröder, den europäische Fragen erst seit Beginn seiner Kanzlerschaft zu interessieren begannen, blieb auch öffentlich bei seiner Skepsis.

Gegen einen europäischen Zentralismus

Kohls und vor allem Waigels größtes Problem blieb die CSU und vor allem Ministerpräsident Edmund Stoiber. Zwar erklärte Stoiber stets, er sei grundsätzlich für die Währungsunion, jedoch folgten diesem Bekenntnis stets eine Reihe von „aber“. So war es Stoiber, der darauf beharrte, dass das Kriterium der jährlichen Verschuldung von 3 Prozent 3,0 Prozent bedeute. Er setzte auf einem kleinen Parteitag im Frühjahr 1998 auch durch, dass die CSU von dieser Einhaltung ihre Zustimmung zum Euro abhängig mache, auch wenn der Maastrichter Vertrag mitnichten eine so starre Festlegung vorsah.

Stoiber versicherte stets, mit seiner harten Haltung Deutschland und vor allem Waigel gegenüber seinen europäischen Partnern nur den Rücken stärken und ihn damit unterstützen zu wollen. Der CSU-Vorsitzende hätte auf diese Art der Unterstützung allerdings liebend gerne verzichtet.

Daneben nervte Stoiber Kohl und Waigel mit seiner beharrlichen Forderung, den für den 1. Januar 1999 vorgesehenen Start der Währungsunion gegebenenfalls zu verschieben. Dass es dafür in der EU niemals eine Mehrheit gegeben hatte, interessierte Stoiber nicht, es war ja auch nur für die eigene Wählerschaft in Bayern gedacht. Schließlich standen für den Herbst 1998 Landtagswahlen an.

Stoiber ließ seinen Parteivorsitzenden bis zuletzt in der schmorenden Ungewissheit, ob die von ihm geführte Staatsregierung im Bundesrat der Währungsunion ihre Zustimmung erteilen werde. Zwar war eine breite Mehrheit ohnehin sicher, doch Waigel hatte für den Fall der Ablehnung durch Bayern seinen sofortigen Rücktritt vom Parteivorsitz angekündigt.

Im Mai legten dann die Europäische Kommission und das Europäische Währungsinstitut, Vorläuferin der Europäischen Zentralbank, ihre Konvergenzberichte vor, in denen sie erwartungsgemäß die Teilnahme von 11 Staaten an der Währungsunion empfahlen. Den Grund für ein Nein konnte Stoiber jetzt nur noch die von ihm durchgesetzte, gesonderte Stellungnahme der Deutschen Bundesbank liefern. Doch diese machte zwar eine Reihe kritischer Anmerkungen, vor allem zur Gesamtverschuldenslage Italiens, erklärte aber auch dessen Teilnahme als noch „vertretbar".

Die Empfehlungen seiner engsten Berater waren unterschiedlich. Schließlich entschied sich Stoiber doch für Zustimmung.

Insgesamt war die Debatte um den Euro notwendig und wichtig, auch wenn Bundespräsident Herzog empfohlen hatte, das Thema aus dem parteipolitischen Streit herauszuhalten. Dies schien mir allerdings eine merkwürdige Vorstellung, einen Gegenstand, der die Menschen tief bewegt, der demokratischen Auseinandersetzung entziehen zu wollen. Eine wichtige Konsequenz der Debatte war auch, dass in ihrem Verlauf die Banken, Sparkassen, Bauspar-, Lebens- und Rentenversicherungen große Anstrengungen unternahmen, die Sparer und Rentner umfassend über den Euro zu informieren. Auch der bis dahin hartleibige Einzelhandel fand sich nun bereit, die doppelte Preisauszeichnung rechtzeitig und flächendeckend vorzunehmen, um die Kunden frühzeitig an den Euro zu gewöhnen. Es gibt nur ein wirksames Mittel, um Ängste zu beseitigen, und das sind Information und Aufklärung. Diese Maßnahmen zeigten auch entsprechende Wirkung. Im vergangenen Jahr befürworteten mehr als die Hälfte der Bundesbürger die neue Währung. Durch den niedrigen Außenwert des Euro gegenüber dem Dollar ist die Zahl der Befürworter Anfang diesen Jahres jedoch wieder zurückgegangen.

In der Debatte ist aber auch spürbar geworden, dass sich die Einstellung der Bevölkerung zu Europa negativ verändert hat. Die Europabegeisterung der ersten Nachkriegsjahrzehnte ist vorbei. Der Gedanke der europäischen Integration erreicht zwar noch die Mehrheit der Köpfe, aber nur noch eine Minderheit der Herzen.

Diese veränderte Einstellung hat eine Reihe von Gründen. Zum einen – und das ist durchaus positiv – ist Europa heute nicht mehr wie in den 50er-Jahren eine Vision, sondern gelebte Wirklichkeit, Alltag. Offene Grenzen, ein gemeinsamer Markt, das alles ist, vor allem für die Jüngeren, eine Selbstverständlichkeit. Europapolitik ist heute in Wahrheit nicht mehr Außenpolitik, sondern erweiterte Innenpolitik.

Ein weiterer Grund ist, dass eine wesentliche Triebfeder für den europäischen Einigungswillen der Ost-West-Konflikt war. Das galt in besonderem Maße für das geteilte Deutschland. Auch wenn Helmut Kohl nach der wiedererlangten Einheit stets erklärte, die deutsche Einheit und die europäische Einheit seien zwei Seiten derselben Medaille, und diese Politik zur Erleichterung der anderen EU-Mitgliedstaaten auch entschlossen durchsetzte, so war ein Stimmungswandel doch unverkennbar. Brüssel bekam einen zunehmend schlechteren Klang. Immer häufiger verband die Öffentlichkeit mit dem Namen der europäischen Hauptstadt Missstände wie nicht durchschaubare Entscheidungsprozesse, Überregulierung, eine überbordende Bürokratie, Geldverschwendung oder Lebensmittelskandale wie BSE-verseuchtes Rindfleisch.

Vieles an der oftmals pauschal geübten Schelte ist ungerecht. So sind bei der EU nicht mehr Mitarbeiter beschäftigt als in der Verwaltung einer deutschen Großstadt. Der Großteil der Verordnungen und Vereinheitlichungen beruht nicht auf einer Nivellierungswut von Bürokraten in Brüssel, sondern auf Anträgen aus den Mitgliedsländern und der Wirtschaft, die EU-weit auf gleiche Wettbewerbsbedingungen pochen. Auch findet die meiste Verschwendung von Geldern nicht durch die EU-Behörden statt, sondern dort, wo die Mittel hinfließen, also in den Mitgliedstaaten. Dort ist es mittlerweile geradezu Mode geworden, so ziemlich jeden Unmut über bürokratische Regelungswut nach Brüssel umzuleiten, was das Ansehen Europas in den Augen der Bevölkerung auch nicht gerade steigert.

Mit diesen Hinweisen soll allerdings in keiner Weise die Misswirtschaft entschuldigt werden, die tatsächlich über viele Jahre hinweg in der Europäischen Kommission stattgefunden und im Frühjahr 1999 zu ihrem kompletten Rücktritt geführt hat. Ausgelöst hatte diesen Prozess der niederländische EU-Beamte Paul van Buitenen. Anfang Dezember 1998 unterrrichtete er die Abgeordneten des Europäischen Parlaments in einem 34-seitigen Brief über eine ganze Reihe von Fällen von Geldverschwendung und Vetternwirtschaft in der Kommission, belegt mit mehreren hundert Seiten an Dokumenten und Vermerken. Van Buitenen war an die Öffentlichkeit getreten, nachdem er zwei Jahre lang vergeblich seine Vorgesetzten gedrängt hatte, fragwürdige Verträge, sonderbare Rechnungen und obskure Ausschreibungen vor allem im Bereich der französischen Kommissarin Edith Cresson aufzuklären. Die Enthüllungen führten dazu, dass das Europäische Parlament einen „Ausschuss der Weisen“ einsetzte, auf Grund seines Berichts musste die Kommission mit Präsident Jacques Santer an der Spitze ihren Hut nehmen. Zu seinem Nachfolger bestimmten die europäischen Staats- und Regierungschefs den früheren italienischen Ministerpräsidenten Romano Prodi.

Statt Paul van Buitenen für seinen Mut und seine Unerschrockenheit auszuzeichnen, überzog ihn die Europäische Kommission mit einem Disziplinarverfahren wegen der Veröffentlichung von Dienstgeheimnissen.

Die verdiente Auszeichnung erhielt er dann im Oktober 1999 in Form des Europäischen Steuerzahlerpreises.

In seiner Laudatio sagte der Vizepräsident des Europäischen Parlaments, Ingo Friedrich, Paul van Buitenen habe gegen eine undurchsichtige und reformbedürftige europäische Behörde gekämpft. Dank seines verantwortungsvollen und couragierten Verhaltens habe er einen wichtigen Beitrag geleistet, dass ein Grundstein für umfangreiche Reformen und einen Neuanfang gelegt werden konnten.

(Neben Paul van Buitenen wurde auch ich mit dem Preis in Form eines Stieres, der als Zeichen für Ausdauer und Stärke steht, ausgezeichnet. Ich habe gezeigt, so Laudator Friedrich, „dass es möglich ist, mit neuen Ideen und Hartnäckigkeit in einem reglementierten und überbürokratisierten Wirtschaftsumfeld Arbeitsplätze zu schaffen".)

Dennoch, das Unbehagen vor allem der deutschen Bundesländer an zu viel Brüsseler Zuständigkeiten ist verständlich. Immer mehr breitet sich dort das Gefühl aus, man sei nicht mehr Herr im eigenen Lande und könne immer weniger eine eigenständige Politik betreiben.

Früher als alle anderen Länder wurde diese Entwicklung in Bayern erkannt, deren Ministerpräsidenten sich schon immer als Lordsiegelbewahrer des Föderalismus verstanden. Es war Ministerpräsident Max Streibl, der Ende der 80er-Jahre von der Notwendigkeit eines „Europa der Regionen" sprach.

Da Deutschland das einzige Mitgliedsland der Europäischen Union mit einer derart ausgeprägten föderalistischen Struktur ist, bestand in den Bundesländern die Sorge, dass ihre relativ umfassenden Kompetenzen auf dem Altar eines zentralistischen Europas geopfert würden. Wenn es um ihre Rechte geht, trauen CDU, SPD und vor allem die CSU auch ihren in Bonn und jetzt in Berlin regierenden Parteifreunden nicht über den Weg. Sie haben oft genug erlebt, wie schnell sich Föderalisten in Zentralisten verwandeln, wenn sie erst einmal selbst in der Bundesregierung sitzen.

Im Rahmen der Verhandlungen über den deutsch-deutschen Einigungsvertrag 1990, der der Zustimmung der Länder bedurfte, setzten diese einen neuen Artikel 23 des Grundgesetzes durch. Darin wurden die Rechte der Bundesländer bei der Übertragung von Kompetenzen auf die Europäische Union erheblich gestärkt. Wenn es um Kompetenzen geht, die schwerpunktmäßig in der Länderhoheit liegen, beispielsweise in der Kulturpolitik, verhandelt darüber nicht die Bundesregierung mit der Europäischen Union, sondern ein Vertreter der Bundesländer.

Doch diese verstärkte innerdeutsche Mitwirkung an den europäischen Entscheidungsprozessen reicht den Bundesländern, vor allem Bayern, nicht aus. So fordert Ministerpräsident Edmund Stoiber bei den Zuständigkeiten eine strikte Einhaltung des Subsidiaritätsprinzips, also des Grundsatzes, dass übergeordnete Einheiten nur solche Aufgaben wahrnehmen sollen, zu denen untergeordnete nicht in der Lage sind. Danach solle sich die Europäische Union auf die wirklich europäischen Aufgaben beschränken. Auch solle den Regionen, die mit eigenen Gesetzgebungsbefugnissen ausgestattet sind – also etwa die deutschen Bundesländer – ein eigenständiges Klagerecht beim Europäischen Gerichtshof eingeräumt werden.

Das größte Konfliktpotential besteht dabei zwischen den Bundesländern und dem EU-Kommissariat für Wettbewerbsfragen. Mit ihm lag beispielsweise der Freistaat Bayern mehr als 10 Jahre darüber im Clinch, ob und in welchem Umfang die Staatsregierung der angeschlagenen oberpfälzischen Maxhütte unter die Arme greifen darf.

Aber auch Landesbanken und Sparkassen sind ins Visier der europäischen Wettbewerbskontrolleure geraten. Da sie auf Grund von Staatsgarantien nicht Pleite gehen können, kommen sie billiger an Geld als die privaten Konkurrenten. Auch andere öffentliche Einrichtungen könnten schon bald auf den Prüfstand kommen: Stadtwerke mit staatlicher Absicherung, Pflegedienste wie Caritas und Rotes Kreuz, die steuerliche Vorteile gegenüber privaten Einrichtungen haben, der Deutsche Wetterdienst, der als Bundesbehörde mit privaten Anbietern konkurriert, ja, selbst der gebührenfinanzierte öffentlich-rechtliche Rundfunk ist nicht nur den privaten Anbietern, sondern auch der EU-Kommission ein Dorn im Auge. Gerade am Beispiel Rundfunk wird die unterschiedliche Sichtweise deutlich. Nach dem deutschen Grundgesetz fällt das Rundfunkwesen unter die Kulturhoheit der Bundesländer. Nach Brüsseler Auffassung dagegen ist Rundfunk nicht als Kulturgut, sondern Dienstleistung zu betrachten.

Der öffentlich-rechtliche Dienstleistungssektor ist eine tragende Säule unseres bewährten föderativen Systems, das wir den anderen Mitgliedstaaten natürlich nicht aufzwingen können und wollen, das wir uns umgekehrt aber auch von Europa nicht kaputtmachen lassen wollen und sollten.

Die Akzeptanz Europas wird dramatisch zurückgehen, wenn dieses Europa von vielen Menschen nicht mehr als Chance, sondern als Bedrohung ihres Lebensbereichs empfunden wird. Die europäischen Entscheidungsprozesse leiden noch immer unter erheblichen Demokratiedefiziten und sind für die Bürger kaum zu durchschauen. Die Abgeordneten zum Europäischen Parlament werden nicht in Wahlkreisen, sondern auf Parteilisten gewählt und sind daher auch nicht wie Landtags- oder Bundestagsabgeordnete Ansprechpartner der Bürger in der Region.

Österrreich und „die 14"

Eine heftige Diskussion über das Selbstverständnis der Europäischen Union und den Umgang zwischen ihren Mitgliedstaaten haben die „Sanktionen der 14" gegen den 15., Österreich, wegen der dort aus der Österreichischen Volkspartei (ÖVP) und der Freiheitlichen Partei (FPÖ) gebildeten neuen Bundesregierung ausgelöst.

Der von der portugiesischen Ratspräsidentschaft im Februar dieses Jahres ohne jede vorherige Konsultation oder auch nur Anhörung Österreichs erfolgte Beschluss, Kontakte mit den Regierungsmitgliedern der Alpenrepublik auf die offiziellen Treffen in der EU zu beschränken, zwischenstaatliche Begegnungen einzufrieren und die österreichischen Botschafter in den anderen EU-Staaten nur noch auf Beamtenebene zu empfangen, ist ein in der Geschichte der Europäischen Union beispielloser und aus einer Vielzahl von Gründen mehr als fragwürdiger Vorgang. Er wird, so fürchte ich, eher das Gegenteil von dem erreichen, was mit ihm bewirkt werden sollte.

Begründet wurde der nur wenige Zeilen umfassende Quarantäne-Beschluss damit, dass die bisherige Politik des FPÖ-Vorsitzenden und Kärntner Landeshauptmanns (Ministerpräsidenten) Jörg Haider in Bezug auf die europäische Integration und Erweiterung der EU ebenso wenig mit den gemeinsamen Zielen der Union in Einklang zu bringen seien wie die von ihm und seiner Partei vertretene Haltung gegenüber Ausländern und anderen gesellschaftlichen Minderheiten. Verwiesen wird dabei auf den Artikel 6 Absatz 1 des 1997 beschlossenen und 1999 in Kraft getretenen Amsterdamer Vertrages, in dem es heißt: „Die Union beruht auf den Grundsätzen der Freiheit, der Demokratie, der Achtung der Menschenrechte und Grundfreiheiten sowie der Rechtsstaatlichkeit; diese Grundsätze sind allen Mitgliedstaaten gemeinsam."

Dass die neue österreichische Bundesregierung auf Betreiben des Bundespräsidenten Thomas Klestil ihrem Regierungsprogramm eine Präambel vorausstellte, in der sie sich ausdrücklich zu den gemeinsamen Werten der Union bekannte, und FPÖ-Chef Haider selbst der Regierung nicht angehört, änderte an den Isolierungsbeschlüssen der 14 nichts.

Da es für vertraglich vorgesehene Sanktionen keine Rechtsgrundlage gibt, verlegte man sich auf Signale der vorsätzlichen Brüskierung. Der österreichischen Sozialministerin wurde in Lissabon der Händedruck verweigert, der Außenministerin bedeuteten die Kollegen durch „kollektives Zuspätkommen“ ihr Missfallen.

„Man fragt sich beklommen, ob demnächst gemeinsames Zunge-Herausstrecken zum EU-Sanktionskatalog gehören wird“, schrieb die *Woche* am 18. Februar sarkastisch, wie überhaupt die große Mehrheit der deutschen Medien Unverständnis für derart kindische Verhaltensweisen zeigen.

Es spricht für die Besonnenheit der österreichischen Regierung, dass sie es den Partnerstaaten nicht mit gleicher Münze heimzahlt und etwa Beschlüsse, die der Einstimmigkeit bedürfen, blockiert.

Für einen Freund Österreichs wie mich, für den Salzburg nur eine Autostunde entfernt liegt, Grund genug, ein bisschen genauer hinzusehen.

Es ist gut und wichtig, dass sich die EU nicht nur als eine ökonomische Interessengemeinschaft, sondern auch als eine Wertegesellschaft versteht und die Beachtung dieser Werte von allen Mitgliedstaaten einfordert.

Angesichts der Fülle unappetitlicher Sprüche Haiders und manch schlimmer Kampagnen gegen Ausländer hätte ich es auch gut verstanden, wenn die anderen EU-Staaten mit aller Deutlichkeit die Erwartung geäußert hätten, dass das Schüren von Ängsten und Vorurteilen nicht Eingang in die Politik der neuen österreichischen

Regierung findet und dass man da ganz genau hinsehen werde.

Aber gleichsam vorbeugend Maßnahmen über eine Regierung zu verhängen, die bei deren Verkündung noch gar nicht im Amt war, also die Strafe vor die Tat zu setzen, halte ich im Umgang zwischen nicht nur befreundeten, sondern auch in einer Union verbundenen Staaten für unakzeptabel.

Was die erwartete aktive Mitarbeit am Bau des gemeinsamen Hauses Europa angeht, ist die neue Regierung in Wien über jeden Zweifel erhaben. Die ÖVP ist die europafreundlichste Partei Österreichs. Es war Alois Mock, Wolfgang Schüssels Vorgänger im Amt des Außenministers, der Ende der 80er-Jahre den zögernden sozialdemokratischen Koalitionspartner drängte, endlich den „Brief nach Brüssel", also den Beitrittsantrag für die EU, abzusenden, deren Mitglied Österreich nach einer Volksabstimmung 1995 wurde. Und es war Schüssel, unter dessen Vorsitz der Rat der europäischen Außenminister im Herbst 1998 die Aufnahme der Verhandlungen mit den Beitrittskandidaten Estland, Polen, Slowenien, der Tschechischen Republik, Ungarn und Zypern beschloss. Dass überdies Schüssels bisherige Staatssekretärin Benita Ferrero-Waldner seine Amtsnachfolge antrat, garantiert die Kontinuität der österreichischen Außenpolitik.

Dass die Erweiterung der EU (der Begriff „Osterweiterung" klingt auf Grund der geographischen Lage Österreichs ein wenig komisch, da Prag und Ljubljana weiter westlich in Europa liegen als Wien) insbesondere für die Grenzregionen neben großen Chancen auch Probleme mit sich bringt, liegt auf der Hand. Da unterscheidet sich die Besorgnis etwa im Burgenland in nichts von dem, was auch in Oberfranken oder der Oberpfalz, die an die Tschechische Republik angrenzen, geäußert wird. Was Haiders Kritik an europäischen Entwicklungen betrifft, so geht diese nicht über das hinaus, was man etwa aus dem Munde von Edmund Stoiber oder Peter Gauweiler gewöhnt ist, ohne dass bisher jemand auf die Idee gekommen ist, die CSU als Gefahr für Europa zu bezeichnen. Die europafeindlichsten und beleidigendsten Äußerungen kommen übrigens von den britischen Konservativen. Würde die EU eine Tory-Regierung diplomatisch isolieren? Was haben die europäischen Regierungschef alles von der früheren Premierministerin Margret Thatcher („I want my money back") ertragen!

Ganz abgesehen davon gehört das Recht zur Kritik auch an Europa ja wohl ebenfalls zum gemeinsamen Wertekanon. Am Rande angemerkt: Während jede erweiterungskritische Äußerung auch nachrangiger FPÖ-Politiker zu einem Anschlag auf Europas Werte aufgeblasen wird, findet offenbar niemand etwas dabei, dass die deutschen Ministerpräsidenten unisono damit gedroht haben, die EU-Erweiterung im Bundesrat zu blockieren, wenn sich Brüssel weiterhin mit den öffentlich-rechtlichen Institutionen in ihren Bundesländern beschäftigt.

Haider, der mittlerweile als Vorsitzender der FPÖ zurückgetreten ist, ist, wie viele seiner unsäglichen Entgleisungen belegen, ein hemmungsloser, ja skrupelloser Demagoge. Ihn jedoch mit Hitler zu vergleichen oder wie unser Außenminister Joschka Fischer in die Nähe des serbischen Diktators Milosevic zu rücken, heißt, deren Verbrechen in grotesker Weise zu verharmlosen und ihre Opfer zu verhöhnen.

Die Zeitung *Die Woche* hat Haider in ihrer Ausgabe vom 11. Februar 2000 „die böse Blume" genannt, „die auf dem Humus der österreichischen Verdrängungskultur wuchs".

Diese Charakterisierung scheint mir den Nagel auf den Kopf zu treffen.

Nach 1945 ist Österreich aus seiner gemeinsamen Geschichte mit Deutschland ausgestiegen und hat seine eigene umgeschrieben. Österreich, wie es sich nun sah und von den anderen gesehen werden wollte, war „das erste Opfer Hitlers“. Verdrängt war der Jubel, mit dem dieser am 14. März 1938 nach dem „Anschluss“ auf dem Wiener Heldenplatz begrüßt wurde. Verdrängt auch die Tatsache, dass der Anteil der Österreicher in Führungspositionen der NSDAP und SS, gemessen an der Zahl der Bevölkerung, überproportional hoch war.

1955 wurde durch Staatsvertrag der über Österreich verhängte Besatzungsstatus aufgehoben, nachdem sich die Alpenrepublik zur Neutralität verpflichtet hatte.

Weder die Konservativen noch die Sozialdemokraten sahen die Notwendigkeit, sich selbstkritisch mit der eigenen Geschichte auseinander zu setzen. Das so genannte dritte Lager, die Deutschnationalen, organisierten sich im „Verband der Unabhängigen“, dem Vorläufer der FPÖ. Ehemalige NSDAP-Mitglieder fanden vor allem in den SPÖ-Landesorganisationen Kärnten und Steiermark Aufnahme. Einer von Haiders Vorgängern als Landeshauptmann, der Sozialdemokrat Leopold Wagner, konnte sich in der Öffentlichkeit seiner einstmaligen Zugehörigkeit zur Hitlerjugend nicht genug rühmen. Der sozialdemokratische Kandidat für das Amt des Bundespräsidenten, Adolf Schärf, fand 1957 nichts dabei, mit der Parole „Wer einmal schon für Adolf war, wählt Adolf auch in diesem Jahr“ für sich zu werben – mit Erfolg.

Als die Sozialdemokraten unter Bruno Kreisky bei der Nationalratswahl 1970 erstmals stärkste Partei wurden, die absolute Mehrheit der Sitze jedoch knapp verfehlten, schloss Kreisky mit der FPÖ ein Abkommen über die Tolerierung einer Minderheitsregierung. Der Preis dafür war eine Wahlrechtsänderung, mit der der FPÖ auf Dauer die parlamentarische Existenz gesichert werden sollte. Kreiskys Kalkül zielte auf eine langfristige Spaltung des bürgerlichen Lagers, die eine Regierungsbildung ohne die

SPÖ in Zukunft unmöglich machen sollte. Das hat dann ja auch 30 Jahre lang geklappt.

(Hätten sich Europas Staatslenker eigentlich in gleicher Weise empört, wenn Haiders FPÖ bereit gewesen wäre, eine SPÖ-Minderheitsregierung, in die sie eine Reihe von „Experten“ hätte entsenden können, zu tolerieren, statt Schüssel also Viktor Klima ein Kanzler von „Haiders Gnaden“ wäre?)

Dass damals mit Friedrich Peter ein ehemaliger Obersturmführer der Waffen-SS an der Spitze der FPÖ stand, dessen Einheit an Verbrechen in Russland beteiligt war, hat Kreisky und seine Partei ebenso wenig gestört wie die Tatsache, dass seinem Kabinett vier Minister mit NS-Vergangenheit angehörten. Kreisky hat diese Haltung später in seinen Memoiren u.a. so begründet; „Ich glaube sehr viel mehr an die überzeugende Kraft einer gewissen Versöhnlichkeit als daran, was man den alttestamentarischen Hass nennt ... es ist das unveräußerliche Recht jedes Menschen, seine politischen Ansichten im Lichte der Erfahrungen zu überprüfen und auch zu ändern.“

Dieser Mantel des Schweigens über die eigene Vergangenheit wurde erst 1986 weggerissen. Für die Bundespräsidentenwahl hatte die ÖVP den früheren Außenminister und langjährigen Generalsekretär der Vereinten Nationen, Kurt Waldheim, nominiert. Während des Wahlkampfes tauchten Dokumente auf, die Waldheims Mitwirkung an Verbrechen während des Zweiten Weltkriegs belegen sollten.

Die Strategie der SPÖ, diese unbewiesenen und von Waldheim selbst heftig bestrittenen Vorwürfe zu Gunsten ihres Kandidaten zu instrumentalisieren, schlug fehl. Im Juni 1986 wurde Waldheim mit fast 54 Prozent zum ersten konservativen Bundespräsidenten Österreichs gewählt.

Doch auch nach seiner Wahl rissen die Debatten nicht ab. Die amerikanische Regierung verhängte über Waldheim ein Einreiseverbot und eine internationale Historikerkommission untersuchte seine Vergangenheit. Sie kam zu dem Ergebnis, dass sich Waldheim keiner Verbrechen schuldig gemacht, aber über sein Wissen von solchen Verbrechen lückenhafte Auskünfte gegeben habe. Waldheim verzichtete schließlich auf eine neuerliche Kandidatur und so wurde 1992 der Karrierediplomat Thomas Klestil sein Nachfolger. Das Jahr 1986 markierte eine Wende in der österreichischen Innenpolitik.

Als 1983 die SPÖ die absolute Mehrheit verloren hatte, trat Bruno Kreisky zurück. Sein Nachfolger wurde der bisherige Unterrichtsminister Fred Sinowatz, der eine Koalitionsregierung mit der FPÖ bildete. An deren Spitze stand inzwischen der Wiener Rechtsanwalt Norbert Steger, der die Partei weg vom deutschnationalen Kurs in eine eher linksliberale Richtung führen wollte. Dieser Kurswechsel wurde jedoch von den Wählern nicht honoriert. Nachdem die FPÖ schon bei den Wahlen 1983 Einbußen zu verzeichnen hatte und nur noch auf 5 Prozent der Stimmen gekommen war, (in Österreich gilt im Gegensatz zu Deutschland eine 4-Prozent-Sperrklausel), sank sie in Meinungsumfragen auf unter 3 Prozent ab.

(Dass in Österreich der politisch organisierte Liberalismus bis heute keine ausreichende Basis in der Bevölkerung findet, hat sich neuerlich beim Niedergang des Liberalen Forums bei der Nationalratswahl im letzten Oktober gezeigt. Das Liberale Forum war 1993 von der ehemaligen FPÖ-Generalsekretärin Heide Schmidt gegründet worden, die Haider wegen dessen Ausländerpolitik den Rücken gekehrt hatte. Trotz erheblicher medialer Unterstützung konnte sie sich nur vier Jahre im Parlament halten.)

In dieser Situation machte Jörg Haider gegen die Parteispitze mobil. Nach vierjähriger Zugehörigkeit zum Nationalrat war Haider 1983 als Landesrat (Minister) in Kärnten tätig.

Im Spätherbst 1986 löste Haider auf einem Parteitag in Innsbruck unter teilweise tumultartigen Begleitumständen Steger als Vorsitzenden ab.

Als Konsequenz daraus kündigte Bundeskanzler Franz Vranitzky daraufhin die Koalition mit der FPÖ auf. Vranitzky war erst wenige Monate zuvor als Nachfolger von Fred Sinowatz ins Amt gekommen, der nach der SPÖ-Niederlage bei den Präsidentschaftswahlen zurückgetreten war.

Bei den wenige Wochen später stattfindenden Neuwahlen konnte die FPÖ ihren Stimmenanteil zulasten von SPÖ und FPÖ mit 9,7 Prozent fast verdoppeln. Auch die Grünen zogen erstmals ins Parlament ein.

Vier Jahre später steigerte die FPÖ ihr Wahlergebnis auf 16,6 Prozent. Großer Wahlverlierer mit einem Verlust von 9 Prozent war die ÖVP. Ihr Spitzenkandidat Alois Mock wollte dennoch eine Koalition mit der FPÖ, fand aber dafür in den eigenen Reihen keine Mehrheit. 1994 legte die FPÖ auf 22,5 Prozent zu, fiel bei vorgezogenen Neuwahlen 1995 auf 22 Prozent zurück und steigerte sich dann am 3. Oktober 1999 auf 26,9 Prozent.

Auch entschiedene Haider-Kritiker hielten Vranitzky vor, er sei mit seiner konsequenten „Ausgrenzungspolitik“ zum eigentlichen „Haider-Macher“ geworden.

Vranitzky trat im Januar 1997 zurück, ihm folgte Viktor Klima, der zuletzt Finanzminister gewesen war. Klima versuchte, das Verhältnis zur FPÖ und ihrem Vorsitzenden zu entkrampfen, aber eine Koalition lehnte auch er strikt ab.

Wochen vor der Wahl im letzten Herbst war die ÖVP in den Umfragen mehrere Prozente hinter die FPÖ zurückgefallen. Ihr Vorsitzender Wolfgang Schüssel entschloss sich deshalb zu einer riskanten Aufholstrategie. Wenn seine Partei auf den dritten Platz zurückfiele, werde sie in die Opposition gehen, sagte er. Diese Ankündigung führte zu einem beträchtlichen Mobilisierungsschub bei den ÖVP-Anhängern und am Wahlabend hatte Schüssel sein Ziel – fast – erreicht. ÖVP und FPÖ kamen auf jeweils 26,9 Prozent und 52 Mandate. Die Hoffnung der ÖVP, den geringen Stimmenrückstand gegenüber der FPÖ durch das Votum der Briefwähler noch ausgleichen zu können, erfüllte sich jedoch nicht. Die FPÖ behielt letztlich mit 416 Stimmen die Nase vorn.

Was folgte, war ein mehr als dreimonatiges Gewürge und Gezerre: Bundespräsident Klestil versuchte – mit massiver Unterstützung der mächtigsten Medien des Landes, dem Österreichischen Rundfunk (ORF) und vor allem der *Kronenzeitung*, deren Einfluss den der *Bild-Zeitung* hierzulande erheblich übertrifft –, SPÖ und ÖVP nochmals in eine Koalition zu pressen. Parallel dazu stiegen die Umfragewerte für die FPÖ immer weiter an.

Ende Januar platzten dann die Verhandlungen zwischen den beiden bisherigen Partnern und ÖVP und FPÖ einigten sich in wenigen Tagen auf ein gemeinsames Regierungsprogramm. Trotz erkennbarem Widerwillen blieb Bundespräsident Klestil schließlich nichts anderes übrig, als der „schwarz-blauen" Regierung, die sich im Parlament auf eine deutliche Mehrheit stützen kann, den Segen zu geben.

Am 4. Februar 2000 wurde Schüssel als Bundeskanzler angelobt (vereidigt).

Und dann brach in Europa das aus, was der frühere ORF-Generalintendant Gerd Bacher einen *kollektiven Rinderwahnsinn* nannte.

Der Wiener Verleger Fritz Molden, einst aktiver Widerstandskämpfer, schrieb in einem Kommentar für das österreichische Nachrichtenmagazin *Profil* am 14. Februar unter der Überschrift *Hakenkreuzzug – Die Attacken der EU- „Anti-Austria-Defamation-League" helfen Haider:* „Nach Schweden, Pest, Türken, Napoleon, Nazi-Deutschland, Adolf Hitler sowie Sowjet-Besetzung sollte es – so scheint mir – hier in Österreich gelingen, auch noch die Sanktionen der 14 EU-Staaten zu überleben. Aber sehr nachdenklich, ja traurig stimmen muss es doch, wenn so viele jener, die gestern noch Freunde, ja Familienmitglieder in der Europäischen Gemeinschaft waren, jetzt buchstäblich über Nacht zu Feinden wurden."

Und Molden schließt mit dem bitteren Satz: „Wenn ich mich daran erinnere, dass ich 1938 bis 1945 die Ehre hatte, mit gleichgesinnten jungen Europäern in Gefängnissen und Strafbataillonen des Nazi-Regimes, aber auch in Partisanen-Brigaden gegen Faschismus und für die Freiheit zu kämpfen, dann muss ich mich heute leider fragen, ob die europäische Realität, in der wir jetzt leben, noch irgendetwas mit jenem offenen, brüderlichen und zukunftsfrohen Europa gemeinsam hat, für das wir damals angetreten sind."

Natürlich müssen Toleranz und Achtung der Menschenwürde tragende Säulen des gemeinsamen Europa sein. Diese Grundsätze einzuhalten hat jeder einzelne Mitgliedstaat bei sich selbst zu bewerkstelligen. So schreibt die *Frankfurter Allgemeine Zeitung* am 15. Februar: „Haiders Thesen sind in Dänemark Regierungspolitik – ein sozialdemokratischer Ministerpräsident in Erklärungsnöten."

Mit Blick auf Deutschland verweisen Österreicher zu Recht darauf, dass in ihrem Land keine Asylbewerberheime angezündet und Ausländer von hirnlosen Glatzköpfen zu Tode geprügelt werden. In ihrer Hauptstadt gäbe es auch keine Umzüge von Neonazis.

Auch dezidiert Haider-kritische Journalisten sind es leid, von ausländischen Kollegen gefragt zu werden, wo sich denn in Kärnten die Gefängnisse befänden, in denen die Slowenen eingesperrt seien.

In die Reihe solcher Grotesken gehört etwa, dass die argentinische Regierung, die sich den EU-Maßnahmen angeschlossen hat, ihren Botschafter aus Wien abberufen hat, weil sich dieser weigerte, Haider als Nazi zu bezeichnen. In Argentinien, wo die überwältigende Mehrheit wohl größte Probleme hätte, Österreich auf der Landkarte zu finden, fanden nach dem Krieg bekanntlich eine Reihe der übelsten NS-Schergen wie z.B. Adolf Eichmann Unterschlupf.

Der außen- und sicherheitspolitische Koordinator der EU, der Spanier Javier Solana, forderte in einem Gespräch mit der Zeitung *Die Woche* vom 17. Februar den österreichischen Bundeskanzler auf, die Koalition mit der FPÖ zu beenden. Eine Anmaßung, die er sich in Bezug auf sein eigenes Land sicherlich verbitten würde.

Wirklich betroffen und ärgerlich macht mich aber das Verhalten der deutschen Bundesregierung. Da erklärte Außenminister Joschka Fischer am 14. Februar mit jener gönnerhaften Herablassung, die unsere Nachbarn an uns Deutschen seit jeher so besonders lieben, er hoffe, „dass es in Wien zur Einsicht kommt“. Was, so habe ich mich gefragt, ist in den zwei Wochen zwischen Antritt der neuen Regierung und Fischers Wortspende geschehen, wonach Wien zur Einsicht kommen müsste?

Bundeskanzler Gerhard Schröder sagte, er wolle, dass Haider ein österreichisches Problem bleibe und „kein deutsches Problem“ werde. Glaubt er allen Ernstes, dieses Ziel werde dadurch erreicht, dass mit seiner tatkräftigen Mithilfe ein Problem für 8 Millionen Österreicher zu einem für 385 Millionen Europäer aufgeblasen wird? Und wenn sich Schröder zwar weigert, seinen Amtskollegen Schüssel zu empfangen, aber gleichzeitig den kubanischen Diktator Fidel Castro, an dessen Händen das Blut Tausender von Menschen klebt, zur Expo 2000 nach Hannover einlädt, dann wird man schon fragen dürfen, mit welch unterschiedlichen moralischen Maßstäben hier gemessen wird.

Gut, dass sich wenigstens die CDU und vor allem die CSU deutlich von dieser Apartheidpolitik abgrenzen. In

Bayern kennt man Österreich eben aus der Nähe und nicht wie in Berlin offenbar nur vom Hörensagen.

In Österreich selbst ist man sich durchaus darüber im Klaren, dass Haiders Erfolge nur zum (kleineren) Teil auf mangelnder Distanz zum Nationalsozialismus und der Mobilisierung von Ängsten gegen Ausländer beruhen.

Hauptgrund sind die verkrusteten politischen und gesellschaftlichen Strukturen, die das Land in einen Lähmungszustand versetzt haben.

Natürlich war es zu verstehen, dass man in der kleinen Alpenrepublik, geographisch an der Nahtstelle zwischen West und Ost gelegen, in den Jahrzehnten des Kalten Krieges besonders eng zusammenrückte.

Das geschah in der Weise, dass die beiden großen Parteien das Land in zwei „Reichshälften" unter sich aufteilten, in eine „rote" und in eine „schwarze". Die Partei, die jeweils dominierte, vergab in ihrem Machtbereich Posten und Pöstchen vor allem an Parteigänger.

Aber auch die Minderheit erhielt ihren Postenanteil, was schon dadurch erleichtert wurde, dass in den Landesverfassungen der meisten Bundesländer eine „Konzentrationsregierung" vorgeschrieben ist. Das bedeutet, dass die im Landtag vertretenen Parteien entsprechend ihrer Stärke auch an der Regierung beteiligt sind.

Dieses Proporzsystem gehörte zur offiziellen österreichischen Staatsräson.

Das galt nicht nur für den engeren staatlichen Sektor, sondern auch für Staatsbetriebe, Schulen, Krankenhäuser oder Theater. Auch bei der Arbeitsplatz- oder Wohnungssuche war ein Parteibuch von großem Nutzen. Das erklärt auch, warum bis heute rund 25 Prozent der wahlberechtigten Bürger in Österreich Mitglied einer Partei sind, während dieser Anteil in Deutschland beispielsweise nur bei knapp 3 Prozent liegt. Auch der gewerkschaftliche Organisationsgrad ist in Österreich vergleichsweise doppelt so hoch wie bei uns.

Wirtschaft und Gewerkschaften sind einander in der *Sozialpartnerschaft* verbunden, einem Art institutionalisierten *Bündnis für Arbeit*. Dort wird in der Praxis nicht nur über Tarifverträge entschieden, sondern nahezu über das gesamte Feld der Wirtschafts-, Steuer- und Finanzpolitik, der Arbeitsmarkt- und Sozialpolitik. Die wichtigsten Repräsentanten der Sozialpartner bekleiden gleichzeitig führende Funktionen in den Parteien und sind oftmals auch Abgeordnete. Dieser „Austrokorporatismus“ ist sicherlich ein Grund für den weitgehenden sozialen Frieden, aber er hat sich, obwohl nicht durch demokratische Wahlen legitimiert, zur wichtigsten Entscheidungsinstanz der Republik entwickelt. Er schränkt die Handlungsfreiheit der Regierung ein und hat die Bedeutung des Parlaments mehr und mehr ausgehöhlt.

Hinzu kommt, dass sich in den Institutionen der Sozialpartner, Wirtschaftskammer einerseits, Arbeiterkammer andererseits – beide finanziert durch Zwangsbeiträge, eine wuchernde Bürokratie und eine beispiellose Pfründen- und Vetternwirtschaft entwickelt hat. Spektakuläre Fälle von Mehrfachbezügen und Mehrfachpensionen aus öffentlichen Kassen für Spitzenfunktionäre waren der Kraftstoff, der Haiders Propagandamaschine auf volle Touren trieb und ihm als selbst ernannten Vorkämpfer für die Interessen der „fleißigen und anständigen Österreicher“ ständig neue Wähler zutrieb.

Bei seinem Kreuzzug gegen die „Privilegienwirtschaft“ erhielt Haider durchaus auch die Unterstützung vieler Medien, von denen sich die meisten allerdings nicht das Chamäleon Haider als Überwinder dieses Systems wünschten, sondern auf die Reformbereitschaft der anderen Parteien hofften.

Die Staats-, Partei- und Kammerapparate entwickelten jedoch eine erstaunliche Widerstandskraft gegen so ziemlich jedwede Erneuerung. So musste beispielsweise SPÖ-Chef Vranitzky Anfang der 90er-Jahre einen langen und zähen Kampf führen, um die „sozialistische" in „sozialdemokratische" Partei umzubenennen und den „Zentralsekretär" durch den „Bundesgeschäftsführer" zu ersetzen. Noch heute gehört zu den Teilorganisationen der SPÖ z.B. der „Zentralverein der Wiener Lehrerschaft", der „Erste Österreichische Arbeiter-Briefmarkensammlerverein" und der „Verband Österreichischer Arbeiter-Fischereivereine".

Der zur Staatskrise hochgeschaukelten Tatsache, dass es letztendlich doch Haider war, der die scheinbar zum ewigen Regieren verurteilte rot-schwarze Koalition sprengte, können viele in Österreich mittlerweile auch eine durchaus positive Seite abgewinnen. Die Regierungsbeteiligung der Haider-FPÖ ist wohl die Katharsis, das Fegefeuer, durch das die verkrusteten Strukturen der rotweiß-roten Republik durchmüssen. Schon jetzt gibt es die ersten Anzeichen dafür, dass der Parlamentarismus, das politische Engagement der Bürger und damit die Demokratie insgesamt daraus lebendig und gestärkt hervorgehen werden. So hat sich die strukturkonservativste aller Parteien, die SPÖ, zu einem deutlichen Generationenschnitt an der Spitze entschlossen und in Umfragen gab es Ende Februar erstmals eine Mehrheit für Rot-Grün.

Es ist in dieser Situation nicht ohne Pikanterie, dass nun die SPÖ von braunen Flecken ihrer Vergangenheit eingeholt wird. Als im April der Prozess gegen den 85-jährigen ehemaligen Chefarzt Heinrich Gross wegen der Ermordung von Kindern in der NS-Zeit auf Grund angeblicher Verhandlungsunfähigkeit des Angeklagten eingestellt wurde, stand plätzlich die SPÖ im Zentrum der Kritik. So war Gross nicht nur jahrzehntelang Mitglied in ihrer Partei und hatte höchste Auszeichnungen erhalten. Es waren darüber hinaus führende Sozialdemokraten gewesen, die ein früheres Verfahren gegen Gross verhindert hatten. So sah sich nun der neue SPÖ-Vorsitzende

Alfred Gusenbauer genötigt, das Verhältnis seiner Partei zu ehemaligen Nazis in den zurückliegenden Jahrzehnten einer selbstkritischen Würdigung zu unterziehen.

Ich habe diesen Konflikt EU–Österreich deshalb so ausführlich beschrieben, weil hier ein für die europäische Weiterentwicklung gefährlicher Weg beschritten wurde, von dem ich dringend hoffe, dass er bei Erscheinen dieses Buches wieder verlassen wurde. Gerade in den kleinen Ländern wird dies die Stimmung gegenüber Europa verschlechtern. In der Schweiz, wo sich gerade eine vorsichtige Pro-EU-Stimmung ausmachen ließ, ist die Abneigung inzwischen wieder rapide gestiegen. „Wir hatten noch nie einen Diktator und wir brauchen auch jetzt keinen aus Brüssel“, lautet die griffige Losung der Beitrittsgegner. Freude dagegen kommt bei Rechtsradikalen anderer europäischer Länder auf, die durch die Maßnahmen der 14 mit eingeschüchtert werden sollten. So erklärte der Chef der niederländischen Rechtspartei Vlaams Blok: „Wir profitieren enorm von dieser Hysterie.“

Aber auch in Österreich selbst sehen nicht alle die internationale Diskussion über ihr Land nur negativ. So meinte die für den Tourismus zuständige Staatssekretärin Mares Rossman, dass nun in der ganzen Welt über Österreich geredet werde, habe die positive Folge, dass Austria nicht mehr so häufig mit Australien verwechselt werde.

Schließlich noch diese hübsche Pointe: Als Bundeskanzler Schröder in einem Interview mit der *Zeit* am 17. Februar erklärte, bei einer nochmaligen Beteiligung von Neofaschisten an der italienischen Regierung (eine solche gab es 1994 unter Ministerpräsident Silvio Berlusconi) würden die europäischen Partnerstaaten gegenüber Rom die gleichen Signale aussenden, herrschte in Italien große Empörung. Ministerpräsident Massimo D‘Alema (ein Ex-

Kommunist) warf Schröder „begrenztes Wissen über die Lage der rechten Parteien in Italien“ vor und Staatspräsident Carlo Ciampi sagte, keine italienische Partei vertrete Ideologien, die den Prinzipien der italienischen Verfassung widersprächen.

Exakt das Gleiche hatte Österreichs Bundespräsident Klestil für die im Parlament seines Landes vertretenen Parteien auch reklamiert. Man darf gespannt darauf sein, wie die europäischen Staatenlenker Jose Marie Aznar, Jacques Chirac und Gerhard Schröder für den durchaus möglichen Fall reagieren werden, dass in nicht allzu ferner Zukunft Berlusconi und seine „Forza Italia“ mit den Haider-Freunden Umberto Bossi von der separatistischen „Lega Nord“ und Gianfranco Fini, dem Vorsitzenden der postfaschistischen „Nationalen Allianz“ in Italien die Regierung übernimmt.

Am 15. Februar hat der Europäische Rat der Außenminister beschlossen, Beitrittsverhandlungen auch mit Rumänien, Bulgarien, der Slowakei, Lettland, Litauen und Malta aufzunehmen.

Bei den meisten der mittel- und osteuropäischen Beitrittskandidaten handelt es sich um junge und noch keineswegs nachhaltig gefestigte Demokratien. Der Wunsch, ins gemeinsame Haus Europa einzuziehen, besteht dort in erster Linie bei den politischen und wirtschaftlichen Eliten. Die Stimmungslage unter der Bevölkerung ist dagegen häufigen Stimmungsschwankungen unterworfen.

Natürlich brauchen wir für das Haus Europa eine Hausordnung, an die sich alle zu halten haben. Diese Hausordnung kann nicht der eines Hotels gleichen, in dem jeder kommt und geht, wie er gerade lustig ist, aber auch nicht der eines Internats für schwer erziehbare Kinder mit einheitlich festgelegten Aufsteh-, Essens- und Zubettgehzeiten.

In der europäischen Hausordnung müssen die Bewohner das Recht haben, ihre Wohnung unter dem gemeinsamen Dach so lange nach ihren individuellen Wünschen und Bedürfnissen einzurichten, wie sie den Hausfrieden nicht ernsthaft und dauerhaft stören. Zu Recht heißt es im Artikel 6 Absatz 4 des Amsterdamer Vertrages: „Die Union achtet die nationale Identität ihrer Mitgliedstaaten."

Das bedeutet, um im Bild zu bleiben, dass Konflikte mit schwarzen Schafen, die es immer mal in einer Familie gibt, vorrangig familienintern gelöst werden sollen, ohne dass sich die übrige Hausgemeinschaft einmischt.

Die Europäische Union steht vor der enorm schwierigen Aufgabe, sich in den nächsten Jahren um insgesamt zwölf neue Mitglieder zu erweitern und gleichzeitig die institutionelle Zusammenarbeit zu vertiefen, was mit einschneidenden Strukturveränderungen verbunden sein wird.

Im Februar warnte der frühere Präsident der Europäischen Kommission, Jacques Delors, davor, dass die Union im Zuge der Erweiterung auf den Stand einer Freihandelszone zurückfallen könnte. Um dieser Gefahr zu begegnen, schlägt er vor, dass sich einzelne Mitgliedstaaten der Gemeinschaft zu einer *Föderation von Nationalstaaten* zusammenschließen und die Zusammenarbeit untereinander enger gestalten als zu den anderen Mitgliedstaaten.

Delors greift damit im Prinzip einen Vorschlag auf, den Wolfgang Schäuble und der außenpolitische Sprecher der Unionsfraktion, Karl Lamers, bereits vor mehreren Jahren gemacht haben, nämlich den eines Europas der konzentrischen Kreise und der unterschiedlichen Geschwindigkeiten. Diesen Weg wird die EU bei allen dabei zu erwartenden Schwierigkeiten wohl einschlagen müssen, wenn nicht das integrationsunwilligste oder -unfähigste Mitgliedsland das Integrationstempo der Union insgesamt bestimmen soll.

(Die Frage nach den Grenzen Europas, die nach der Zuerkennung des Beitrittskandidaten-Status an die Türkei diskutiert wird, muss wahrlich nicht in den nächsten Jahren beantwortet werden. Das können wir getrost den kommenden Generationen überlassen. Wichtig und im Interesse der Union ist, dass dadurch jetzt die prowestlichen Kräfte in der Türkei gestärkt und hoffentlich rasch die Menschenrechtssituation auf europäisches Niveau gebracht wird.)

Dieser Prozess verlangt vor allem von Deutschland als dem größten Staat der Union eine ganz besondere Verantwortung und ein uns Deutschen nicht unbedingt in den Genen liegendes Fingerspitzengefühl im Umgang mit anderen.

Deutschland, das nach 1945 erstmals in seiner Geschichte das Trachten aufgab, sich Europa zu unterwerfen, und stattdessen auf eine Europäisierung Deutschlands hinarbeitete, sollte sich unter den großen Mitgliedstaaten als besonderer Anwalt der kleinen Staaten verstehen.

Ein föderales, europäisiertes Deutschland mitten im Herzen Europas, das dem Nationalismus glaubhaft ein für allemal abgeschworen hat, kann den künftigen Mitgliedern aus Mittel- und Osteuropa am besten dabei helfen, ihrerseits den Nationalismus zu überwinden und die vielerorts noch bestehenden Minderheitenprobleme friedlich zu lösen.

Gelingt es Deutschland, diese Rolle auszufüllen, wird es der aus der eigenen Geschichte gewachsenen Verantwortung gegenüber Europa gerecht.

3.
Statt links oder rechts: geradeaus – ideologische Politik hat keine Zukunft

Mehr Fairness, weniger Tugendterror gegenüber Politikern

Am 1. Februar war der langjährige CSU-Vorsitzende und Bundesfinanzminister Theo Waigel Gast in meiner Talkshow beim Stadtfernsehsender tv.münchen. Wir sprachen natürlich über die Spendenaffäre der CDU. Im Verlauf unseres Gesprächs fragte ich ihn unvermittelt, ob er sich von mir zum Essen einladen lassen würde. Waigel stutzte, überlegte einen Augenblick und sagte dann, als sei er über sich selbst erstaunt, nein, das würde er derzeit nicht tun, sondern vorschlagen, dass jeder für sich selbst bezahlt.

Nach der Sendung habe ich mir gedacht: Das kann ja wohl nicht wahr sein. Ein Politiker, der im Verlauf seiner jahrzehntelangen Karriere nie auch nur in die Nähe des Verdachts einer wie auch immer gearteten Unregelmäßigkeit geraten war, würde sich heute von einem Unternehmer, der noch nie einen Pfennig an staatlicher Zuwendung erhalten und noch nie von einer Partei oder einem Politiker etwas für sich oder sein Unternehmen gewollt hat, tatsächlich nicht mehr zum Essen einladen lassen. Welches Klima ist da in den letzten drei Monaten in unserem Land entstanden, dass selbst honorigste Politiker die Sorge haben müssen, wegen der Annahme einer Esseneinladung unter den über ihre Berufsgruppe verhängten Generalverdacht zu geraten?

Was gegenüber den Parteien, den Politikern und der Politik insgesamt ausgeübt wird, ist, zum Teil von diesen aus Gründen inner- und zwischenparteilicher Machtkämpfe auch noch gefördert, ein regelrechter Tugendterror wie zu Zeiten des von den Jakobinern beherrschten „Wohlfahrtsausschusses“ während der Französischen Revolution. Der humanitäre Fortschritt, dass nämlich die Guillotine durch den öffentlichen Pranger ersetzt wurde, soll nicht verschwiegen werden, ist für die Betroffenen dieser Wochen und Monate allerdings auch kein allzu großer Trost.

Es wird höchste Zeit, in einer in weiten Teilen maßlos geführten Debatte die öffentliche Erregung wieder in eine vernünftige Relation zu den sie betreffenden Gegenständen zu bringen. So finde ich auch die Kette der öffentlichen Entschuldigungen, Reuebekenntnisse und Bußfertigkeiten eher peinlich, zumal sie von denen, die für sich das Recht reklamieren, Moral ex cathedra zu definieren, ohnehin nicht honoriert werden. Ihr seien die Politiker noch immer nicht demütig genug, sagte eine Journalistin anklagend in einer der zahlreichen diesem Thema gewidmeten Ausgabe des „ARD-Presseclubs“ zu Beginn des Jahres.

Was haben wir von demütigen Politikern? Fest steht: Nichts, was an Skandalen und Skandälchen, an Affären und Affärchen seit November 1999 enthüllt wurde, rechtfertigt Begriffe wie *Politikkrise*, *Systemkrise*, *Demokratiekrise* oder gar *Staatskrise*.

Tatsache ist auch, dass es bisher weder einen Fall gibt, bei dem sich ein Politiker persönlich zulasten öffentlicher Kassen bereichert hat, noch – was erheblich schlimmer wäre – einen Vorgang, bei dem es einen Beweis für Korruption gibt. Also dafür, dass politische Entscheidungen auf Grund von gezahlten, zugesagten oder erwarteten Parteispenden gefällt wurden. Ich bin mir ziemlich sicher, dass auch der Untersuchungsausschuss des Bundestages zu dem Ergebnis kommen wird, dass Entscheidungen der Regierung Kohl/Waigel/Genscher/Kinkel nicht käuflich waren.

Was wir tatsächlich erleben, ist eine Krise der CDU. Nicht die Tatsache einer solchen Krise an sich stellt eine wirkliche Überraschung dar, sondern der Zeitpunkt und die Begleitumstände, unter denen sie ausbrach.

In einer Partei, die nach 16-jähriger Regierungsverantwortung die größte Wahlniederlage ihrer Geschichte hinnehmen muss und deren Vorsitzender nach 25 Jahren zwar dieses Amt abgibt, aber das des Ehrenvorsitzenden zu extensiver Präsenz in den Gremien und in der Öffentlichkeit nutzt, kann sich ein wirklicher Neubeginn nicht ohne Konflikte und Brüche vollziehen.

Dass dieser Prozess nicht unmittelbar nach der verloren gegangenen Bundestagswahl, sondern erst ein Jahr später begann, hatte seinen Grund allein darin, dass eher unerwartete Erfolge bei einer Reihe von Landtagswahlen und bei der Europawahl den Schmerz der Niederlage eine Weile betäubten. Diese Erfolge wurden nicht etwa dadurch erzielt, dass Wähler von SPD und Grünen in Scharen zur CDU überliefen, sondern auf Grund des miserablen Starts der neuen Bundesregierung blieben die Wähler zu Hause. Zur Erinnerung: Die christlich-liberale Koalition in Hessen verdankte ihr Zustandekommen gerade mal rund 3.000 Stimmen, die der FDP über die 5-Prozent-Hürde halfen.

Das Bekanntwerden von Kohls *schwarzen Kassen*, aus denen er an den Gremien der Partei vorbei gezielt Gelder an Untergliederungen und einzelne Politiker gab, und vor allem sein Verhalten danach in der Öffentlichkeit und gegenüber seinem Nachfolger haben der Partei den notwendigen Abnabelungsprozess eher erleichtert. Für die falschen Rechenschaftsberichte wird die CDU finanziell geradestehen müssen, über die strafrechtliche Relevanz haben Staatsanwälte und Gerichte zu entscheiden. Mit seiner Weigerung zu sagen, aus welchen Quellen sich sein *Reptilienfonds* speiste, hat er sich auch gegenüber den abenteuerlichsten Spekulationen hilflos gemacht.

Unvermeidlich war auch die Mandatsniederlegung des früheren Bundesinnenministers und hessischen CDU-Landesvorsitzenden Manfred Kanther. Sein erzwungenes Eingeständnis, 1983 CDU-Gelder ins Ausland verbracht und dann – am Rechenwerk der Partei vorbei – reimportiert zu haben, ließ keine andere Konsequenz zu. Für die dadurch falschen Rechenschaftsberichte der hessischen CDU hat der zuständige Bundestagspräsident Wolfgang Thierse an die Bundes-CDU Rückforderungen in Höhe von 41,3 Millionen DM erhoben. Das ist eine wahrhaft schmerzhafte, aber gerechte Strafe. Dass die CDU dagegen vor Gericht geht, ist wiederum ihr gutes Recht.

Es war nur eine Frage der Zeit, bis die CDU-Spendenaffäre ein sozialdemokratisches Kompensationsopfer fordern würde. Dass auch der SPD in früheren Zeiten anonyme Spenden nicht fremd waren, belegt eine Äußerung ihres ehemaligen Schatzmeisters und nordrhein-westfälischen Finanzministers Friedrich Halstenberg. Nach der Herkunft von Spendengeld befragt, sagte er: „Wenn rauskommt, wie es reinkommt, komme ich rein, wo ich nicht mehr rauskomme."

Doch nicht Halstenberg geriet ins Visier, sondern der niedersächsische Ministerpräsident Gerhard Glogowski. Die Umstände, die im Dezember 1999 zu seinem Rücktritt führten, ähnelten verblüffend jenen, durch die 1993 der bayerische Ministerpräsident Max Streibl gestürzt wurde. Beide waren in den Augen strippenziehender Granden in ihren jeweiligen Parteien überforderte Übergangskandidaten und damit Risikofaktoren bei den nächsten Wahlen. Bei Streibl dauerte es bis zu dieser Einschätzung drei Jahre, bei Glogowski etwa ein halbes Jahr. Beide traten dem wachsenden Unmut mit der trotzigen Ankündigung entgegen, bei der nächsten Wahl wieder antreten zu wollen. Dies empfanden die Parteifeinde als Drohung und Aufforderung zum Handeln. Und so fanden allerlei Hinweise auf echte oder vermeintliche Verquickungen zwischen privaten und dienstlichen Vorgängen den Weg in die Öffentlichkeit. Bei Streibl begann es mit einem Urlaubsaufenthalt im Haus eines schwäbischen Flugzeugbauunternehmers in Brasilien (daher der Begriff „Amigo-Affäre"), bei Glogowski war es die von einem Reiseveranstalter bezahlte Hochzeitsreise.

Streibl wie Glogowski bunkerten sich in ihren Staatskanzleien ein, miserabel beraten von überforderten Mitarbeitern, denen es zudem an der notwendigen Distanz zum Chef fehlte. Entsprechend widersprüchlich fielen die Erklärungs- und Rechtfertigungsversuche aus.

Die Opposition hatte jeweils Mühe, ihr Entzücken hinter dem gespielten Entsetzen über den Verlust an Vertrauen zur Glaubwürdigkeit von Politik insgesamt zu verbergen. Zur Wiederherstellung derselben müsse der Ministerpräsident zurücktreten und ein parlamentarischer Untersuchungsausschuss eingesetzt werden. (Diese Reihenfolge – erst verurteilen und dann untersuchen – hat sich zu einem besonderen Markenzeichen der politischen Kultur entwickelt.)

Die Parteifeinde verfuhren doppelgleisig. Öffentlich wurde der Angegriffene mit Inbrunst verteidigt, die Kritik der Opposition mit Abscheu und Empörung zurückgewiesen und die Medien vor „Vorverurteilung" im Interesse des Erhalts von Vertrauen und Glaubwürdigkeit in die Politik gewarnt. Anschließend wurden den Journalisten neue Details gesteckt. Im Falle von Glogowski etwa von einer Brauerei gesponsertes Bier für eine private Feier, bei Streibl z.B. die Annahme eines Honorars für die Rede bei einer Handwerkskammer.

Bei Streibl dauerte der Abwehrkampf gegen die anonymen Denunzianten aus den eigenen Reihen drei Monate. Glogowski gab nach einer Woche auf.

Die Freude der jeweiligen Oppositionspartei, in Bayern der SPD, in Niedersachsen der CDU, über die zur Strecke gebrachte Beute wich allerdings schon bald der Einschätzung, die Hand zu einem für sie schlechten Geschäft gereicht zu haben. In Bayern folgte auf Max Streibl Edmund Stoiber, womit die Blütenträume der Hoffnungsträgerin Renate Schmidt auf das Amt der Ministerpräsidentin schnell zu welken begannen. In Niedersachens CDU verwandelte sich die geplante Wahlkampfstrategie vom jungen dynamischen Christian Wulff (der allerdings gegen Gerhard Schröder zweimal verloren hat und in dieser Zeit auch nicht jünger geworden ist) gegen einen verbrauchten Glogowski in Makulatur. Dessen Nachfolger Sigmar Gabriel ist jünger als Wulff.

Allerdings: Wenn eine Regierungspartei einen der Ihren loswerden will, kann sich die Opposition ihrer Instrumentalisierung nicht entziehen. Sie kann ja schlecht den Betroffenen einerseits scharf kritisieren und ihn gleichzeitig zur Verbesserung ihrer eigenen Wahlchancen zum Bleiben auffordern.

Weder bei Streibl noch bei Glogowski ging es um so schwerwiegende Verfehlungen, dass ein Rücktritt zwingend gewesen wäre. Es ging nicht um Kämpfe für politische Glaubwürdigkeit, sondern um ordinäre Machtkämpfe.

Der Verlust, den Bayern und Niedersachsen durch die Abgänge von Streibl und Glogowski erlitten hat, hielt sich in Grenzen.

Ganz anders ist das bei Wolfgang Schäuble. Dass die CDU mit seinem Verzicht auf den Partei- und Fraktionsvorsitz ihren klügsten Analytiker und Strategen an der Spitze verloren hat, ist eine wirkliche Tragik.

Sein Fall, aber auch der des zurückgetretenen nordrhein-westfälischen Finanzministers Heinz Schleußer, des Bundespräsidenten Johannes Rau und des hessischen Ministerpräsidenten Roland Koch haben einen

Punkt gemeinsam: Sie sind nicht zurückgetreten bzw. unter massiven Beschuss geraten für etwas, was sie getan haben, sondern weil sie jeweils in einem Fall die Unwahrheit gesagt oder – wie bei Rau – mehrfach „nachinformiert“ haben.

Ich bitte Sie, liebe Leserinnen und Leser, sich selbst einmal offen und ehrlich zwei Fragen zu stellen:

1. Habe ich noch nie in meinem Leben etwas getan, von dem ich hoffte, dass es nicht herauskommt?
2. Habe ich nie versucht, mit einer Lüge das Herauskommen der Wahrheit zu verhindern?

Wenn Sie nicht beide Fragen uneingeschränkt mit Nein beantworten können, und das werden wohl die wenigsten sein, dann sollten wir doch gemeinsam überlegen, ob es wirklich zwingend ist, dass Politiker, wenn sie bei einer Unwahrheit ertappt werden, unabhängig von den Umständen, unter denen das geschehen ist, aus dem Amt scheiden müssen. Ich für meinen Teil jedenfalls bin nicht dieser Ansicht.

Der Anfang vom Ende der politischen Laufbahn Wolfgang Schäubles war der 2. Dezember 1999. In einer hitzigen Debatte des Bundestages fragte ein Abgeordneter der Grünen in einem Zwischenruf Schäuble nach seinem Verhältnis zu dem Lobbyisten Karlheinz Schreiber.

Schäuble antwortete, er habe Schreiber im September 1994 bei einem Abendessen mit Sponsoren einmal getroffen und fügte hinzu: „Das war es.“

Im Januar räumte Schäuble in einem Interview ein, dass er am Tag danach von Schreiber 100.000 DM in bar erhalten und korrekt an die Schatzmeisterin Brigitte Baumeister weitergegeben habe. Dafür, dass er dies bei der Bundestagssitzung verschwiegen hatte, entschuldigte er sich.

Zur Begründung für sein Verhalten gab Schäuble an, er habe den damaligen Vorgang erst lückenlos klären und dann die Öffentlichkeit informieren wollen. Wenn ich mir die Alternative vorstelle, dass Schäuble also in der aufgeheizten Atmosphäre im Bundestag die Spende bekannt gemacht und auf Nachfrage nicht hätte erklären können, wo das Geld geblieben ist, dann kann ich seine Überlegung nachvollziehen.

Ob seine später im Fernsehen erfolgte Mitteilung völlig freiwillig kam oder unter dem Druck von Helmut Kohl, der von dieser Spende wusste, kann dahingestellt bleiben. Welche persönlichen Dramen sich zwischen Kohl und Schäuble in den letzten Jahren hinter den Kulissen abgespielt haben müssen, lässt die bittere Aussage von Thomas Schäuble, CDU-Innenminister in Baden-Württemberg, nach dem Rücktritt seines Bruders erahnen: „Ich verabscheue Herrn Kohl und da kann ich für die ganze Familie sprechen."

Schleußer wurde zum Verhängnis, dass er die Frage der *Bild*-Zeitung, ob er bei Flügen mit Maschinen der Westdeutschen Landesbank in weiblicher Begleitung gewesen sei, wahrheitswidrig verneinte.

Er begründete diese Lüge damit, dass er seine Freundin und seine Familie habe schützen wollen. Als der Untersuchungsausschuss im Düsseldorfer Landtag die Freundin als Zeugin vorlud, trat Schleußer zurück. Auf die Zeugin wurde dann verzichtet.

Das Verhalten von Schleußer war ganz sicherlich nicht in Ordnung. Aber angesichts seiner auch vom politischen Gegner nicht bestrittenen großen Verdienste und der Tatsache, dass der Vorgang bei seinem Bekanntwerden viele Jahre zurücklag, hätte man den schwer krebskranken Minister, der nach der Landtagswahl im Mai ohnehin aus der Politik ausgeschieden wäre, auch schonen können, ohne dass die Demokratie daran Schaden genommen hätte. Mein Verständnis ist vielleicht deshalb größer, weil ich bei Managern großer Unternehmern immer wieder noch ganz andere Verhaltensweisen erlebe, ohne dass irgendjemand viel Aufhebens davon macht.

Bei Johannes Rau wird kritisiert, dass er mit Charter-Maschinen der WestLB nicht ausschließlich Termine in seiner Eigenschaft als Ministerpräsident wahrgenommen habe, sondern dass zwischendurch oder im Anschluss an solche Termine auch Parteiveranstaltungen stattfanden oder ein Flug am Urlaubsort endete. Außerdem, so der Vorwurf, habe er die Zahl seiner Flüge mit Maschinen der WestLB öfter korrigieren müssen.

Also, wenn ich mir vorstelle, ich müsste anhand von Terminkalendern alle meine Flüge der letzten 20 Jahre rekonstruieren, dann könnte ich das sicher nicht lückenlos.

Ich meine, dass es ein realitätsfremdes Ansinnen ist, von einem Regierungschef zu erwarten, dass er bei der Fülle seiner verschiedenen Termine ständig das Beförderungsmittel wechselt. Es muss nicht jeder so penibel sein wie der frühere SPD-Partei- und Fraktionsvorsitzende Hans-Jochen Vogel, von dem erzählt wird, er habe strikt darauf geachtet, Parteitermine nur mit dem Dienstwagen der Partei- und Fraktionstermine nur mit dem der Fraktion wahrzunehmen.

Ich halte es allerdings generell für nicht angemessen, dass Ministerpräsidenten und Minister, wenn in begründeten Fällen die Wahrnehmung von Terminen mit Linienmaschinen nicht möglich ist, auf Flugzeuge aus der Wirtschaft zurückgreifen. Das gilt für eine öffentlich-rechtliche Bank wie die WestLB ebenso wie früher für MBB als Flugbereitschaft für bayerische Kabinettsmitglieder.

Ich plädiere dafür, dass die Landesregierungen Verträge mit Charterfluggesellschaften schließen. Die dafür aufzuwendenden Mittel unterliegen dann der Haushaltskontrolle durch die Parlamente und der Prüfung durch die Rechnungshöfe.

Apropos Flüge: Bei der Diskussion über diese Affären und ihre Aufklärung wird oftmals Ministerpräsident Edmund Stoiber als Vorbild dargestellt, da er 1993 von sich aus die Öffentlichkeit über Flüge mit MBB-Maschinen informiert habe und ihm deshalb die Gunst der Verzeihung zuteil wurde.

Nun, auch Stoiber war es keineswegs ein persönliches Herzensbedürfnis, über diese Flüge zu berichten. Es war vielmehr so, dass ein Parteifeind der *Süddeutschen Zeitung* einen entsprechenden Tipp gegeben hatte, und als diese Stoiber per Fax einen Fragenkatalog mit der Bitte um Beantwortung übersandte, reagierte Stoiber mit einer Pressekonferenz am nächsten Tag. Sein Bericht über Flüge und Autoreisen war vollständig und bedurfte keiner späteren „Nachinformation“ und deshalb hatte er von da an Ruhe an dieser Front.

Schließlich noch der Fall des Roland Koch. Es gibt keinen Beleg dafür, dass der hessische CDU-Vorsitzende und Ministerpräsident vor dem Dezember letzten Jahres von den Geldschiebereien seines Vorgängers Kanther und des Schatzmeisters Prinz Wittgenstein gewusst hat. Unstrittig ist auch, dass er die Finanzaffäre in sehr kurzer Zeit weitestgehend aufgeklärt hat. Im Rahmen dieser Aufklärung entdeckte er 1,5 Millionen DM ungeklärter Herkunft und nahm das Angebot des Schatzmeisters an, dieses Geld als dessen Darlehen zu deklarieren und im Rechenschaftsbericht der Partei entsprechend auszuweisen. Diesen Vorgang hat er erst Mitte Januar eingeräumt und als eine „Dummheit, aber eine entschuldbare“ bezeichnet.

Daraufhin gingen bei der Wiesbadener Staatsanwaltschaft zahlreiche Strafanzeigen gegen Koch ein. Ende Februar teilte die Staatsanwaltschaft mit, dass für ein strafbares Verhalten keine „zureichenden tatsächlichen

Anhaltspunkte“ vorlägen und deshalb kein Ermittlungsverfahren eingeleitet werde.

Es geht mir nicht darum, die geschilderten Vorgänge in irgendeiner Weise zu beschönigen. Aber es kann keine Rede davon sein, dass sie das demokratische Gefüge der Bundesrepublik Deutschland ernsthaft erschüttern.

Ich bezweifele im Übrigen, dass die Unerbittlichkeit, mit der die Öffentlichkeit derzeit auf das Eingeständnis von Fehlern durch Politiker reagiert, deren Wahrheitsliebe erhöhen wird. Ich fürchte eher, das Gegenteil wird der Fall sein.

Bemerkenswert erscheint mir, dass manche dieser Affären erst jetzt breit erörtert werden, obwohl sie teilweise schon lange bekannt sind.

So hat der *Spiegel* bereits 1995 die Finanzmanipulationen der hessischen CDU in ihren wesentlichen Grundzügen beschrieben, ohne dass irgendeine Reaktion erfolgte. Die nordrhein-westfälischen Regierungsmitglieder haben die Charter-Maschinen der WestLB ja nicht bei Nacht und Nebel bestiegen und verlassen. Über die aus der Staatskasse bezahlten Empfänge von Johannes Rau, die stets in zeitlicher Nähe zu seinem Geburtstag im Januar stattfanden, wurde in den lokalen Medien ausführlich berichtet. Dass es sich nicht, wie von der NRW-Regierung behauptet, um Staatsempfänge gehandelt habe, sondern um private Geburtstagsfeiern auf Staatskosten, wie CDU und Medien jetzt monieren, fällt ihnen auch erst mit mehrjähriger Verspätung ein.

Und wer im Jahr 2000 kritisiert, dass Nordrhein-Westfalen Manfred Stolpe 1990 beim Landtagswahlkampf in Brandenburg unterstützt hat, der hat wohl vergessen, dass damals alle politischen Kräfte in der alten Bundesrepublik ihre neuen Parteifreunde in der ehemaligen DDR massiv unterstützt haben – Gott sei Dank, sage ich. So wie sich Nordrhein-Westfalen um die SPD in

Brandenburg gekümmert hat, stand Bayern der CDU in Sachsen und Thüringen zur Seite.

Selbst Kohls schwarze Kassen, sozusagen die Mutter der aktuellen Skandalkette, haben zumindest in Kohls rheinland-pfälzischer Heimat offenbar keinerlei Neuigkeitswert.

Die *Welt* zitiert am 22. Februar einen langjährigen Weggefährten Kohls mit dem Satz: „Schwarze Kassen waren 40 Jahre lang Teil seiner Lebenswirklichkeit, er hatte sogar seinen Spaß dran.“ Wenn Kohl mit Parteifreunden in fröhlicher Runde saß und es ans Bezahlen ging, habe er plötzlich mit dem Finger auf einen in der Runde gezeigt und befohlen: „Du zahlst. Du hast eine schwarze Kasse, ich weiss es.“ Da hätten alle herzlich gelacht, der Angesprochene sei schuldbewusst zusammengezuckt und habe die Brieftasche gezogen.

Napoleons Außenminister Talleyrand hat einmal gesagt: „Hochverrat ist eine Frage des Zeitpunkts.“ Bei Skandalen und Affären scheint das so ähnlich zu sein.

Was nun die Flut von Forderungen und Vorschlägen für strukturelle Konsequenzen für die Parteiendemokratie angeht, so warne ich vor Hektik und Aktionismus. Richard Wagner hatte schon Recht mit seiner Feststellung: „Deutsch sein heißt, eine Sache um ihrer selbst willen tun.“

Dementsprechend groß ist die Gefahr, das Kind mit dem Bade auszuschütten.

Die weitestgehende Forderung nach Sippenhaftung hat die frühere Bundespräsidentschaftskandidatin der CDU und jetzige thüringische Wissenschaftsministerin Dagmar Schipanski in einem Gespräch mit der *Zeit* vom 17. Februar erhoben: „Die Kurve aus der Krise wird die CDU nur kriegen, wenn eine ganze Generation von Politikern die Bühne verlässt. Das gilt übrigens auch für die anderen Parteien, querbeet.“ Das wird ihr Förderer, Ministerpräsident Bernhard Vogel (68), der im letzten

Herbst mit absoluter Mehrheit wieder gewählt wurde, sicherlich mit Freude gelesen haben.

Was das Parteiengesetz und das Spendenwesen angeht, sehe ich an zwei Stellen Änderungsbedarf.

Zunächst einmal grundsätzlich: Ohne die Parteien für ihr Fehlverhalten bei der Entgegennahme von Spenden in Schutz nehmen zu wollen – es waren in erster Linie die Geber, die das Spenden an Parteien in Verruf gebracht haben.

Der von mir ansonsten persönlich sehr geschätzte Eberhard von Brauchitsch hat zu der laufenden Diskussion den befremdlichen Satz beigesteuert, dass die Wirtschaft in früheren Jahrzehnten in den Parteispenden so eine Art von *Schutzgeldzahlungen* sah. Wenn bei der Wirtschaft ein derartiges Verständnis entstanden ist, braucht man sich über Vergleiche mit mafiosen Strukturen bei der Parteienfinanzierung nicht zu wundern.

Die Parteien sind eine tragende, unverzichtbare Säule unserer Demokratie. Um ihre vielfältigen Aufgaben erfüllen zu können, brauchen sie entsprechende Mittel. (Die Forderung etwa nach billigeren Wahlkämpfen ist ungefähr so erfolgversprechend wie der Versuch, entwichene Zahnpasta zurück in die Tube zu befördern.)

Wie alle Großorganisationen leiden die Parteien unter Mitgliederschwund. Die dadurch verringerten Einnahmen lassen sich nur zum Teil durch erhöhte Beiträge ausgleichen, wollen die Parteien nicht noch mehr Mitglieder verlieren.

Das Bundesverfassungsgericht hat aus guten Gründen den Anteil der staatlichen Finanzierung an den Gesamteinnahmen auf 50 Prozent begrenzt. Staatsparteien kann niemand wollen.

Parteispenden sind deshalb notwendig und richtig. Wer an Parteien spendet, macht sich um das Gemeinwohl verdient. Und wer sich um das Gemeinwohl verdient macht, hat keinen Grund, dies anonym zu tun.

Ich bin daher der Meinung, dass die Veröffentlichungspflicht für Parteispenden von jetzt 20.000 DM auf 500 oder 1.000 DM herabgesetzt werden sollte.

Durch die derzeitige Regelung, die zu trickreichen Stückelungen geradezu herausfordert, wird doch überhaupt erst der Eindruck erweckt, es könne anrüchig sein, an Parteien zu spenden, bzw. die Spendenmotive würden verschleiert.

Den Einwand, manche Spender wollten deshalb nicht öffentlich genannt werden, weil sie nicht Begehrlichkeiten anderer wecken wollten, lasse ich nicht gelten.

Als Hauptsponsor der Bundesligavereins Spielvereinigung Unterhaching – für den höchstmöglichen Bekanntheitsgrad dieses Engagements unternehme ich große Anstrengungen – bekomme ich täglich Briefe, Faxe und E-Mails von Vereinen, Verbänden und Einzelpersonen mit der Bitte um vergleichbare Unterstützung. Da muss man eben auch nein sagen können.

Ich sehe nur zwei Gründe, warum ein Parteispender anonym bleiben will: weil es sich bei der Spende um Schwarzgelder oder um den Versuch der Beeinflussung politischer Entscheidungen, also Korruption, handelt und beides ist kriminell.

Wer diesem kriminellen Verhalten einzelner Unternehmer oder Unternehmen Einhalt gebieten will, der muss das Parteispendenwesen zu 100 Prozent transparent machen, so dass überhaupt niemand mehr auf die Idee kommen kann, den Parteien unversteuertes Geld zukommen zu lassen.

Wenn das Spenden an Parteien als genauso normal angesehen wird wie das Spenden an Kirchen, Vereine oder soziale Organisationen, dann werden – davon bin ich überzeugt – die Parteien mehr Spenden erhalten, zumindest so viel mehr, dass sich der Verlust von Schwarzgeldspenden leicht verschmerzen lässt. Sachgerecht scheint mir auch zu sein, die Rechenschaftsberichte der Parteien nicht mehr von der Bundestagsverwaltung, sondern vom Bundesrechnungshof prüfen zu lassen. Das Gegenargument, dass dadurch die Staatsferne der Parteien gefährdet sei, leuchtet mir nicht ein.

Die finanziellen Sanktionen, die bei Verstößen gegen das Parteiengesetz vorgesehen sind und die die CDU jetzt bitter zu spüren bekommt, sind meiner Meinung nach ausreichend. Bei der von manchen geforderten „Strafbewehrung“ wäre die Folge wohl, dass sich kaum mehr jemand als Schatzmeister finden würde, da er befürchten müsste, auch ohne eigenes schuldhaftes Verhalten ständig mit einem Bein im Gefängnis zu stehen.

Sehr populär ist auch die Behauptung, die Parteien hätten zu viel Einfluss und sollten sich aus vielen Bereichen, wie etwa den Rundfunkräten, den Stadtwerken, Landesbanken oder Sparkassen, zurückziehen. Diese Forderung wird vor allem von dem nordrhein-westfälischen CDU-Vorsitzenden Jürgen Rüttgers erhoben.

Einmal abgesehen davon, dass sich wohl eher ein Dackel freiwillig von seinem Wurstzipfel trennen wird als die Parteien von ihren Einflusszonen, scheint mir diese pauschale Forderung auch nicht vernünftig. Wo Staat oder Kommunen Anteilseigner sind, haben sie nicht nur das Recht, sondern auch die Pflicht zur Kontrolle. Was die Aufsichtsgremien der öffentlich-rechtlichen Rundfunkanstalten angeht, so wird oftmals übersehen, dass dort nicht nur die Vertreter der Parteien ihre Interessen vertreten, sondern nicht minder jene, die von den so genannten gesellschaftlich relevanten Gruppen entsandt wurden. Das gilt auch für Personalentscheidungen. Während Einflussnahmen der Parteivertreter meist öffentlich bekannt werden, vollziehen sich die Interventionen auf anderen Gebieten im Verborgenen. Natürlich nehmen die Wirtschaftsvertreter Einfluss auf die Bestellung leitender Wirtschaftsredakteure, die der Kirchen auf den Kirchenfunk. Beim Bayerischen Rundfunk, so wurde mir glaubhaft berichtet, wurde viele Jahre lang keine führende Position in der Sportredaktion vergeben, ohne dass der Präsident des Bayerischen Landessportverbandes und der Vorsitzende des Rundfunkrats dazu ihren Segen gaben.

Die Kritik an der Wahl der Bundesverfassungsrichter durch einen von den Parteien besetzten Richterwahlausschuss, der mit Zweidrittelmehrheit entscheidet, wird von den Richtern selbst zurückgewiesen.

Wer fordert, die Parteien müssten aus vielerlei Gremien raus, sollte sagen, wer an ihrer Stelle hinein soll. Die Vorstellung von den über allen Parteien und Weltanschauungen stehenden, keine anderen Interessen als die des Gemeinwohls verfolgenden Persönlichkeiten ist eine Fiktion – eine sehr deutsche. Hier schwingt immer noch das Parteienressentiment von Kaiser Wilhelm II. mit: „Ich kenne keine Parteien mehr, ich kenne nur Deutsche."

Die Instrumente direkter Mitwirkungsmöglichkeiten der Bürger auch zwischen den Wahlen sind in den letzten Jahren erheblich ausgeweitet worden. Mittlerweile sind in den Kommunalverfassungen aller Bundesländer Bürgerbegehren und Bürgerentscheide verankert. Befürchtungen, dass durch einen inflationären Gebrauch dieser Rechte die Verwaltungen gelähmt oder Minderheitsinteressen über Mehrheiten gestellt würden, haben sich nicht erfüllt.

Auf Bundesebene sieht das Grundgesetz einen Volksentscheid nur bei der Neugliederung von Ländern vor. An einem solchen ist 1996 der vorgesehene Zusammenschluss von Berlin und Brandenburg gescheitert.

Nach gründlicher Abwägung der Argumente komme ich zu der Auffassung, dass die bundespolitischen Entscheidungen weiterhin dem Parlament vorbehalten bleiben sollen. Als ein Beispiel nenne ich nur den Euro, für den es vor dem Beschluss über seine Einführung bei einer Volksabstimmung wohl mit Sicherheit keine Mehrheit gegeben hätte, und das wäre mit wesentlich gravierenderen negativen Folgen verbunden gewesen als eine durch einen Bürgerentscheid erzwungene Führung einer Gemeindestraße, die sich als nicht sinnvoll erweist. Es ist ja nun einmal ein Grundgedanke der repräsentativen Demokratie, dass sie von einer parlamentarischen Mehrheit für notwendig erachtete Entscheidungen auch dann treffen kann, wenn eine demoskopische Mehrheit dagegen ist.

Großer Symphatien erfreut sich die Forderung nach zeitlicher Befristung von Spitzenämtern. Verwiesen wird dabei meist auf die amerikanische Präsidentschaft, die auf acht Jahre begrenzt ist. Zur historischen Vollständigkeit sei darauf verwiesen, dass es sich hierbei in den USA ursprünglich nicht um ein Verfassungsgebot gehandelt hat, sondern um eine ungeschriebene Tradition, da der erste Präsident George Washington auf eine dritte Amtsperiode verzichtet hatte. Mit dieser Tradition brach der erstmals 1933 ins Weiße Haus gewählte Franklin D. Roosevelt, der dreimal wieder gewählt wurde und 1945 verstarb. Erst 1951 wurde die Begrenzung auf eine Wiederwahl in der Verfassung verankert.

Diese Regelung hat jedoch weder den Machtmissbrauch von Richard Nixon beim Watergate-Skandal verhindert noch die privaten Eskapaden von Bill Clinton. Im Fall Clinton haben die Wähler ein sicheres Gespür bewiesen. Die großen wirtschaftlichen Erfolge seiner Regierung haben sie höher bewertet als die Privataffäre mit Monica Lewinsky.

Bei uns in Deutschland hat es eine ganze Reihe höchst erfolgreicher langer Amtszeiten gegeben. Als Beispiele nenne ich nur den Stuttgarter Oberbürgermeister Manfred Rommel (22 Jahre), den saarländischen Ministerpräsidenten Franz Josef Röder (20 Jahre), den hessischen

Ministerpräsidenten Georg August Zinn (19 Jahre) oder den bayerischen Ministerpräsidenten Alfons Goppel (16 Jahre).

Keiner von ihnen hat die Macht missbraucht, keiner hat während seiner Amtszeit oder nach dem Ausscheiden das Gemeinwesen, seine Partei oder sich selbst beschädigt.

Wer generell in langen Regierungszeiten die Ursache von Machtmissbrauch sieht, der müsste konsequenterweise nicht nur die Regierungszeit von Personen, sondern auch die von Parteien begrenzen. Da eine solche Festschreibung gleichbedeutend mit dem Ende der Demokratie wäre, sollten wir doch beides in den bewährten Händen der Wähler lassen, die im Fall Kohl die notwendige Entscheidung getroffen haben, zu der die CDU nicht fähig war.

(Einen demokratiekonformen Vorschlag dagegen hat einmal Helmut Volkmann, Architekt der im Auftrag von Siemens entwickelten Denkstadt „XENIA", gemacht: Wenn man die Politiker der Opposition doppelt so hoch bezahlen würde wie die der Regierung, dann würden Letztere eher bereit sein, auch unpopuläre Reformen durchzuführen, weil die dabei in Kauf genommene Abwahl mit der genannten Erhöhung ihrer Bezüge verbunden wäre. Das nenne ich ein schönes Beispiel für konstruktives Querdenken.)

Wir sollten uns an dieser Stelle – es würde auch an anderen Stellen passen – an eine Rede von Winston Churchill vom November 1947 vor dem britischen Unterhaus erinnern:

> „Mancherlei Regierungsformen sind in diesem Jammertal schon ausprobiert worden und werden in Zukunft noch ausprobiert werden. Kein Mensch behauptet, Demokratie sei der Weisheit letzter Schluss. Ja, man hat von ihr gesagt, dass sie die schlechteste Regierungs-

form überhaupt – mit Ausnahme aller anderen – sei, mit denen man es von Zeit zu Zeit versucht hat."

Der Trümmerhaufen, auf dem Helmut Kohl seine Partei hat sitzen lassen, ist einmalig in der deutschen Parteiengeschichte. Der Grund dafür liegt keineswegs in erster Linie in der 25jährigen Dauer seines Parteivorsitzes. Willy Brandt hatte nur zwei Jahre weniger, Franz Josef Strauß sogar zwei Jahre länger als Kohl das Amt des Parteivorsitzenden inne. Entscheidend waren vielmehr Duckmäusertum, Ja-Sagerei und mangelnde Zivilcourage des sonstigen Führungspersonals gegenüber Kohl sowie das Versagen innerparteilicher Demokratie.

Die CSU: autoritär, anarchisch, erfolgreich

Es lohnt sich, in diesem Zusammenhang einen etwas ausführlicheren Blick auf die CSU zu werfen, um die Unterschiede zwischen dem *System Kohl* und dem *System Strauß* deutlich zu machen.

Wer Bayern und die CSU nur von außen kennt, kennt von beiden nur bestenfalls die Hälfte.

Die politische Befindlichkeit der Mehrheit der Bayern beschreibt zutreffend der Lieblingswitz des langjährigen Kultusministers Hans Maier: Zwei Stammtischbrüder diskutieren, welches wohl die beste Regierungsform sei. Die Anarchie, sagt der eine. Der andere pflichtet ihm bei, fügt jedoch hinzu, es müsse aber ein starker Anarch sein. Diese Mischung aus obrigkeitshörigem und rebellischem Geist war seit jeher der charakteristische Wesenszug der CSU. Typisch die noch heute gebräuchliche Anrede: „Du, Herr Minister."

Die CSU hat sich niemals auch nur annähernd so abhängig von Strauß gemacht wie die CDU von Kohl. Der

Schattenseiten ihres Vorsitzenden war sich die CSU stets ebenso bewusst wie seiner hervorragenden Leistungen und nichts, was nach seinem Tod 1988 noch an die Öffentlichkeit kam, wie etwa der Steuerfall Zwick, hat seine Nachfolger wirklich überrascht. Verblüffen würde Strauß noch posthum allein dadurch, stellte sich heraus, dass irgendjemand einmal von ihm Geld erhalten hat.

Das Kohl'sche Kungel- und Klüngelsystem umfasste alle Hierarchiestufen innerhalb der Partei. Von den Angehörigen des Hofstaates, mit dem sich Strauß umgab, spielte kaum jemand eine wichtige Rolle im Machtgefüge der CSU.

Dass Strauß die CSU autoritär beherrscht habe, ist eine Legende. Diejenigen, die ihm Parteiämter und Mandate verdankten, lassen sich an 10 Fingern abzählen. Ein Vielfaches höher war die Zahl derer, die gegen seinen Willen etwas geworden sind. Nicht nur in personellen, sondern auch in sachpolitischen Auseinandersetzungen innerhalb der Partei überstieg die Zahl seiner Niederlagen deutlich die seiner Siege. Bei allem Respekt, den Strauß bei den Mandats- und Funktionsträgern der CSU zeit seines Wirkens genoss – im Konfliktfall gingen die eigenen Interessen vor. Es waren letztlich die Orts- und Kreisvorsitzenden, die 1976 für die Rücknahme des Kreuther Trennungsbeschlusses sorgten, weil sie im zu erwartenden Bruderkrieg mit einer sich nach Bayern ausdehnenden CDU Verluste von Mandaten und Spenden fürchteten.

Als sich Strauß 1988 in einem bizarren Streit um die Steuerbefreiung für Flugbenzin verrannt hatte, waren es so genannte Hinterbänkler der CSU-Landtagsfraktion, die ihn mit dem Argument zum Rückzug zwangen, sie seien es leid, bei den Versammlungen ständig gefragt zu werden, ob sie ihr Flugzeug dabei hätten.

Undenkbar, dass die Führungsgremien der CSU mit einem Spitzenkandidaten, mit dem sie nach ihrer eigenen

Überzeugung nicht gewinnen können, in eine Wahl gehen und sich sehenden Auges und gefasst in die erwartete Niederlage schicken würden, wie es die CDU-Granden mit Kohl gehalten haben.

Als Kohls Verhalten in der Spendenaffäre seine Partei in die Tiefe riss, sagte der unerschütterlich treue Bremer CDU-Vorsitzende Bernd Neumann: „Wir sind alle durch ihn groß geworden, also müssen wir jetzt auch mit ihm niedergehen."

Solch fatalistische und sentimentale Anwandlungen sind der CSU völlig wesensfremd.

Hätte der Herrgott Franz Josef Strauß nicht am 3. Oktober 1988 zu sich gerufen, wären heftige Auseinandersetzungen auf der Tagesordnung gestanden. Führende CSU-Politiker mit Finanzminister Max Streibl an der Spitze waren zum offenen Bruch mit Strauß entschlossen, dessen zunehmende Halsstarrigkeit und permanente Streitsucht auch bei Kleinigkeiten mächtig Druck im CSU-Kessel hatten entstehen lassen.

An seinem Nachfolger Max Streibl hat die CSU dann 1993 gnadenlos ihre Entschlossenheit demonstriert, beim Kampf um den Erhalt der Macht nicht das geringste Risiko einzugehen.

Der Anteil von Strauß an der Schaffung des modernen Bayern wird oftmals ein wenig überschätzt. Die wichtigsten Fundamente dafür wurden in der 16-jährigen Amtszeit von Alfons Goppel gelegt. Auf ihnen konnte Strauß, als er 1978 das Amt des Ministerpräsidenten übernahm, im Wesentlichen aufbauen. Der Aufstieg zu einer der wichtigsten Hightech-Regionen Europas wurde auch dadurch begünstigt, dass Bayern als ehemaliger Agrarstaat, im Gegensatz etwa zu Nordrhein-Westfalen, dem Saarland oder auch den Küstenländern, kaum industrielle Altlasten bewältigen musste. Die letzten Bergwerke in Bayern wurden Mitte der 60er-Jahre stillgelegt.

Den Aufstieg zur modernsten und erfolgreichsten Volkspartei Europas (allein die Südtiroler Volkspartei kann noch vergleichbare Erfolge aufweisen) dagegen verdankt die CSU zum großen Teil Franz Josef Strauß. Er schuf die dafür entscheidende Voraussetzung, indem er die Entklerikalisierung der Partei betrieb, sie von der Weisungsgebundenheit durch Bischöfe und Prälaten löste. Das ist durchaus im Wortsinn zu verstehen, schließlich wurde die CSU-Landtagsfraktion von 1951 bis 1958 von dem Domkapitular Georg Meixner geführt.

Strauß selbst schreibt dazu in seinen Memoiren: „In den Anfangsjahren hätte der klerikale Flügel der CSU die Mitgliedschaft am liebsten auf praktizierende Christen beschränkt, mit einer Präferenz für die katholische Kirche. Für mich dagegen war und ist die CSU eine Partei für Bürgerinnen und Bürger, die sich zum christlichen Sittengesetz in der weitesten Auslegung dieses Begriffes bekennen. Ob der Betreffende praktizierender Christ, ob er überhaupt Mitglied einer Konfession ist, habe ich nie als unsere Angelegenheit angesehen."

Von seinem Bonner Amt als Minister für besondere Aufgaben musste Strauß mit ansehen, wie 1954 die CSU drei Jahre von der Regierung verdrängt wurde, weil die Sozialdemokraten, die Freien Demokraten, die Bayernpartei und der Bund der Heimatvertriebenen und Entrechteten die so genannte Viererkoalition eingingen. Das Einzige, was die so völlig unterschiedlich ausgerichteten Parteien verband, war die Ablehnung der von der CSU unter dem Druck der katholischen Kirche betriebenen konfessionellen Lehrerbildung.

Diese Erfahrung vor Augen schaltete sich Strauß massiv ein, als 1967 ein neuer Kulturkampf um die bayerische Schulpolitik tobte.

Die SPD wollte die christliche Gemeinschaftsschule als Regelschule in der Bayerischen Verfassung verankern. Nach Auffassung der CSU sollte die Bekenntnisschule der Regelfall sein. Beide Parteien waren für ihre Positionen jeweils mit einem Volksbegehren erfolgreich gewesen. Strauß drängte auf einen Kompromiss. In seinen Erinnerungen schrieb er: „Im Parteivorstand hatte ich gegen eine Woge aus Engstirnigkeit, Fehleinschätzung und mangelndem Problembewusstsein anzukämpfen. Wenn wir es bei dem gegen uns gerichteteten Klima zu einem Volksentscheid kommen ließen, würden wir einer dramatischen Niederlage entgegengehen."

Im Zusammenwirken mit dem damaligen bayerischen SPD-Vorsitzenden Volkmar Gabert einigte sich Strauß schließlich auf eine Formulierung, die einen gemeinsamen Vorschlag für den Volksentscheid möglich machte: „Die öffentlichen Volksschulen sind christliche Gemeinschaftsschulen. Öffentliche Bekenntnis- und Weltanschauungsschulen sind auf Antrag der Erziehungsberechtigten zu errichten, wenn ein geregelter Schulbetrieb möglich ist."

Dazu noch einmal Strauß im Originalton zu einem Konflikt, der uns heute den Kopf schütteln lässt, der aber, hätte sich Strauß damals nicht durchgesetzt, unweigerlich zu einschneidenden negativen Folgen für die weitere Entwicklung der CSU geführt hätte.

> „In mehreren Durchgängen haben wir uns im Parteivorstand der CSU mit dieser Vereinbarung beschäftigt. Die Meinungen gingen hin und her. Ich vertrat mit aller Deutlichkeit meinen Standpunkt, der sich dann auch durchsetzte. Bei einer dieser Sitzungen ging (Kultusminister) Ludwig Huber kurz hinaus. Als er zurückkam, sagte er: ‚Ich habe eben mit dem Kardinal telefoniert. Der Kardinal erlaubt uns noch folgende Änderungen als Kompromiß, aber nicht mehr.' In Wirklichkeit hatte Huber, was ich erst später erfuhr, nicht mit Julius Kardinal Döpfner, sondern mit Monsignore Karl Forster telefoniert. Ich war empört. Es sei ein ungeheuerlicher Vor-

gang, daß einer aus unserem Kreis beim Kardinal anrufe und damit sozusagen die kirchliche Schulaufsicht wieder installiere: ‚Der Kardinal erlaubt uns! Wir sind Christen, wir sind mündige Laien, wir wollen das Beste, wir wollen Schulfrieden, wir wollen die Erhaltung der christlichen Substanz an unseren Schulen – aber die Zeit ist weitergegangen ...'
Als die Schlacht geschlagen war, ließ mir Kardinal Döpfner ausrichten, dies sei das letzte Mal gewesen, daß die katholische Kirche sich vor den Wagen der CSU habe spannen lassen. Wir dankten ihm sehr, teilte ich dem Kardinal daraufhin mit, daß er uns geholfen habe, aus einer schwierigen Situation herauszukommen, in die er und sein Ordinariat die CSU und ihre Landtagsfraktion erst hineingebracht hätten. Es werde hoffentlich keinen Anlass mehr geben, bei dem wir noch einmal die Dienste der Kirche erbitten müßten für die Lösung eines Problems, das ohne die Kirche gar nicht entstanden wäre."

Dies war eine historische Zäsur im Verhältnis zwischen CSU und katholischer Amtskirche.

Vergeblich versuchten konservative kirchliche Kreise, 1980 die gesetzliche Verankerung des Sexualkundeunterrichts an den Schulen zu verhindern. Und als sich 1999 die Bischöfe dem Druck des Papstes beugten, aus der staatlichen Schwangerenkonflikberatung auszuscheiden und daraufhin Laienorganisationen die Stiftung *Donam vitae* ins Leben riefen, um katholisch geprägte Beratung auch in Zukunft zu ermöglichen, traten führende CSU-Politiker wie die Sozialministerin Barbara Stamm und der Vorsitzende der CSU-Landtagsfraktion, Alois Glück, dem Kuratorium bei.

Das „christliche Sittengesetz im weitesten Sinne", wie Franz Josef Strauß das zeitlos gültige Parteiprogramm der CSU beschrieb, ist von unschätzbarem praktischem

Wert. Da über seine Einhaltung kompetent nur das Jüngste Gericht urteilen kann, ermöglicht es der diesem Gesetz auf Erden verpflichteten Partei jenes Maximum an Flexibilität, die Politik jeweils so zu verändern und auszurichten, wie es aktuell zum Erhalt der Mehrheit notwendig ist. Das christliche Sittengesetz stellt an Wähler, Mitglieder und Funktionsträger der Partei keine übertriebenen ideologischen Ansprüche, und Reklamationen wie anderswo, diese oder jene Maßnahme verstoße gegen Spiegelstrich 8 im Antrag 96, der vom Parteitag im Jahre Schnee beschlossen wurde, entfallen mangels Grundlage.

Zwischen Führung und Basis der CSU gibt es eine klare Vereinbarung: Die Führung organisiert die landesweiten Wahlerfolge und lässt die Kreisverbände das tun, was diese jeweils vor Ort für richtig halten.

Dort, wo die CDU ihrem neuen Slogan gemäß künftig gerne sein möchte, nämlich *mitten im Leben,* ist die CSU seit Jahrzehnten bereits angekommen.

Eine pragmatische Politik, die in Übereinstimmung mit den Bedürfnissen und dem Lebensgefühl der Mehrheit steht, ist die eine Säule des CSU-Erfolgs. Die andere beruht auf der mittlerweile fast vollständigen Gleichstellung von CSU und Bayern. Fast vier Fünftel sagen nach entsprechenden Meinungsumfragen, dass die CSU von allen Parteien am besten zu Bayern passt.

Das ist der CSU vor allem dadurch gelungen, dass sie gerne den Eindruck zu vermitteln versucht, die Geschichte der Partei habe nicht erst mit der Gründung 1946 begonnen, vielmehr habe ihre Wiege bereits 1.400 Jahre vorher im ersten Stammesherzogtum der Bajuwaren unter den Agilolfingern gestanden.

Von den Vorzügen dieses zunächst altbayerischen Stammesbewusstseins konnte im Verlauf der Zeit auch die Mehrheit der Schwaben und Franken überzeugt werden, auch der „vierte Stamm“, die Sudetendeutschen, begab sich gerne unter die bayerische Schirmherrschaft.

Dass Bayern kein Bundesland ist wie jedes andere, ergibt sich schon aus dem Namen „Freistaat“. Die CSU behauptet zwar nicht direkt, dass sie Urheberin des Freistaatsgedankens war, aber sie kann sicher sein, dass nur eine verschwindende Minderheit weiss, dass der Freistaat Bayern von Ministerpräsident Kurt Eisner ausgerufen wurde, dem Vorsitzenden der Unabhängigen Sozialdemokratischen Partei (USPD), einer Linksabspaltung der SPD, der in der Novemberrevolution 1918 an der Spitze der Arbeiter- und Soldatenräte an die Macht gekommen war.

Es gab nach 1945 in Bayern durchaus Strömungen, sich als selbstständiger Staat zu etablieren. Auch wenn daraus nichts geworden ist, hat sich in der jahrzehntelangen Regierungszeit der CSU bei vielen Menschen doch das stolze Bewusstsein entwickelt, dass Bayern wenn schon kein eigener Staat, so doch ein Bundesland ist, das eine wesentlich größere Eigenständigkeit aufweist als die anderen. Die Tatsache, dass die Union in Bayern kein Landesverband der CDU, sondern eine selbstständige Partei ist, hat die Identität weiter verstärkt.

Der große sozialdemokratische Föderalist Wilhelm Hoegner, Ministerpräsident von 1945 bis 1946 und dann noch einmal während der Viererkoalition von 1954 bis 1957, wollte auch aus der SPD eine von der Bundesorganisation unabhängige bayerische Partei machen, konnte sich aber vor allem gegen den Widerstand des zentralistisch orientierten SPD-Bundesvorsitzenden Kurt Schumacher nicht durchsetzen.

An Hoegners Scheitern leidet die bayerische SPD bis zum heutigen Tag. Eine Bonner bzw. – aus bayerischer Sicht noch schlimmer – Berliner Filialpartei, als die die bayerische SPD wahrgenommen wird, ist in Bayern bis zum Sankt-Nimmerleins-Tag nicht mehrheitsfähig. Dieser Umstand ist vielen bayerischen Sozialdemokraten zwar bewusst, aber es fehlt ihnen an Mut, Kraft und Entschlossenheit, daran etwas zu ändern.

Deshalb wird auch bei den künftigen Landtagswahlen in Bayern einzig und allein von Interesse sein, wie hoch das „x“ ausfällt, mit dem die CSU stereotyp ihr Wahlziel 50 Prozent plus x formuliert. Von der Erreichung dieses Ziels ist die bundespolitische Bedeutung der CSU existenziell abhängig. Schon ein Abrutschen unter die 50-Prozent-Marke würde trotz Erhalts der alleinigen Mandatsmehrheit den Nimbus der Quasi-Staatspartei empfindlich beschädigen. Die Notwendigkeit gar, eine Koalition eingehen zu müssen, würde zur bundespolitischen Bedeutungslosigkeit führen. Das Wissen darum hält die Partei vor allem in Bewegung. Erneuerung ist für die CSU kein Akt, sondern ein ständiger Prozess, die Orientierung am (Wähler) Markt wichtiger als jede Ideologie. Dieser Zwang zur Vitalität ist auch der Hauptgrund dafür, dass die CSU trotz 38-jähriger Alleinherrschaft bei weitem nicht so verschlissen ist wie andere langjährige Regierungen.

Ihre unangefochtene Stellung in Bayern könnte die CSU nur dadurch selbst in Gefahr bringen, dass sie eines Tages doch Sirenenklängen von außen erliegt, sich über Bayern hinaus auszudehnen. Abgesehen davon, dass sie dafür weder organisatorisch noch finanziell in der Lage wäre (angesichts von Geldern ungeklärter Herkunft bei der CDU ist die CSU Theo Waigel heute für das Geld dankbar, das er ihr nicht hinterlassen hat), bundesweit könnte sich die CSU nur am rechten Rand des Parteienspektrums positionieren. Das würde zwangsläufig, und zwar unabhängig davon, ob die CDU im Gegenzug einen Landesverband in Bayern gründen würde oder nicht, ihre Integrationsfähigkeit im Stammland gefährden. Dort reicht die CSU weit in die Mitte hinein, und dadurch dass sie das „S“ für *sozial* in ihrem Parteinamen sehr ernst nimmt, auch in jene Wählerschichten, die anderswo zur Kernschicht der SPD zählen. Auch die Verbindung von Tradition und Moderne, für die Bundespräsident Roman Herzog bei der Eröffnung der Neuen Messe München im Februar 1998 den Begriff der Symbiose von „Laptop und Lederhose" prägte, ist der CSU von jeher gut gelungen. Gerade die fortschreitende Globalisierung und die europäische Entwicklung haben das Bedürfnis der Menschen nach überschaubaren Einheiten und Heimat verstärkt.

Die Identifikation mit Bayern lässt daher parteistrategisch einen Kanzlerkandidaten oder gar einen Bundeskanzler der CSU nicht als wünschenswert erscheinen, weil dieser bayerische Interessen dann natürlich nicht mehr in dem Maße vertreten könnte, wie es die CSU-Wähler von ihrer Partei erwarten. Theo Waigel hat auf diesen Konflikt schon öffentlich hingewiesen und ich bin sicher, dass Edmund Stoiber insgeheim genauso denkt, auch wenn ihm immer wieder anderes unterstellt wird.

Nie war die Eigenständigkeit für die CSU so wertvoll wie heute. Während die Spendenskandale der Bundes-CDU und der hessischen CDU dazu führten, dass sich in Schleswig-Holstein ein 10-Prozent-Vorsprung der CDU gegenüber der SPD innerhalb von drei Monaten bis zum Wahltag am 27. Februar in einen fast 10-Prozent-Rückstand verwandelte und auch die CDU bundesweit in den Umfragen im gleichen Ausmaß absackte, sind in Bayern die Werte unverändert stabil: Die CSU liegt bei 60 Prozent, die SPD bei 25 Prozent.

Doch die CSU ist nicht nur gegen Affären der Schwesterpartei immun, sondern auch gegen eigene. Skandale und Affären in Bayern sind Legion, ebenso die parlamentarischen Untersuchungsausschüsse.

Drei Monate Schlagzeilen über Spendenaffären haben die CDU in den Keller stürzen lassen. Der CSU dagegen hat selbst eine fünfzehnmonatige Skandalchronik 1993/94 nichts anhaben können. Es begann mit Streibls

„Amigo-Affäre“ und dem wochenlang auf offener Bühne ausgetragenen Machtkampf um seine Nachfolge. Es ging weiter mit der so genannten Kanzleiaffäre des Umweltministers Peter Gauweiler, dem eine unzulässige Verpachtung von Mandantschaften vorgeworden wurde, was ihn im Februar 1994 das Ministeramt kostete. Inzwischen war der „Steuerfall Zwick“ aufgeflogen, in dessen Verlauf auch noch herauskam, dass ein dafür zuständiger Finanzminister – Gerold Tandler – beim größten Steuersünder Bayerns privat in der Kreide stand. Schließlich teilte Ministerpräsident Stoiber, aus welchen Gründen auch immer, mit, dass seine Vorgänger Strauß und Streibl jahrelang sechsstellige Honorare aus ihrer Tätigkeit als Testamentsvollstrecker für die Stiftung eines Versandhauses kassiert hatten. Alles Affären, bei denen es im Gegensatz zu den Spendenvorgängen bei der CDU sehr wohl um private Bereicherungen ging. Dennoch: Die CSU holte bei den Europawahlen im Sommer 1994 48 Prozent und bei den Landtagswahlen im Herbst fast 53 Prozent.

Das wirft die Frage auf: Ist diese Mehrheit der Wählerinnen und Wähler in Bayern unsensibler als anderswo, ist sie nicht an Glaubwürdigkeit von Parteien und Personen interessiert? Was außerhalb Bayerns Kopfschütteln auslöst, lässt sich in Bayern selbst relativ einfach beantworten. Im Unterschied zu allen anderen Parteien in Deutschland war die CSU immer klug genug, sich selbst und ihre Politik gegenüber den Wählern nicht moralisch zu überhöhen. Wer sich nicht moralisch überhöht, kann auch nicht moralisch tief fallen. (Den umgekehrten Fall haben vor allem die Grünen erfahren.) Sie hat nie versucht, Machtkämpfe und Intrigen als etwas anderes auszugeben, als sie sind, nämlich Machtkämpfe und Intrigen und nicht Kämpfe um Sauberkeit, Moral und Glaubwürdigkeit. Das wiederum erscheint den Wählern sehr glaubwürdig. Es kommt hinzu, dass manche der Skandale und der Umgang mit ihnen auf eine fast folkloristische Weise mit beträchtlichem Unterhaltungswert inszeniert und vom Publikum empfunden werden wie eine Rauferei auf der Kirchweih.

Weil die CSU selbst auf den moralischen Zeigefinger in der politischen Auseinandersetzung verzichtet, ist sie weitgehend immun, wenn andere ihn auf sie richten. Die CSU hat mit der Mehrheit der Bayern eine Art Vereinbarung des Inhalts getroffen, dass man um die gegenseitige Fehlbarkeit weiß und sich so lange nichts ernsthaft nachträgt, wie der Gesamtsaldo positiv ist. Und der ist positiv, da ja die Skandale keinen Wähler in seiner persönlichen Lebensqualität beeinträchtigen. Wo Verfehlungen bekannt werden, werden die notwendigen Konsequenzen gezogen. Aber das war es dann auch. Selbstquälerische Identitätsdebatten, wie sie derzeit in der CDU geführt werden, sind der CSU fremd und sie hat sie sich auch nie von außen aufdrängen lassen, weil sie stets im Reinen war – mit sich selbst und im Blick auf ihre Wahlerfolge. Kommt hinzu, dass es in der CSU kaum Personen gibt, die wie Heiner Geißler oder Rita Süssmuth zur Freude der politischen Gegner und der Medien Stichworte gegen die eigene Partei liefern und das pflegen, was Franz Josef Strauß die parasitäre Publizistik nannte. Über die frühere Bundestagspräsidentin sagte er einmal: „Frau Süssmuth finden alle die gut, die uns nicht wählen." So schließt sich der Kreis.

So hat auch die Niederlage der Union bei der Bundestagswahl 1998 die CSU als Ganzes nicht geschwächt, in Bayern sogar gestärkt. Sie muss daher auch eine längere Oppositionszeit im Bund nicht schrecken. Das Hauptaugenmerk wird sich von Bayern aus ohnehin verstärkt auf Europa richten. Mit europäischen Fragen und ihren Auswirkungen auf die Innenpolitik haben sich bayerische Ministerpräsidenten schon zu einer Zeit intensiv beschäftigt, als für Gerhard Schröder und Joschka Fischer Brüssel noch Terra incognita war.

Während das Partei- und Politikmodell CSU aus den genannten Gründen nicht exportfähig ist, ist es dagegen sehr wohl das bayerische Wahlrecht. Wenn es den anderen Parteien mit ihren Vorsätzen für mehr Mitwirkungs- und Auswahlmöglichkeiten der Bürger ernst ist, sollten sie es in den anderen Bundesländern und auch auf Bundesebene übernehmen.

So kennt das bayerische Landeswahlgesetz, auf das sich CSU und SPD 1946 geeinigt haben, als Einziges keine starre Parteiliste. Die Wähler müssen nicht mit ihrem Listenkreuz das Kandidatenangebot so akzeptieren, wie es ihnen 200 oder 300 Delegierte eines Parteitages vorlegen, sondern sie können ihre Stimme einem Kandidaten ihrer Wahl auf der Liste geben. Dies kann zu erheblichen Verschiebungen führen. Der spektakulärste Fall war der der FDP-Politikerin Hildegard Hamm-Brücher. Bei der Liste zur Landtagswahl 1962 von ihrer Partei auf Platz 17 verbannt, verhalfen ihr die Wähler auf Platz 1. Außerdem errechnet sich nach dem bayerischen Wahlrecht die Zahl der Mandate nicht allein nach den Zweitstimmen. Es werden vielmehr die Erst- und Zweitstimmen für die Mandatsverteilung zusammengezählt, was gerade für die kleinen Parteien den Vorteil hat, dass die für sie abgegebenen Erststimmen nicht verloren gehen.

Beispielhaft ist ebenfalls das bayerische Kommunalwahlrecht, das auch in Baden-Württemberg angewandt wird. Die Persönlichkeitswahl steht absolut im Vordergrund. Jeder Wähler hat so viel Stimmen wie Sitze zu vergeben sind. Er kann dabei den einzelnen Kandidaten bis zu drei Stimmen geben (kumulieren) und diese Stimmen auf die Kandidaten der verschiedenen Listen von Parteien und Wählervereinigungen verteilen (panaschieren).

Neue Partnerschaft zwischen Politik und Wirtschaft begründen

Eine solche Wahlrechtsreform wäre ein konkreter und schnell durchzuführender Schritt, die Macht der Parteien tatsächlich einzuschränken und die Mitwirkungsmöglichkeit der Bürger zu erhöhen. So lange das nicht geschieht, halte ich die Flut aller sonstigen Reformvorschläge für bloße Lippenbekenntnisse und leere Ankündigungen, die ohne irgendwelche Folgen bleiben werden. Auch die Anfang April vom SPD-Generalsekretär Franz Müntefering und vom stellvertretenden CDU-Vorsitzenden Christian Wulff gemachten Vorschläge, Kandidaten in Vorwahlen auch unter Einbeziehung von Nicht-Parteimitgliedern bestimmen zu lassen, unterlässt den entscheidenden Schritt. Die Wähler sollen zwar mehr Einfluss auf die Nominierung der Kandidaten haben, aber durch die unverändert starren Listen nicht darauf, wer dann auch ins Parlament einzieht.

Wie ich an mehreren Stellen bereits ausgeführt habe, halte ich nicht einzelne Skandale für den Grund der Vertrauenskrise, in der die Politik steckt, sondern die zunehmenden Zweifel an ihrer Problemlösungskompetenz. Auf die Frage der Zeitung *Die Woche,* welche Partei mit den Problemen in Deutschland am besten fertig wird, nannten Ende Februar 31 Prozent die SPD, 9 Prozent die CDU/CSU, 6 sonstige Parteien und 54 „keine Partei“.

Auch wenn die Union auf Grund der Spendenaffäre sicherlich weit unterbenotet wurde, würde sich ihr Wert zu anderen Zeiten höchstens im Verhältnis zur SPD verbessern.

Wenn hier Vertrauen wiederhergestellt werden soll, muss an mehreren Stellen angesetzt werden, muss sich bei der Bevölkerung, der Politik, der Wirtschaft und den Medien ein Bewusstseinswandel hinsichtlich dessen vollziehen, wer welchen Beitrag für das Gemeinwohl leisten muss – und kann.

Als Gerhard Schröder vor einigen Jahren in einem Interview sagte, es gebe keine christdemokratische oder sozialdemokratische Wirtschaftspolitik, sondern nur eine moderne oder unmoderne, ging ein Aufschrei durch die Reihen seiner Partei. Schröder hatte mit dieser Feststellung einen wunden Punkt getroffen, der weit über die Wirtschaftspolitik hinaus Bedeutung hat. Es geht im Kern darum, inwieweit sich Probleme heute noch mit Konzepten lösen lassen, bei denen zwischen christdemokratisch, sozialdemokratisch, liberal oder grün unterschieden werden kann.

In der Öffentlichkeit gibt es zwei Erwartungen, die nicht unter einen Hut zu bringen sind. Da ist zum einen der Wunsch nach programmatischer Unterscheidbarkeit der Parteien, um unter Alternativen auswählen zu können, und zum anderen das Verlangen, Probleme parteiübergreifend zu lösen. Die Medien, die oft die Verwischung der Parteiprofile beklagen, haben ihrerseits die ideologischen Schützengräben längst verlassen. Die Zeit der publizistischen Kampforgane ist vorbei. Dass sich in vielen Sachfragen die *Süddeutsche Zeitung*, *Die Welt* und die *Frankfurter Allgemeine Zeitung* kaum unterscheiden, hat ihre Qualität in keiner Weise gemindert, im Gegenteil. Ich selbst habe Vorschläge und Ideen nie danach beurteilt, von wem sie stammen, sondern ob ich sie inhaltlich für richtig oder falsch halte. Ich denke, der nordrhein-westfälische Ministerpräsident Wolfgang Clement hat Recht, wenn er meint, bei vielen Problemen gehe es nicht mehr um einen Wettbewerb der Ideen, sondern „um den Wettbewerb des Machens“.

Dass Parteiprogramme selbst von denjenigen kaum gelesen werden, die sie selbst beschlossen haben, ist allseits bekannt. Der Anteil derer, die eine Partei in Kenntnis und wegen ihres Programms wählen, ist vermutlich im Promille-Bereich anzusiedeln.

Die Programme, in deren Erarbeitung jeweils viel zeitlicher und personeller Aufwand investiert wird, dienen in erster Linie der innerparteilichen Orientierung und Identitätsstiftung sowie als Quelle für historische Forschungen. Als Grundlage für praktisches politisches Handeln, insbesondere für Regierungshandeln, taugen sie kaum. An Letzterem aber entscheiden sich Erfolg oder Misserfolg am Wahltag.

Der frühere Bundesinnenminister Friedrich Zimmermann, CSU, hat über die Gründe eines Regierungswechsels einmal gesagt: „Es wird niemals die Opposition gewählt, sondern die Regierung abgewählt." Der 27. September 1998 hat diese These neuerlich eindrucksvoll bestätigt. Die SPD ist nicht wegen ihrer Programme, vermutlich nicht einmal vorrangig auf Grund ihrer Personen an die Regierung gekommen, sondern weil die Wähler die Kohl-Regierung satt hatten.

Ich glaube nicht, dass Kanzler Schröder im Verlauf seiner bisherigen Amtszeit schon ein einziges Mal ins Wahlprogramm seiner Partei geblickt hat, selbst seit er zusätzlich ihr Vorsitzender geworden ist.

Unter dem Druck immer neuer Problemstellungen ist das Regieren zwangsläufig pragmatischer und technokratischer geworden. Ideologische Fixiertheiten finden dort keinen Platz mehr. Das hat Oskar Lafontaine zu spüren bekommen, ebenso Jürgen Trittin.

Bläst man den Dampf weg, der durch die ritualisierten Schaukämpfe erzeugt wird, lässt sich sagen, dass in der großen Mehrheit aller Sachfragen eine unionsgeführte Regierung nur in Nuancen anders handeln würde und könnte als Rot-Grün.

Der von den Ideologen aller Parteien erhobene Anspruch, die eigene Politik dürfe sich nicht auf Varianten zu der der anderen beschränken, sondern müsse eine grundsätzliche Alternative darstellen, beschränkt sich auf einige wenige Grundsatz- und/oder Gewissensfragen: Kosovokrieg, Schwangerschaftsabbruch, Holocaust-Denkmal, Wehrmachtsausstellung. Und bei den meisten dieser Debatten verlaufen die Grenzen des Meinungskampfes nicht zwischen, sondern innerhalb der Parteien. Solche Auseinandersetzungen sind sehr viel spannender und fruchtbarer für die Demokratie als Abstimmungen, bei denen in den jeweiligen Fraktionen vorne einer die Hand hebt und die hinter ihm sitzenden Kollegen automatisch folgen, oftmals ohne überhaupt zu wissen, worum es eigentlich geht, oder wo Regierungs- und Oppositionsfraktionen nur deshalb gegeneinander stimmen, weil es eben ihrem Rollenverständnis so entspricht.

Sternstunden oder auch nur parlamentarische Höhepunkte im Bundestag sind selten geworden, von den Landesparlamenten ganz zu schweigen.

Im gleichen Umfang wie Pragmatismus und Technokratie dem Regieren zuträglich sind, sind sie dem Parlamentarismus abträglich. In den Fraktionen und Parlamentsverwaltungen ist zudem in den letzten 25 Jahren eine ständig weiter anwachsende Bürokratie entstanden. Jede Bundestagsfraktion verfügt über mehr hauptamtliche Mitarbeiter als über Abgeordnete. Aus einem falschen Selbstverständnis heraus haben sich die Parlamente zu ministeriumsgleichen Gebilden entwickelt, in deren Referats- und Unterreferatsstrukturen all jene Elemente ausgemerzt werden, die einen lebendigen Parlamentarismus auszeichnen: Phantasie, Originalität, Spontanität, Denken und Reden über den Tag hinaus. *Ministerium für Landtag und Senat* hat Franz Josef Strauß schon Anfang der 80er Jahre das Maximilianeum, den Sitz der bayerischen Volksvertretung, genannt.

Die Bürger wählen aber ihre Abgeordneten nicht mit dem Ziel, dass diese auf einzelnen Sachgebieten mit dem Detailwissen eines Oberregierungsrats konkurrieren, sondern Vorschläge und Ideen in die Beratungen einbringen, die sich von bürokratischen Sichtweisen unterscheiden. Heute denken die meisten Abgeordneten in den gleichen Katagorien wie die Beamtenschaft der Ministerien, was angesichts des grotesken Übergewichts und jeder Repräsentativität hohnsprechenden Zahl der Beamten in den Parlamenten nicht verwundert.

So hatten sich die Mütter und Väter des Grundgesetzes die Gewaltenteilung nicht vorgestellt, dass sich statt Parlament und Regierung zwei konkurrierende Bürokratien gegenüberstehen.

Dieser verhängnisvollen Entwicklung den Weg gewiesen zu haben muss sich das Bundesverfassungsgericht auf sein Konto schreiben lassen. In seinem Urteil vom November 1975 hat das oberste Gericht dem Bundestag und den Landtagen den obligatorischen „Vollzeit-Parlamentarier" verordnet, da es sich im Gegensatz zu früheren Jahren bei der Parlamentsarbeit nicht mehr um eine Nebentätigkeit handle.

Die Bezüge für die Abgeordneten seien ausreichend und der Bedeutung des Amtes entsprechend zu bemessen. Über die Höhe dessen, was der Bedeutung des Amtes als angemessen anzusehen ist, schwieg sich das Gericht aus. Es erlegte den Parlamenten jedoch auf, über die Bezüge selbst in öffentlicher Sitzung zu entscheiden. Seitdem müssen die Abgeordneten mit dem Vorwurf leben, sie seien die einzige Berufsgruppe, die über ihr Einkommen selbst bestimmen könne. Dass es kein „Können", sondern ein höchstrichterlich verordnetes „Müssen" ist, wird von der bei Diätenerhöhungen regelmäßig empörten Öffentlichkeit entweder nicht gewusst oder nicht zur Kenntnis genommen. Ich kenne keinen Abgeordneten gleich welcher Partei, der auf dieses „Privileg" nicht dankend verzichten würde. Die Tatsache, dass die Parlamente jeweils unabhängige Kommissionen eingesetzt und sich an deren Empfehlungen hinsichtlich der Diätenhöhe gehalten haben, hat den falschen Eindruck des „Selbstbedienungsladens“ ebenso wenig ausgeräumt wie der Umstand, dass die Abgeordneten mehrfach auf eine Erhöhung ihrer Bezüge verzichtet haben.

Sind nun Diäten von ca. 10.000 DM monatlich für Landtagsabgeordnete und rund 12.000 DM für Bundestagsabgeordnete zu hoch? Ich meine nein, auch wenn man berücksichtigen muss, dass zu diesen zu versteuernden Einkünften noch steuerfreie Unkostenpauschalen in Höhe von 4.000 bis 5.000 DM hinzukommen. Schließlich spielt das Sozialprestige für die meisten eine beträchtliche Rolle. Beides sei den Abgeordneten von Herzen gegönnt. Das eigentliche Ärgernis sind ohnehin eher die stattlichen Ruhestandsbezüge, zu denen die Abgeordneten keinerlei Zuzahlung leisten brauchen.

Betrachtet man die in den Parlamentshandbüchern veröffentlichten Lebensläufe der Abgeordneten, wird man allerdings feststellen, dass für die überwältigende Mehrheit von ihnen die Wahl ins Parlament mit einer deutlichen Einkommensverbesserung verbunden ist. Der Hinweis auf Bezüge in der Wirtschaft geht fehl. Bei allem Respekt, so ist es nicht, dass sich die Augen von Headhuntern bei der Suche nach Führungskräften bevorzugt auf die Parlamente richten. Das gilt auch für die meisten Minister und Staatssekretäre.

Wenn Politiker in die Wirtschaft wechseln, handelt es sich fast immer um staatliche oder halbstaatliche Banken und Sparkassen oder um Lobby-Jobs in Großunternehmen.

Bei ce können wir mit einer seltenen Ausnahme aufwarten. Am 1. Mai tritt der schleswig-holsteinische Minister für Wirtschaft, Technologie und Verkehr, Horst-Günter Bülck, als für Finanzstrategien und Beteiligungen verantwortliches Mitglied und gleichzeitig als mein Stellvertreter in den Vorstand ein. Vor seiner Zugehörigkeit zum Kabinett von Ministerpräsidentin Heide Simonis war der studierte Betriebswirt Bülck Finanzvorstand bei British American Tabacco Germany. Dass ein erfolgreicher Manager und Politiker im Alter von 47 Jahren zu einem erfolgreichen mittelständischen Hightech-Unternehmen wechselt, spricht sowohl für Bülck wie für die ce.

Horst-Günter Bülck weiß, was ihn bei der ce erwartet: ein beinharter, aber auch entsprechend dotierter Job. Bei uns gibt es keine Chauffeure, Vorzimmer und Referentenstäbe oder sonst irgendwelche Statussymbole, die Politikern, aber auch Managern in Großunternehmen so lieb und teuer sind.

Während man die Abgeordnetenentschädigung als angemessen betrachten kann, sind Minister und Regierungschefs im Vergleich zu ihrer Verantwortung eindeutig unterbezahlt. Das ist allerdings nicht nur in Deutschland der Fall. So ist etwa das Amtsgehalt des amerikanischen Präsidenten mit jährlich 200.000 Dollar dem des deutschen Bundeskanzlers vergleichbar. Bei Letzterem kommen allerdings noch ein Teil der die Diäten als Abgeordneter hinzu. Bedenkt man, dass die USA die größte und Deutschland die drittgrößte Wirtschaftsnation der Welt sind, ist der Verdienst für die jeweils obersten Verantwortlichen gemessen an den Einkommen von Vorstandsvorsitzenden großer Unternehmen geradezu lächerlich. Dieser Umstand hat allerdings weder Bill Clinton noch Gerhard Schröder daran gehindert, ihre Ämter mit aller Entschlossenheit und Energie anzustreben.

Politik und Wirtschaft sind allerdings ohnehin nur sehr bedingt vergleichbar. Helmut Schmidt hat sich einmal als leitenden Angestellten der Bundesrepublik Deutschland bezeichnet. Mit diesem Amtsverständnis wollte er den Unterschied zu seinem Vorgänger Willy Brandt deutlich machen. Schmidt war zutiefst misstrauisch gegenüber allem Visionären in der Politik, wenn er auch nicht so weit ging wie sein späterer österreichischer

Amtskollege Franz Vranitzky (SPÖ), der denen, die Visionen hätten, den Gang zum Arzt empfahl. Schmidts Leitmotiv war die Empfehlung des englischen Philosophen Karl Popper, Politik als „pragmatisches Handeln zu sittlichen Zwecken“ auszuüben.

Aus dem leitenden Angestellten, als den sich Helmut Schmidt sah, wurden inzwischen die Vorstandsvorsitzenden der „Deutschland AG“, der „Bayern AG“, der „NRW AG“, der „Hessen AG“ usw. Die Amtsinhaber Gerhard Schröder, Edmund Stoiber, Wolfgang Clement und Roland Koch wollen damit ihr Selbstverständnis als pragmatische Manager bekunden. Doch die Analogie ist missverständlich, weil sie falsche Erwartungen und Einschätzungen weckt. Zum einen sind im Zeitalter der Globalisierung nationale oder regionale Grenzen obsolet geworden. Zum anderen kann die Führung eines Gemeinwesens nicht allein nach betriebswirtschaftlichen Grundsätzen erfolgen. Manchmal muss sie sich sogar – wie etwa im Falle der deutsch-deutschen Währungsunion 1990 – aus übergeordneten Gründen auch über allgemein gültige Gesetze der Volkswirtschaft hinwegsetzen.

Das Sozialstaats- und Solidaritätsprinzip ist mit der Shareholder-Value-Strategie einer Aktiengesellschaft ebenso unvereinbar wie die Verpflichtung zur Herstellung einheitlicher Lebensverhältnisse durch Schaffung der notwendigen Infrastruktur. Das setzt den Wettbewerbsbestrebungen auch zwischen den Bundesländern deutliche Grenzen. Auch Bahn und Post sind nach der Privatisierung weiterhin zur flächendeckenden Versorgung verpflichtet.

Zwar verpflichten sich auch der Bundeskanzler und die Minister in ihrem Amtseid, den Nutzen des deutschen Volkes zu mehren, doch der Mehrwert eines Gemeinwesens beinhaltet so viele immaterielle Werte, die eben nicht in Mark und Pfennig oder künftig in Euro oder Cent ausgedrückt werden können.

Dennoch, bei all diesen Unterschieden hätte ich als Steuerzahler überhaupt kein Problem damit, wenn der Bundeskanzler und die Ministerpräsidenten Einkünfte in siebenstelliger Höhe erhielten. Ob sie dann eine bessere Politik machen würden, weiss ich nicht, aber für ihre verantwortungsvolle Tätigkeit würden sie verdientermaßen besser bezahlt.

Das vergleichsweise geringe Einkommen steht aber nicht an erster Stelle, wenn erfolgreiche Manager den Eintritt in eine Regierung ablehnen, wie etwa der frühere BMW-Vorstandsvorsitzende Eberhard von Kuenheim, den die FDP gerne einmal als Bundeswirtschaftsminister gewonnen hätte, oder der Spaten-Vorstand Dieter Soltmann, dem Ministerpräsident Edmund Stoiber das Amt des bayerischen Wirtschaftsministers angetragen hatte, um nur zwei Beispiele zu nennen.

Die hauptsächlichen Gründe liegen anderswo. So müssen sich Politiker in herausgehobenen Funktionen damit abfinden, nahezu rund um die Uhr den Blicken der Öffentlichkeit ausgesetzt zu sein und bis in den privaten Bereich hinein durchleuchtet zu werden. Den größten Teil ihrer Zeit verbringen sie nicht damit, Entscheidungen zu treffen, sondern diese vor Partei, Fraktion, Parlament, gegenüber den Medien und der Öffentlichkeit zu erklären und zu rechtfertigen. Als Inhaber eines öffentlichen Amtes müssen sie hinnehmen, von jedermann auch in unsachlicher und persönlich verletzender Art kritisiert und beleidigt zu werden und auch mit falschen Anschuldigungen politischer und persönlicher Art tage- oder wochenlang durch die Öffentlichkeit gezogen zu werden. Das ist nun einmal nicht jedermanns Sache – meine wäre es auch nicht. Die Pauschalkritik an den Politikern während der vergangenen Monate wird ihre abschreckende Wirkung auf Seiteneinsteiger nicht verfehlen. Ich glaube, Politiker halten so etwas nur aus, wenn es ihnen gelingt, zwischen ihr Amt und ihre Person eine Art unsichtbare

Wand einzuziehen. Es kommt hinzu, dass Politik ein gnadenloser und zudem absolut unökonomischer Zeitfresser ist.

Spitzenpolitiker sind Sklaven eines von anderen diktierten Terminkalenders, der kaum noch Platz für eigene Dispositionen lässt. Ich frage mich, wann Politiker eigentlich die Zeit haben, über die Fragen nachzudenken – selbst nachzudenken! –, auf die sie unablässig Antworten formulieren.

Dies vor Augen fragen sich dann die meisten Manager verständlicherweise: Und das alles soll ich mir auch noch für weniger Geld antun? Nein danke. Wer will es ihnen verdenken?

Was sich bei uns herausgebildet hat, ist eine Klasse von Berufspolitikern, die nicht nur für die Politik, sondern vor allem auch von der Politik leben und am liebsten unter ihresgleichen sind. Dass sie sich in ihrem Hamsterrad von der realen Welt immer weiter entfernen, stört sie nicht. Hauptsache, der geschützte Bereich eines Parlaments schirmt sie fürsorglich von den Widrigkeiten des rauen Lebens ab. Kein Wunder, dass sie viel Zeit vor allem darauf verwenden, ihren Verbleib dort abzusichern.

Wer findet, dass Politik eigentlich zu wichtig ist, als dass sie sich von dem, was in der Welt geschieht, abkoppeln und ein Eigenleben führen darf, der muss das Übel an der Wurzel packen und die Verpflichtung zum Vollzeitparlamentarier wieder abschaffen, mit der das Bundesverfassungsgericht all jene aus den Parlamenten vertrieben hat, die nicht von der Politik leben wollen. Ich will nicht bestreiten, dass in den Parlamenten hoher juristischer Sachverstand vorhanden ist, aber Wirtschaft und Technologie kennen mindestens 95 Prozent der Volksvertreter nur vom Hörensagen. Ein glatter Wahnsinn, wenn man bedenkt, welche Bedeutung diese Bereiche für die Zukunft unseres Landes haben.

Der Einwand dagegen, Politik sei heute so kompliziert, dass nur ein Berufsparlamentarier seinen Pflichten ausreichend nachkommen könne, ist eine Mär. Umgekehrt wird ein Schuh daraus. Denn Tatsache ist, und das gilt in erster Linie für die Landesparlamente, dass sich die Abgeordneten mangels gestalterischer Notwendigkeiten und Möglichkeiten im Gesetzgebungsbereich immer mehr in Details einmischen, die in der Zuständigkeit von Regierung und Verwaltung liegen.

Im ständigen Bestreben, den Status des Berufsabgeordneten zu legitimieren, wird ein Aktionismus entwickelt, der sich vor allem in ritualisierten Sitzungen und dem Bedrucken einer Unmenge von Papier niederschlägt und mit Politik im Sinne von gestalten und tatsächlich Einfluss nehmen ungefähr so viel zu tun hat wie Tischfußball mit der Fußballbundesliga.

Im Artikel 17 der Bayerischen Verfassung steht zum Beispiel: „Der Landtag tritt jedes Jahr im Herbst am Sitz der Staatsregierung zusammen. Der Präsident kann ihn früher einberufen, wenn es die Staatsregierung oder mindestens ein Drittel der Landtagsmitglieder verlangt."

Dieser Verfassungsartikel stammt aus dem Jahr 1946, einer Zeit also, in der die Grundlagen des Staates und die Gesetzgebung völlig neu aufgebaut werden mussten.

Nun hat sich der Landtag auch damals nicht auf die Herbstsitzung beschränkt und auch ich möchte heute meine Volksvertretung häufiger tagen sehen, aber wichtiger als die Zahl der Sitzungen ist mir, dass die Zusammensetzung der Volksvertretung wenigstens in Ansätzen einen Querschnitt derer darstellt, die vertreten werden sollen.

Der Zwang, sich zwischen Beruf und Abgeordnetenmandat zu entscheiden, nimmt mit Ausnahme der Rechtsanwälte nicht nur praktisch allen Freiberuflern, sondern auch der Mehrheit der Bevölkerung die Möglichkeit, ihr passives Wahlrecht wahrzunehmen.

Nicht nur in einer sich so rasch verändernden Branche wie der IT-Industrie ist es für Facharbeiter oder Manager ausgeschlossen, für die Dauer einer Legislaturperiode aus dem Berufsleben auszuscheiden und danach – aus freien Stücken oder gezwungenermaßen – an seinen früheren Arbeitsplatz zurückzukehren. Deshalb ist es für die meisten derer, die einmal ein Mandat erobert haben, schon fast von existenzieller Bedeutung, bis zur Pensionsberechtigung am Abgeordnetensitz zu kleben.

Es gibt aber eine durchaus große Zahl von Menschen, die gerne bereit sind, neben ihrem Beruf etwa 15 bis 20 Stunden im Monat für die Politik aufzubringen. Das zeigt sich ja an der Zusammensetzung etwa der Gemeinderäte oder Kreistage, die eine ungleich größere Vielfalt aufweisen als der Bundestag oder die Landesparlamente.

Mir geht es nicht darum, generell zu Freizeit- oder Feierabendabgeordneten zurückzukehren. Aber ich plädiere dafür, den Parteien die Möglichkeit zu eröffnen, auch Ärzte, Manager, Professoren, Studenten und Handwerksmeister, aber auch Künstler oder Sportler für die Übernahme eines Mandats zu gewinnen, die für ihre stundenweise Parlamentstätigkeit dann eben keine Diäten, sondern entsprechende Aufwandsentschädigungen erhalten.

Niemand wird mir ernsthaft erzählen wollen, dass die Qualität des deutschen Parlamentarismus Schaden nähme, würden von den rund 2.600 Abgeordneten im Bundestag und in den Landtagen ein Fünftel oder ein Viertel die Wirklichkeit des Lebens in den parlamentarischen Alltag einbringen.

Ich bin kein Jurist, aber ich glaube nicht, dass der Karlsruher Spruch von 1975 von gleicher Qualität wie die unmittelbaren Grundrechte ist und deshalb auch von einer qualifizierten Mehrheit nicht außer Kraft zu setzen ist. Der Gleichheitsgrundsatz, nach dem die Abgeordneten gewählt werden, schließt meinem Verständnis nach keineswegs die gleiche Bezahlung ein.

In diesem Punkt ist das Urteil des Bundesverfassungsgerichts ohnehin längst unterlaufen worden. Die Karlsruher Richter hatten seinerzeit Zuschläge zu den Diäten nur für die Parlamentspräsidenten und ihre Stellvertreter für zulässig erklärt. Heute gibt es ein breites Zulagewesen für Fraktionsvorsitzende, deren Stellvertreter, Ausschuss- und Arbeitskreisvorsitzende. Ich kenne Fälle, in denen Fraktionsvorsitzende auf höhere Bezüge kommen als die jeweiligen Ministerpräsidenten.

Wenn die Sonntagsreden über die Notwendigkeit der Öffnung von Parteien und Parlamenten nicht nur folgenloses Gerede sein soll, dann muss an diesem Punkt angesetzt werden. Ist die Möglichkeit des Teilzeitparlamentariers dann erst einmal eröffnet, wird sich schnell zeigen, welche Partei in welchem Umfang tatsächlich bereit ist, Sachverstand außerhalb der eigenen Zirkel in die parlamentarische Arbeit einzubeziehen. Ich bin überzeugt, dass die Partei den größten Zuspruch erfahren wird, die von dieser Möglichkeit am meisten Gebrauch macht. Eine Volksvertretung, in der nicht nur „Zeitreiche“ (Peter Glotz), aber Praxisarme, sondern auch Zeitarme, dafür aber Praxisreiche an den parlamentarischen Entscheidungen mitwirken, kann nur an Qualität und Attraktivität gewinnen.

Ich denke, ich habe schon hinreichend deutlich gemacht, dass es mir nicht um wohlfeile populistische Politik und Politikerkritik geht. Was mir Sorge bereitet, ist, wie sehr sich Politik und Wirtschaft im Denken auseinander entwickelt haben. Wir brauchen hier einen stärkeren Austausch. Mit Anhörungen, parlamentarischen Abenden und Lobbyisten-Gesprächen ist das nicht zu leisten. Wenn die erstarrten Berufsparlamentsstrukturen einmal geknackt sind, dann wird es auch leichter möglich sein, erfolgreiche Wirtschaftsfachleute auf Zeit für ein

Regierungsamt zu gewinnen, wie das in den USA eher die Regel als die Ausnahme ist. Das hat mir Ende letzten Jahres der amerikanische Verteidigungsminister William S. Cohen bei einem Abendessen mitgeteilt, das der mit ihm seit vielen Jahren befreundete Münchner Rechtsanwalt Wolfgang Seybold gegeben hat. Cohen selbst, der trotz seiner Zugehörigkeit zur Republikanischen Partei vom Demokraten Bill Clinton in die Regierung berufen wurde (Könnte man sich in Deutschland einen Christdemokraten im Kabinett Schröder vorstellen?), gehört mit seiner langen Karriere als Kongressabgeordneter und Senator dort eher zu den Ausnahmen und freut sich schon sehr, nach dem Ende seiner Amtszeit in seinen erlernten Beruf als Rechtsanwalt zurückkehren zu können und nebenbei Kriminalromane zu schreiben.

Regelmäßiger personeller Austausch zwischen Politik und Wirtschaft kann einen wichtigen Beitrag zum gegenseitigen Verstehen und zur notwendigen Schaffung einer neuen Vertrauensbasis leisten.

Vor allem unsere Abgeordneten müssen für ihre Tätigkeit als Volksvertreter ein neues, verändertes Selbstverständnis entwickeln. Ihre Rolle als Gesetzgeber tritt immer mehr in den Hintergrund. Auch ihr vornehmstes Recht, die Beschlussfassung über den Haushalt, verliert schon allein dadurch an Bedeutung, dass die verfügbaren Mittel, über die das Parlament befinden kann, immer weniger werden. (Die Finanzknappheit schränkt nicht nur die Parlamente, sondern im gleichen Maß die Regierungen ein. Der bayerische Ministerpräsident Stoiber hat die umfangreiche Privatisierung von Staatsbeteiligungen ja nicht deshalb durchgeführt, weil er sich plötzlich vom Etatisten zum Marktliberalen gewandelt hätte, sondern weil ihm die Erlöse wenigstens einen gewissen Gestaltungsspielraum geben.) Die Kontrollfunktion des Parlaments gegenüber der Regierung, die im Wesentlichen aus umfänglichen Anfragen und Briefen besteht, kann von den Abgeordneten weitgehend auch von zu Hause aus am Internet-PC erfolgen.

Den wichtigsten Aufgabenbereich für Abgeordnete sehe ich heute darin, einer meist unzureichend informierten Bevölkerung politische, wirtschaftliche und gesellschaftliche Zusammenhänge zu vermitteln. Schon heute haben die Abgeordneten zum großen Teil die Funktion von Ombudsleuten und sie werden mehr und mehr zu politischen Streetworkern werden. Um dieser wichtigen Rolle gerecht werden zu können, muss die Volksvertretung in ihrer Zusammensetzung vielfältiger werden, muss das Spektrum, das sie abdeckt, breiter werden.

Denn jetzt, da die Konsequenzen der Globalisierung sichtbar werden, erkennt die lange mit sich selbst beschäftigte politische Klasse auf einmal, wie weit die Wirtschaft ihrem Einflussbereich enteilt ist. Diese Entwicklung bereitet nicht nur linken staatsgläubigen Traditionalisten Bauchgrimmen.

Als der Chef des Computerriesen Sun Microsystems Ministerpräsident Stoiber und einer Wirtschaftsdelegation bei ihrem Besuch im Silicon Valley im Oktober letzten Jahres erläuterte, dass die Welt künftig ein einziger Einwahlknoten sei, ein Ort ohne sichere Jobs, weil Kündigungsschutz mit der „e-attitude", der richtigen Einstellung zum Netzwerk, nicht vereinbar sei, wurde es, so notierte der Reporter der *Süddeutschen Zeitung,* Sebastian Beck, selbst für Grundig-Chef Burkhard Wollschläger gruselig: „Das ist beängstigend, hier prallen Kulturen aufeinander."

Was Stoiber dann vom Boss der Software-Firma Oracle, Lawrence Ellison, zu hören bekam, hat ihn auch nicht fröhlicher gestimmt: „Im Geschäft gibt es keine persönliche Beziehung. Es gibt nur den brutalen, weltweiten Preiskampf. Wir können unsere Leute von überall her holen." (Niemand käme in den USA auf die Idee, einen so törichten, die eigene Wirtschaft schädigenden Satz wie „Kinder statt Inder“ zu propagieren.)

Richtige Erkenntnis Stoibers: „Die Amerikaner erheben den Wettbewerb zu einem Absolutum.“

Ich kenne die direkte, in ihrer Offenheit manchmal geradezu brutale Sprache der Amerikaner lang genug, um mich davon nicht schrecken zu lassen, sondern in der gleichen Direktheit zu antworten.

Viele unserer Manager und Politiker werden im Zuge der Globalisierung die amerikanische Wirtschaftsphilosopie des Fressens oder Gefressenwerdens erst richtig kennen lernen. Vieles der in den USA vorherrschenden ökonomischen Denke stößt bei uns auf Befremden und Ablehnung. So bekennt der Vorstandsvorsitzende von General Motors, Jack Welch, überhaupt keine Probleme mit seinem Spitznamen „Neutronen-Jack“ zu haben, was heißen soll, die Fabriken möglichst menschenleer zu machen. Darauf angesprochen sagte Siemens-Chef Heinrich von Pierer, einen solchen Spitznamen möchte er nicht haben.

Auch ich plädiere nicht dafür, die amerikanische Business-Kultur zu kopieren, aber wir müssen uns endlich darüber klar werden, mit welchen Wettbewerbern wir es zu tun haben, was auf uns zukommt und wie wir es schaffen können, in diesem Wettbewerb zu bestehen, ohne unsere kulturelle Identität und unser Verständnis von einer auf Konsens ausgerichteten Gesellschaft aufgeben zu müssen.

Allerdings gibt es auch in den USA differenziertere Betrachtungen als die der beiden zitierten Manager. So schreibt der frühere Außenminister Henry Kissinger in einem Beitrag für die *Welt am Sonntag* vom 23. Januar: „Kein Wirtschaftssystem lässt sich ohne politische Basis aufrechterhalten – international wie national. Die größte Herausforderung für Amerika und diejenigen, die an den freien Handel glauben, besteht in der Anpassung von wirtschaftlichem Wachstum und politischen Vorstellungen. Man muss zwischen denjenigen, die die Welt nur in technisch-ökonomischen Begriffen verstehen, und deren Kritikern, die sich nach einer Rückkehr des quasisozialistischen Modells der Regierungskontrolle sehnen, hindurchnavigieren. Im vor uns liegenden Jahrhundert muss Amerika lernen, seine derzeitige Dominanz in einen globalen politischen Konsens umzuwandeln, der sich mit den amerikanischen Interessen deckt. Die Herausforderung wird darin bestehen, einen internationalen Sinn für soziale Verantwortung zu pflegen, ohne ein äußerst erfolgreiches Wirtschaftssystem durch Regulierungen zu erwürgen, die ihm von internationalen Bürokraten aufgezwungen werden."

Eines ist für mich klar: Deutschland wird sich in diesem Prozess sehr viel stärker verändern als die USA. Dieser notwendige Veränderungsprozess bietet die Riesenchance, dass es am Beginn des neuen Jahrhunderts durch die Globalisierung zu einem neuen Wirtschaftswunder kommt.

Gerade für die Menschen mit niedrigerem Einkommen wirkt sich der globale Wettbewerb schon heute positiv aus. Durch die Liberalisierung der Telekommunikation und der Energiemärkte sind die Preise gesunken. Die Verbraucher profitieren von den preiswerten Autos und der vielfältigen Produktpalette der Kommunikationsindustrie aus Fernost.

Die Marktwirtschaft wird wieder in dem Sinne Realität, wie sie Ludwig Erhard definiert hat, nämlich als eine Veranstaltung nicht für die Produzenten, sondern für die Kunden.

Die Globalisierung eröffnet vor allem auch den Schwellen- und Dritte-Welt-Ländern die Chance, sich aus der Abhängigkeit der Entwicklungshilfealmosen zu befreien und sich ihren Anteil am Weltmarkt selbst zu erobern. In Lateinamerika und Asien ist dieser Prozess in vollem Gange. Bei der Globalisierung vollzieht sich, im Gegensatz zum Kolonialismus, der ökonomische Zuwachs des einen eben nicht auf Kosten des anderen, sondern alle Beteiligten werden gemeinsam reicher.

Das sollten auch jene vornehmlich aus den westlichen Industrieländern stammenden Agitatoren gegen die Welthandelsorganisation WTO bedenken. Die Entwicklungsländer werden es sich nicht gefallen lassen, von ideologischen Wachstumskritikern aus den wohlhabenden Ländern an ihrer eigenen Entwicklung gehindert zu werden.

Auch hinter dem Pochen auf Mindeststandards, mit denen vor allem die Staaten der Europäischen Union vorgeben, Wettbewerbsvorteile durch Umwelt- oder Sozialdumping verhindern zu wollen, vermuten die Entwicklungsländer in Wahrheit nur den Vorwand für einen neuen Protektionismus.

Die Globalisierung bedeutet keineswegs ein Ende der nationalen Politik. Sie stellt die Politik vielmehr vor die Aufgabe, in ihrem Zuständigkeitsbereich die Voraussetzungen dafür zu schaffen, dass sich die Wirtschaft und die Beschäftigten erfolgreich im globalen Wettbewerb behaupten können.

Zu diesen Voraussetzungen gehört die Steuerpolitik. Über das Verhältnis zwischen Staat und Steuerzahlern hat Marie Filser aus Mingharting am 17. Juli 1908 in einem Brief an ihren Mann, den königlichen Abgeordneten Josef Filser, zeitlos Gültiges formuliert: „Das isd keine Kunsd, wer es kann, das er die Schteuern ferschreibt, wo man zahlen mus, aber das isd eine Kunsd, das man das Gäld ferdint zum Schteier zalen."

Vor allem die SPD hat bis zum Abgang von Lafontaine die Steuerpolitik in erster Linie als Instrument der Umverteilung betrachtet und Steuerentlastungen von einer Gegenfinanzierung in gleicher Höhe abhängig gemacht. Eine „gegenfinanzierte" Steuerentlastung ist aber in

Wirklichkeit keine, weil sie das, was sie aus der einen Tasche gibt, wieder in die andere steckt.

Lafontaines Nachfolger Hans Eichel hat dagegen den Entwurf für eine Steuerreform vorgelegt, mit der die Bürger und die Unternehmen bis zum Jahr 2005 um 44,5 Milliarden DM entlastet werden sollen und bei der auf die volle Gegenfinanzierung verzichtet wird. Eichel setzt darauf, dass sich ein Teil der Entlastung durch die Wachstumsimpulse und die daraus resultierenden Steuereinnahmen selbst finanziert. Das ist ein wichtiger Schritt in die richtige Richtung.

Der Eingangssteuersatz soll von 22,9 Prozent im Jahr 2000 auf 15 Prozent im Jahr 2005 abgesenkt werden, der Spitzensteuersatz von 51 Prozent im Jahr 2000 auf 45 Prozent im Jahr 2005.

Beim Spitzensteuersatz muss auch wegen der internationalen Konkurrenzfähigkeit des deutschen Steuersystems noch nach unten korrigiert werden. Aber wenn man bedenkt, dass die Vorgängerregierung diesen Satz in 16 Jahren um ganze 3 Prozent abgesenkt hat, dann sind 6 Prozent in 5 Jahren ein Schritt in die richtige Richtung. Der Kritik, dass Personengesellschaften, die 85 Prozent aller Unternehmen in Deutschland ausmachen, nicht von der Senkung des Steuersatzes für Kapitalgesellschaften auf 25 Prozent profitieren, könnte durch einen Spitzensteuersatz um die 40 Prozent begegnet werden.

Finanzminister Eichel hatte bei der Vorlage seiner Steuerpläne noch eine handfeste Überraschung parat: Der Verkauf von Beteiligungen wird steuerfrei. Dieses Vorhaben hat vor allem bei Banken und Versicherungen zunächst ungläubiges Staunen und dann Begeisterung ausgelöst, die zu entsprechenden Kursgewinnen an der Börse führten.

Die längst fällige Strukturbereinigung der deutschen Konzerne rückt damit deutlich näher. Um auch den mittelständischen Interessen gerecht zu werden, wäre es empfehlenswert, bei Veräußerung, Übergabe oder Aufgabe von Personengesellschften eine steuerliche Ermässigung vorzusehen. So könnte der halbe Steuersatz für diese Vorgänge wieder eingeführt werden.

Der Kritik, er begünstige damit die Großkonzerne, begegnete Eichel mit dem Argument, solange die Kapitalgesellschaften wegen der Besteuerung an ihren Beteiligungen festhielten, bekomme der Fiskus auch kein Geld, während durch den Verkauf Wachstumseffekte entstünden, die wiederum Einnahmen in der Steuerkasse zur Folge hätten. Dies leuchtete offenbar auch den Vertretern des linken Flügels seiner Partei ein, von größeren Protesten war jedenfalls nichts zu hören.

Es zahlte sich aus, dass Eichel als Staatssekretär für den Steuerbereich mit Heribert Zitzelsberger einen ausgewiesenen Experten gewinnen konnte, der die Wirtschaft von innen kennt. Vor seiner Berufung war Zitzelsberger Leiter der Steuerabteilung der Bayer AG. Auch Oskar Lafontaine hatte ihm das Amt bereits angeboten. Doch da lehnte Zitzelsberger noch dankend ab.

Die Tatsache, dass eine sozialdemokratisch geführte Bundesregierung steuerpolitische Maßnahmen beschließt, die zu einem Kursfeuerwerk am Aktienmarkt führen, ohne dass sich wenigstens Teile der Partei erschrocken fragen, was um Gottes willen sie falsch gemacht haben, ist eine ebenso erstaunliche wie erfreuliche Wende hin zu pragmatischer Vernunft. Dabei soll nicht verschwiegen werden, dass es vor allem die Grünen waren, die die Steuersenkungen innerhalb der Koalition durchgesetzt haben.

Weil die Grünen aber offenbar keinen Wert darauf legen, Wirtschafts- und Steuerpolitik zu einem ihrer wichtigen Markenzeichen zu machen und stattdessen lieber interne Personal- und Strukturfragen diskutieren, haben sie sich selbst um die öffentliche Wahrnehmung ihres Erfolgs gebracht.

Trotz mancher berechtigten Kritik im Detail war die Wirtschaft gut beraten, die Steuerreform zu unterstützen und auf eine schnelle parlamentarische Umsetzung zu drängen. Daher auch die Mahnung an die Unionsparteien, im Bundesrat keine Verzögerungs- oder gar Blockadepolitik zu betreiben. Wichtig ist vor allem, dass die Wirtschaft jetzt über mehrere Jahre hinaus Planungssicherheit hat.

Aus diesem Grund empfiehlt es sich, auf das sehr komplizierte – von Eichel vorgeschlagene – Optionsmodell zu verzichten und dem Mittelstand mit einer stärkeren Absenkung des Höchststeuersatzes einen Ausgleich für die deutlich abgesenkte Körperschaftssteuer zu geben.

An einem allerdings ändert auch dieses Reformkonzept nichts, nämlich an der Kompliziertheit unseres Steuersystems. 70 Prozent der auf der Welt existierenden Steuergesetze und Kommentare seien in deutscher Sprache verfasst, mokierte sich einmal Altbundeskanzler Helmut Schmidt.

Bei der Behebung dieses Übels müssen wir jetzt wohl auf den früheren Bundesverfassungsrichter Paul Kirchhof vertrauen. Seitdem er in Karlsruhe die Robe an den Nagel gehängt hat, arbeitet er an dem „endgültigen Steuergesetz“, das gleichzeitig einfach und gerecht sein soll und außerdem zu keinen Einnahmeausfällen beim Fiskus führt. Sollte Kirchhof diese Quadratur des Kreises tatsächlich gelingen, ist ihm ein Platz in den Geschichtsbüchern weit vor den meisten Politikern sicher.

Neben der Steuerpolitik ist es vor allem die Bildungspolitik, die über Deutschlands Chancen in der globalisierten Welt entscheidet. In den USA ist Bildungspolitik seit langem Chefsache.

In seinem 1996 erschienenen Buch *Zwischen Vision und Wirklichkeit – wie wir uns den Herausforderungen des 21. Jahrhunderts stellen* streicht Präsident Bill Clinton die Bedeutung der Investitionen in „People Power" heraus und nimmt alle in die Pflicht: „Die Fähigkeiten unserer Bevölkerung müssen erhöht werden: indem der Einzelne ins eigene Können, die Privatindustrie in ihre Angestellten und Produktionstechnologien und die Regierung in die Bausteine neuer wirtschaftlicher Möglichkeiten investiert (in Bildung, Fortbildung und Technologie), damit wir uns die schnellen Veränderungen zunutze machen und diese einer möglichst breiten Öffentlichkeit zur Verfügung stellen."

Endlich rangiert auch bei uns die Bildungspolitik auf der Agenda wieder dort, wo sie hingehört: ganz oben.

Innerhalb der SPD ist es vor allem der Bremer Bildungssenator und derzeitige Vorsitzende der Kultusministerkonferenz, Willi Lemke, der neue Akzente setzt. Während seiner 18-jährigen Tätigkeit als Manager des Bundesligavereins Werder Bremen hat er viel über Wirtschaft und Leistung gelernt und ist offenbar entschlossen, diese Erfahrungen auch in seinem neuen Amt nutzbringend umzusetzen.

Auf die Frage in einem Interview mit der *Woche* vom 21. Januar 2000, ob er die Gesetze des Marktes auf die Schule übertragen und den Kindern keinen Schonraum mehr gewähren wolle, antwortete er: „Das ist überspitzt. Aber ich bin dafür, dass Leistung auch an der Schule gelernt werden muss. Und man muss sich dem Leistungsvergleich stellen, damit Schüler fit sind für das Leben, das viel rauer ist, als es die Schule bisher vermittelt. Unterricht muss nicht immer Spaß machen, er kann auch mühsam sein. Wir haben in betrieblichen Ausbildungen auch deshalb so viele Abbrecher, weil das wenig Spaß macht, vielleicht sogar langweilig und nicht so spannend ist, wie es möglicherweise in der Schule war."

Für eine solche Absage an die „Spaß-Schule" musste Bayerns Bildungsminister Hans Zehetmair (CSU) oftmals viel Schelte von den Sozialdemokraten einstecken.

Dem Umstand, dass die Wirtschaft eine immer größere Bedeutung für das Leben eines jeden gewinnt, muss endlich auch in den Lehrplänen Rechnung getragen werden.

Die bisher vorherrschende Auffassung, wirtschaftliches Wissen sollten allein die Unternehmen und berufsbildenden Schulen vermitteln, darf nicht länger die Realität sein. Zu Recht kritisiert *Die Zeit* am 20. Januar 2000: „Wer in klassischen SPD-Ländern wie Nordrhein-Westfalen, Hamburg oder dem Saarland sein Schülerdasein fristet, lernt das Wirtschaftsleben vielleicht bei n-tv kennen. Oder von Dagobert Duck, dem immer noch größten Finanzgenie der Cartoon-Welt. Aber nicht im Gymnasium. Einige Themen aus der Ökonomie im Sozialkunde- und Politikunterricht – damit hat es sich. Wenn die Fachlehrer nicht wollen, hören Schüler bis zum Abitur kein Wort über Angebot und Nachfrage, Aktien- und Finanzmärkte oder Konsumgewohnheiten. Und zu viele Lehrer wollen nicht – für sie stinkt Geld immer noch – oder können nicht, weil ihnen das wirtschaftliche Wissen fehlt."

Da wird Willi Lemke noch eine Menge Überzeugungsarbeit in den eigenen Reihen leisten müssen.

Gerade vielen sozialdemokratischen Bildungspolitikern ist eine enge Zusammenarbeit zwischen staatlichen Bildungseinrichtungen und der Wirtschaft noch immer höchst suspekt. Bei diesen Berührungsängsten treffen sie sich mit großen Teilen der Lehrerschaft und den Professoren.

Das Argument, die Bildungsinhalte dürften nicht nach den Interessen der Wirtschaft ausgerichtet sein, verkennt, dass es nicht um die Interessen der Wirtschaft geht, sondern um die beruflichen Chancen der jungen Menschen. Ihnen gilt es eine schulische und universitäre Ausbildung zu geben, mit der sie sich auf dem globalen Arbeitsmarkt behaupten können. Und es ist nun einmal die Wirtschaft und nicht die Politik, die Arbeitsplätze schafft.

Es bedurfte wohl der Ebbe in den öffentlichen Kassen, damit sich das Bildungssponsoring auch bei uns etablieren konnte. Die dringend notwendige Ausstattung aller Schulen mit PC und Internet wäre vom Staat auf viele Jahre hinaus nicht zu leisten. Unternehmen wie T-Online, AOL, Dresdner Bank oder Mobilcom, die sich an den Ausstattungen beteiligen, handeln natürlich nicht nur karitativ, sondern auch aus dem nüchternen Kalkül, dass der Appetit beim Essen kommt: Wer einmal einen Computer und Internet-Anschluss hat, möchte diesen auch in Zukunft nicht mehr missen und wird entsprechende Investitonen tätigen. Ich halte das für ein legitimes Interesse.

Kritikern sage ich: Wenn wir uns nicht endlich von der Denke befreien, dass wirtschaftliche Interessen und Gemeinwohlinteressen grundsätzlich Gegensätze sind, dann gefährden wir sowohl die wirtschaftliche Zukunft unseres Landes wie auch die unserer Gesellschaft. Es muss ins allgemeine Bewusstsein dringen, dass Wirtschaft und Gemeinwohl aufs Engste miteinander verbunden sind und wir uns künstliche ideologische Grenzen nicht mehr leisten können.

Welch zentrale Bedeutung Bildung, Ausbildung und ständige Weiterbildung haben, zeigt sich an der Debatte um die „Greencard“. Dieses Dokument, das zu einem unbegrenzten Aufenthalt in den USA berechtigt, ist Teil der amerikanischen Einwanderungspolitik. Die Greencard wird an bestimmte hoch qualifizierte Fachkräfte vergeben, die auf dem US-Arbeitsmarkt fehlen.

Auf der diesjährigen Computermesse CeBIT hat Bundeskanzler Schröder auf die Klage der Informationstechnologie-Industrie (IT-Industrie) reagiert und angekündigt, die Bundesregierung werde per Gesetz Arbeitsgenehmigungen für Programmierer, vor allem aus Indien und Osteuropa, erteilen. In einem für deutsche Verhältnisse geradezu atemberaubenden Tempo folgte der Ankündigung die Umsetzung. Bereits drei Wochen später, am 13. März, beschloss die Bundesregierung die Erteilung von 20.000 Arbeitserlaubnissen für Computerspezialisten von außerhalb des EU-Raums, die fünf Jahre in Deutschland arbeiten dürfen.

Seit 1973 erhalten Ausländer außerhalb der EU-Staaten grundsätzlich keine Arbeitserlaubnis mehr in Deutschland. Ausnahmen sind in der „Anwerbestopp-Ausnahmeverordnung" nach allen Regeln deutscher Bürokratenkunst festgelegt. Hoch qualifizierte Spezialisten dürfen nur dann hier arbeiten, wenn „wegen ihrer besonderen Kenntnisse ein öffentliches Interesse besteht."

An der Überprüfung sind die jeweilige deutsche Botschaft, die Ausländerbehörden und das Arbeitsamt beteiligt. Wer eine ausländische Fachkraft einstellen will, muss nachweisen, dass sich weder ein Deutscher noch ein EU-Ausländer für die Stelle gefunden hat. Wie viele IT-Spezialisten tatsächlich fehlen, darüber gehen die Meinungen auseinander. Die Wirtschaft spricht von 75.000. Die Bundesbildungsministerin Edelgard Bulmahn spricht gar von 100.000. Europaweit schätzt der zuständige EU-Kommissar Erkki Liikanen die Zahl fehlender Computerspezialisten auf 1,5 Millionen.

Die Gewerkschaften halten diese Zahl für weit überhöht. Kontrovers ist auch, wie viele der benötigten Fachkräfte aus dem Kreis arbeitsloser deutscher Informatiker besetzt werden könnten. Aber darauf kommt es letztlich nicht an.

Schröders wichtige Initiative hat bei der Wirtschaft uneingeschränkte Zustimmung gefunden, während sein Arbeitsminister Walter Riester und die Gewerkschaften zurückhaltend bis skeptisch reagierten. Die politische Debatte folgte dem bekannten Muster, wonach eine Partei der anderen die Schuld an dem Fachkräftemangel gab. Der CSU-Vorsitzende Edmund Stoiber sprach in einer ersten Reaktion von einem *Offenbarungseid* der rot-grünen Bundesregierung, diese wiederum sah die Ursachen in Versäumnissen der 16-jährigen Regierungszeit Kohl. Das ist eine leider typisch deutsche Debatte. Wenn bei uns ein Problem auftaucht, fragen wir nicht wie die Amerikaner als Erstes: Wie lösen wir dieses Problem am schnellsten? Vielmehr streiten wir endlos darüber, wer an dem Problem schuld ist.

Abgesehen davon, dass uns diese Diskussion keinen Schritt weiterhilft, nehme ich hier die Politik ausdrücklich in Schutz. Tatsache ist, dass Anfang der 90er-Jahre ein großer Überhang an Informatikern bestand, den der Arbeitsmarkt nicht mehr aufnehmen konnte. Die Folge war, dass die Zahl der Studienanfänger für Informatik drastisch zurückging.

Das Ausmaß der Mitte der 90er-Jahre einsetzenden Internet-Revolution konnte niemand vorhersehen. Auf Grund der schwachen Studienjahrgänge werden wir also noch die nächsten vier bis fünf Jahre eine Lücke haben, die dringend geschlossen werden muss, wenn wir den technologischen Anschluss nicht wieder verlieren wollen. Hier sind nun alle gefragt. Immerhin haben Bundesregierung, Wirtschaft und Gewerkschaften vereinbart, die Zahl der Ausbildungsplätze in der IT-Branche von jetzt 14.000 auf 60.000 im Jahre 2003 zu erhöhen.

Die Arbeitserlaubnis für die 20.000 ausländischen Spezialisten aus Nicht-EU-Ländern sind ein notwendiges Sofortprogramm, um die zeitliche Lücke zu schließen, bis die heutigen Studenten ihre Ausbildung abgeschlossen haben. Von daher finde ich es einigermaßen befremdlich, wenn der frühere Bildungsminister Jürgen Rüttgers, der sich so gerne als „Zukunftsminister“ titulieren ließ, im nordrhein-westfälischen Landtagswahlkampf mit der Parole *Kinder statt Inder* auf Stimmenfang geht. Es geht nicht um die Frage des Entweder-Oder, sondern wir brauchen beides. Ein soeben aus Deutschland zurückgekehrter indischer Spezialist brachte es auf den Punkt: „Wenn jetzt Spezialisten aus dem Ausland nach Deutschland gehen, hindert das noch niemanden daran, Kinder künftig besser auszubilden.“ Gerade den zahlreichen jungen Hightech-Unternehmen, die in den letzten Jahren erfreulicherweise wie Pilze aus dem Boden geschossen sind, ist es nicht zuzumuten, dass ihre Personalverantwortlichen die Hälfte ihrer Arbeitszeit bei den Ausländerbehörden verbringen, um ihren Bedarf nach ausländischen Arbeitskräften nachzuweisen.

Die ausländischen Experten nehmen den Deutschen keine Arbeitsplätze weg. Sie schaffen im Gegenteil Arbeitsplätze in anderen Bereichen. Außerdem wird durch ihren Einsatz das verhindert, was der britische Nationalökonom John Maynard Keynes den *Schweine-Zyklus* nennt. Gemeint ist damit, dass bei einem aktuellen Fachkräftebedarf nun so viele Menschen in diesen Beruf drängen und dass dann in einigen Jahren so viele Qualifizierte zur Verfügung stehen, „dass man damit die Schweine füttern kann“.

Der aktuelle Mangel an Computer-Experten ist keineswegs nur ein deutsches Problem. Auch die Amerikaner können ihren Bedarf nicht allein mit eigenen Landsleuten decken. Nur wird in den USA schneller reagiert und die Erteilung von Arbeitserlaubnissen umgehend dem Bedarf angepasst. Mit unserer „Anwerbesstopp-Ausnahmeverordnung“ sind wir ungefähr so konkurrenzfähig wie eine Pferdekutsche gegenüber einem Ferrari.

Wenn wir nicht sehr schnell handeln, dann gehen die gesuchten indischen und osteuropäischen Spezialisten in die USA.

Gottlob haben die Europäer jetzt begriffen, dass von den neuen Technologien ihre Zukunft abhängt. Auf dem Gipfeltreffen der Staats- und Regierungschefs am 23./24. März in Lissabbon setzten sie sich das Ziel, die Europäische Union zum „wettbewerbsfähigsten und dynamischsten wissensbasierten Wirtschaftsraum“ zu machen. Es soll auch ein „Europäischer Raum der Forschung und Innovation“ geschaffen werden, wobei endlich die Forschungsarbeiten in der EU für Zukunftstechnologien abgestimmt werden sollen. Neben dem weiteren Ausbau des europäischen Binnenmarktes, in dem es keine Hindernisse für Menschen, Dienstleistungen und Kapital geben soll, werden auch effiziente Finanzmärkte verlangt.

Mit all diesen Maßnahmen soll ein dauerhaftes Wirtschaftswachstum von 3 Prozent angestrebt werden, mit dessen Hilfe die Arbeitslosigkeit deutlich abgesenkt werden könnte.

Die „Greencard“-Diskussion hat unabhängig von den fehlenden IT-Experten neuerlich die Frage in den Mittelpunkt gerückt, ob und inwieweit Deutschland eben doch ein Einwanderungsland ist, und wenn ja, ob dann nicht auch ein Einwanderungsgesetz notwendig ist, um den Zuzug geordnet zu gestalten. Die Politik drückt sich seit Jahrzehnten um dieses Problem herum und hat es damit noch größer gemacht. Weil auf eine gezielte Einwanderungspolitik verzichtet wurde, haben wir eine neue soziale Unterschicht vor allem aus den Mittelmeerländern zu uns gelassen. Rechte wie linke Ideologen verhindern bis heute eine vernünftige, an unseren legitimen nationalen Interessen orientierte Ausländerpolitik. Die einen beschwören in der Debatte die Angst vor den Türken und über die Position der Linken schreibt Peter Glotz in der *Woche* vom 3. März: „Sie wollen sich der Schuld stellen, die Deutsche im Dritten Reich auf sich geladen haben. Deswegen betreiben sie Einwanderungspolitik als Wiedergutmachung: der Deutsche als Christus der Welt, der das Kreuz auf sich nimmt ... Eine drückende Mischung von europäischem Hochmut und verkrampfter Opfer-Gesinnung hindert die Deutschen, das zu tun, was ihren Interessen entspräche: zu erkennen, dass sie Begabungen aus aller Welt brauchen, wenn sie sich auch im digitalen Kapitalismus als führende Wirtschaftsnation behaupten wollen."

Dieses Thema ist ein schönes Beispiel dafür, dass für die Freunde geschlossener rechter oder linker ideologischer Weltbilder ungemütliche Zeiten angebrochen sind. Die Probleme, mit denen wir es jetzt und in der Zukunft zu tun haben werden, lassen sich nicht in die herkömmlichen parteipolitischen Schablonen pressen. Der notwendigen Pragmatisierung der Politik kann das nur gut tun.

Nicht nur wegen des aktuellen Bedarfs an IT-Spezialisten brauchen wir eine solche Einwanderungspolitik, sondern noch mehr aus demographischen Gründen. Seit vielen Jahren weisen die Wissenschaftler darauf hin, dass Deutschland auf dem Weg zur Altenrepublik ist. Bereits in 30 Jahren, so hat das Bundesinnenministerium errechnet, wird die Zahl der Menschen über 60 Jahre um die Hälfte zunehmen, der Anteil derer zwischen 20 und 60 wird auf unter 50 Prozent fallen. Einige der Konsequenzen:

- Die Lebenserwartung der Deutschen wird innerhalb der nächsten 20 Jahre um zwei bis drei Jahre steigen – mit den entsprechenden Folgen für die Kosten des Gesundheitswesens.
- Bleibt alles, wie es ist, werden die Rentenbeitragssätze bis 2030 von derzeit 19,3 Prozent auf bis knapp 30 Prozent der Bruttobezüge steigen.
- Für die Beitragssätze zur Krankenversicherung wird ein Anstieg von derzeit 13,5 auf bis 23 Prozent prognostiziert.

Eine Enquetekommission des Bundestages kam zu dem Schluss: „Die Finanzierungsprobleme der sozialen Sicherung lassen sich durch Zuwanderung zumindest dann verringern, wenn die Arbeitsmarktintegration der

Zugewanderten gewährleistet ist und sie sozialversicherungspflichtig beschäftigt sind."

Das heißt im Klartext: Deutschland braucht ausgebildete Ausländer, um sein Sozialsystem auch in Zukunft wenigstens in etwa aufrechterhalten zu können.

Die Vereinten Nationen schätzen den Bedarf für Deutschland auf jährlich 500.000 Menschen. Eine solche Ausländerpolitik kann nicht auf karitativen Überlegungen beruhen, sondern muss auf ökonomischen Interessen basieren.

Eine geregelte Einwanderung brauchen wir auch deswegen, weil wir uns nicht der Illusion hingeben dürfen, dass die Globalisierung nur die Finanzmärkte oder das Internet betrifft, der Arbeitsmarkt davon aber ausgespart bleibt. Die Zahl der ausländischen Beschäftigten wird nicht nur im virtuellen Bereich weiter wachsen, sondern es werden auch mehr Menschen real zu uns kommen.

Sowohl in der Umwelt- wie auch mittlerweile in der Finanzpolitik gewinnt der Begriff *nachhaltig* immer größere Bedeutung. Es wird höchste Zeit, dass dies auch für die Ausländerpolitik gilt.

Wenn es in den vergangenen Jahren darum ging, in der Öffentlichkeit für Weltoffenheit und Toleranz gegenüber den ausländischen Mitbürgern zu werben und die Stimme gegen Rassismus und Fremdenfeindlichkeit zu erheben, hätte ich mir sehr gewünscht, dort auch die Stimme der Wirtschaft zu hören. Die Wirtschaft kann einen ganz wichtigen Beitrag zur Herstellung eines ausländerfreundlichen Bewusstsseins leisten, wenn sie nicht nur nach der *Greencard* für ausländische Spezialisten ruft, sondern insgesamt herausstellt, in welch hohem Maße die ausländischen Mitbürger zu unserem Wohlstand beitragen. Lichterketten mit moralischen Appellen mögen das eigene Gewissen beruhigen, Wirkung auf Menschen, die sich von Ausländern in ihrer sozialen Existenz bedroht fühlen, werden sie nicht erzielen. Was wir brauchen, ist eine umfangreiche Aufklärung darüber, dass die Ausländer vor allem auch die materielle Sicherheit der Deutschen gewährleisten.

Man mag es bedauern, aber bei den meisten Menschen reagiert nun einmal die Brieftasche sensibler als das Herz. Auch hier gilt: Ökonomische Interessen stehen nicht im Gegensatz zu denen der Moral und des Gemeinwohls, sondern sie verstärken sie mit zusätzlichen Argumenten.

Die Wirtschaft ist heute auf vielen Gebieten der Politik weit voraus. Sie war durch den globalen Wettbewerb gezwungen, sich von dem politischen Reformstau abzukoppeln und aus eigener Kraft volle Fahrt aufzunehmen. Anstatt den Abstand zu bejammern und den hoffnungslosen Versuch zu unternehmen, die Wirtschaft dem so genannten Primat der Politik zu unterwerfen, muss die Politik sich an die Wirtschaft ankoppeln und ihr weiter zusätzliche Dynamik geben. Je mehr die Politik die Wirtschaft unterstützt, desto mehr ist dies zu ihrem eigenen Nutzen. Aber das gilt ebenso umgekehrt.

4.
Auch Global Player brauchen Heimat – Gemeinwohl als Erfolgsfaktor

Globalisierung ist Chance, nicht Gefahr

„Wir erleben jetzt den größten Umbruch seit 1948. Das geht viel weiter als in den 90er-Jahren und es fallen zwei Dinge zusammen. Zum einen befinden wir uns weltweit am Anfang einer langen, technologisch bedingten Aufschwungphase, wobei die Informatik, das Internet und die Biotechnologie die Schlüsseltechnologien sind. Zum anderen setzen sich jetzt kapitalmarktgetriebene Wirtschaftsreformen durch, die die Unternehmen zu einer gnadenlosen Restrukturierung ihrer Geschäfte zwingen. Die Stichworte lauten Produktivität, Effizienz, Innovation, Wachstumsstärke und globale Wettbewerbsfähigkeit."

So der Unternehmensberater Roland Berger in einem Interview mit der *Welt* vom 13. März 2000.

Der *Spiegel* titelte am gleichen Tag: „Aktienfieber/Megafusionen/Internetboom – Unternehmen Größenwahn".

Fast täglich versucht man, mit immer neuen Superlativen das Tempo und die dramatischen Umwälzungsprozesse zu beschreiben, die jetzt auch die deutsche Wirtschaft erfasst haben.

Ich selbst stehe als Vorstandsvorsitzender einer Aktiengesellschaft, die zu den Spitzenreitern am Neuen

Markt zählt und die sich neben ihrem Kerngeschäft, dem traditionellen Chip-Broking, mit der Errichtung von virtuellen Handelsplätzen im Internet ein zweites Standbein geschaffen hat, mitten drin im Geschehen. Und ich fühle mich dort pudelwohl und bin zukunftshungriger denn je.

Pünktlich zum Millenniumsbeginn wirft unsere Wirtschaft ihre verkrusteten Strukturen ab und startet mit einem Tempo durch, als wolle sie den Rückstand, in den sie in vielen Jahren zuvor durch Stillstand geraten ist, binnen weniger Wochen aufholen. Permanente Unlust, unablässiges Jammern, Nabelschau, provinzielles Schrebergartendenken – alles scheint wie weggeblasen. Wer hätte noch vor wenigen Monaten geglaubt, dass die Aktie den Fußball als Stammtisch- und Partythema Nummer eins verdrängen wird?

Spiel- und Spaßverderber, die uns die gute Stimmung verderben wollen, haben zur Zeit keine Konjunktur. Als das Ehepaar Lafontaine pünktlich zum Jahrestag der politischen Fahnenflucht wieder die Fernsehschirme enterte, um mit den altvertrauten Parolen die internationalen Finanzmärkte zu geißeln, wirkten beide wie Fossile aus längst vergangener Zeit. Kaum jemand will die düsteren Mienen noch sehen und die unheilschwangeren Prophezeihungen hören, nicht einmal jemand in der eigenen Partei.

Zumindest für eine Weile hat der Optimismus die Bedenkenträgerei überholt und sich einen beachtlichen Vorsprung erarbeitet. Das ist auch dringend notwendig, damit bei unvermeidlichen Rückschlägen die Stimmung nicht wieder ins Gegenteil umschlägt.

Jetzt beginnt auch bei uns ins allgemeine Bewusstsein zu dringen, was Globalisierung bedeutet, und gottlob ist inzwischen eine Generation herangewachsen, die mehrheitlich in dieser Entwicklung für sich mehr Chancen als Gefahren sieht. Es scheint daher die Hoffnung begründet, dass wir jetzt fit sind für das neue Jahrhundert. Lange genug haben wir ja darauf warten müssen.

„Die Globalisierung ist ein Segen für Deutschland. Kaum ein Land profitiert so stark von offenen Märkten und freiem Kapitalverkehr wie die Bundesrepublik." So schreibt Oliver Schumacher in einem Leitartikel der jeder Nähe zum Turbokapitalismus unverdächtigen *Süddeutschen Zeitung* vom 16. März 2000.

Für jemanden wie mich, der nach zahlreichen USA-Reisen nur noch den Kopf schütteln konnte über die Risikoarmut, Mutlosigkeit und Lethargie im eigenen Land, ist das neue Interesse an allem, was in der Wirtschaft und in der Technologie geschieht, ein ganz persönlicher Jungbrunnen. Schließlich kann ich mich in den meisten Botschaften bestätigt fühlen, die ich seit vielen Jahren den Menschen nahe zu bringen versuche. Ich nenne an dieser Stelle nur zwei Beispiele:

In meinem ersten, 1990 erschienenen Buch *Mr. Chip* habe ich eine Erinnerung aus dem Silicon Valley Mitte der 70er-Jahre geschildert: „Unvergessen bleibt mir die Begegnung mit dem Chip-Designer eines großen Halbleiterherstellers.

Ein junger Mann, lang und dürr, bekleidet mit einem verwaschenen Polohemd und einer viel zu großen, abgewetzten Hose, die er mit einer Schnur zusammenhielt, schulterlangen Haaren und ständig zu irgendwelchen imaginären Rhythmen tanzend, erzählte mir von seiner Arbeit. Während dieses Gesprächs habe ich mir diesen Mann – ein absolutes Genie – in Gedanken im Personalbüro eines deutschen Großunternehmens oder einer Bank vorgestellt, und mit einem Schlag war mir klar, warum die geistig-technische Innovation dort und nicht bei uns stattfindet."

Jetzt, 25 Jahre später, lese ich von einem deutschen Personalchef den Satz: „Freaks mit abenteuerlichen Lebensläufen, die früher chancenlos waren, sind jetzt herzlich willkommen."

Mit einem derartigen Abstand hinter den Amerikanern her zu hinken werden wir uns künftig nicht mehr leisten können.

In meinem Buch *Aufbruch Deutschland* wies ich 1996 darauf hin, dass wir unter den vergleichbaren Ländern den höchsten Anteil an Industriearbeitsplätzen (zwei Drittel) und den geringsten an Dienstleistungsarbeitsplätzen (ein Drittel) haben, und schrieb: „Dieses Verhältnis ist auf Dauer nicht zu halten. Die Polemik gegen Dienstleistungsarbeitsplätze als Billigarbeitsplätze und Arbeitsplätze zweiter Wahl ist ebenso unsinnig wie schädlich. Es geht ja beileibe nicht nur um Schuhputzer oder Arbeitsplätze bei der Müllabfuhr und der Toilettenreinigung, abgesehen davon, dass wir auch deren Wert spätestens dann erkennen würden, wenn es sie nicht gäbe. Die immer mehr berufliche und private Lebensbereiche umfassende Computertechnologie wird eine Vielzahl neuer Dienstleistungsberufe zur Folge haben, die hohe Qualifikationsansprüche stellen."

Und genauso ist es gekommen.

Eine der Voraussetzungen dafür, dass Europa in der globalen Weltliga oben mitspielen kann, war die Einführung des Euro. In der deutschen Gespensterdebatte um das Verschuldungskritierium *Drei Komma Null* wurde die eigentliche Konsequenz, die mit der einheitlichen Währung verbunden war, vielfach übersehen, nämlich eine schonungslose Eröffnungsbilanz über den Stand der einzelnen Volkswirtschaften. Dass der Außenwert des Euro gegenüber dem Dollar so schwach ist, liegt vor allem daran, dass die beiden wichtigsten Euro-Mitglieder Deutschland und Frankreich ihre Reform-Hausaufgaben bisher unzulänglich gemacht haben. Wie attraktiv der Euro dennoch ist, beweist die Tatsache, dass die bisher abseits stehenden Länder Dänemark und Schweden Kurs auf die neue Währung genommen haben und auch Griechenland große Anstrengungen unternimmt, um ab dem nächsten Jahr dabei zu sein. Ich bin sicher, dass auch der Widerstand in Großbritannien nicht mehr lange anhalten wird.

Auf dem globalen Markt vollzieht sich der wirtschaftliche Wandel nicht in kleinen Schritten, sondern mit Siebenmeilenstiefeln. Wir werden in vielem umdenken, uns an viel Neues gewöhnen und uns manches abgewöhnen müssen, z.B. den Neid und die Missgunst. Thomas Haffa, mit seinem Unternehmen EM.TV ebenfalls ein Riesenrenner am Neuen Markt, sprach mir mit seinen ungeschminkten Sätzen zu diesem Thema in einem Interview mit der *Süddeutschen Zeitung* vom 6. März aus der Seele:

„Wenn ich einen gesehen habe, der es geschafft hatte, habe ich dem das erstens gegönnt und mich dann zweitens gefragt: Was muss ich tun, um da hinzukommen, wo der ist? Ich sehe diese besonders emotionale, oft stille Form von Neid, die in Deutschland sehr gepflegt wird, in Amerika nicht. Erfolg ist in Deutschland dubios, das heißt: er bietet Anlass für Zweifel. Wenn Sie hier Erfolg haben, glaubt jeder, Sie haben jemanden bestohlen oder sonst ein Ding gedreht. In Amerika freut sich jeder mit Ihnen, wenn Ihre Aktien steigen. In Deutschland raten mir Leute, die ich nicht einmal kenne: ‚Herr Haffa, wenn ich Ihr Vermögen hätte, würde ich mir einen Bodyguard zulegen, da kann man nicht vorsichtig genug sein.‘“

Im gleichen Sinne äußerte sich Erich Sixt, Deutschlands erfolgreichster Autovermieter, in einem Interview mit der *Welt* vom 13. November 1999: „Bei uns gibt es mehr Sozialneid als in anderen Ländern. Genetisch unterscheiden wir uns aber kaum. Es liegt also an der Erziehung. Unsere Umwelt vermittelt uns den Neid. Ein Deutscher, der in Amerika aufwächst, wird die Dinge anders sehen.“

Wenn dieses Neiddenken in Deutschland nicht aufhört, dann wird wahrscheinlich die Neidzerfressenheit künftig die häufigste Todesursache sein. Es werden nämlich sehr viel mehr Menschen sehr viel schneller sehr viel reicher werden als bisher. Als bekannt wurde, dass der bisherige Vorstandsvorsitzende von Mannesmann, Klaus Esser, nach der Übernahme durch den britischen Konzern Vodafone eine Abfindung von 60 Millionen DM erhalten wird, nannten Politiker diese Summe „obszön" und einige Anwälte erstatteten Anzeige. Mir ist diese Empörung schon aus einem einfachen Grund unverständlich: Wer einmal die Millionen an Abfindungen zusammenzählt, die im Verlauf vieler Jahre an Manager gezahlt wurden, die Unternehmen ruiniert und viele tausend Arbeitsplätze vernichtet haben, der wird auf eine 1000fache Summe dessen kommen, was Esser erhält, der die Aktionäre seines Unternehmens reich gemacht, Arbeitsplätze nicht nur gesichert, sondern viele neue geschaffen hat.

Dies sollte auch Ministerpräsident Stoiber bedenken, der bei einer Sitzung der CSU-Grundsatzkommission am 18. März vor der Gefahr gewarnt hatte, dass mit der Globalisierung die amerikanische Aktionärskultur auf Europa überschwappe. Das ist zwar richtig beobachtet, aber diese Entwicklung ist keine Gefahr, sondern eine Chance.

Der bedeutende, im vergangenen Jahr leider verstorbene Publizist Johannes Groß hat einmal gesagt: *Aufgabe des Staates ist, die Armut zu bekämpfen, nicht den Reichtum.* Und schon Abraham Lincoln wusste, dass man die *Schwachen nicht dadurch stärkt, dass man die Starken schwächt.*

Die Herausforderung, vor die uns die Globalisierung stellt, ist nicht, dass Menschen reicher werden, sondern dass wir verhindern müssen, dass andere ärmer werden. Und das kann nicht allein der Staat leisten. An dieser Stelle ist die Weitsicht der Wirtschaft gefordert, zu erkennen, dass sich ihr Beitrag zum Gemeinwohl in der Bilanz nicht als Kosten-, sondern als Gewinn- und Erfolgsfaktor niederschlägt. Hier muss sich das deutsche und kontinentaleuropäische Modell von den USA, von Asien und Lateinamerika unterscheiden.

Als Mitte der 90er-Jahre der Begriff von der „Globalisierung“ in den deutschen Sprachgebrauch Einzug hielt, sahen die Unheilspropheten wieder einmal ihre große Stunde gekommen. Manche von ihnen möchten noch immer nach dem Motto handeln: Wir wollen erst einmal sehen, ob uns die Globalisierung nützt, und dann entscheiden wir, ob wir sie einführen. Doch die Entscheidung liegt nicht mehr in den Händen von Bedenkenträgern.

Die Globalisierungsfalle – Der Angriff auf Demokratie und Wohlstand lautete der Titel des 1996 erschienenen Buches der beiden Journalisten Hans-Peter Martin (seit 1998 Abgeordneter der Sozialdemokratischen Partei Österreichs im Europäischen Parlament) und Harald Schumann.

Weil sie aus ihrer Berufserfahrung wussten, dass Angst sich besser verkauft als Hoffnung, wurde so ziemlich alles an Horrorszenarien zusammengetragen, was sich – vor allem in den USA und Südamerika – finden ließ.

Als Aufmacher diente eine Tagung der Gorbatschow-Stiftung in San Francisco im September 1995, bei der 500 Politiker (größtenteils auf dem Altenteil befindlich), Wirtschaftsführer und Wissenschaftler über das 21. Jahrhundert diskutierten. Sehr tiefschürfend kann es dabei nicht zugegangen sein, da jeder Referent nur fünf Minuten reden und keine Wortmeldung länger als zwei Minuten dauern durfte. Das Fazit für die Zukunft bestand aus zwei Formeln, zum einen *20 zu 80* und zum anderen *tittytainment*. 20 Prozent der arbeitsfähigen Bevölkerung würden im neuen Jahrhundert ausreichen, um die Weltwirtschaft in Schwung zu halten. Dieser Anteil würde genügen, um alle Waren zu produzieren und die hochwertigen Dienstleistungen zu erbringen, die sich die Weltgesellschaft leisten kann. Diese 20 Prozent würden aktiv am Leben, am Verdienen und am Konsumieren teilnehmen – egal in welchem Land. Für die anderen 80 Prozent gelte eben „tittytainment". Das Copyright auf diese Wortschöpfung, die eine Kombination von „entertainment" und „tits", dem amerikanischen Vulgärausdruck für Busen, darstellt, soll der ehemalige Sicherheitsberater von US-Präsident Jimmy Carter, Zbigniew Brzezinski, haben. Brzezinski habe dabei allerdings nicht an Sex, sondern an die Milch gedacht, die aus der Brust einer stillenden Mutter strömt. Mit einer Mischung aus betäubender Unterhaltung und ausreichender Ernährung könnten die frustrierten 80 Prozent der Bevölkerung der Welt, die nicht mehr gebraucht würden, bei Laune gehalten werden.

Das ist, mit Verlaub, Kasinogeschwätz.

Auf ungleich höherem intellektuellem Niveau prognostiziert Peter Glotz für die Zukunft die *Zweidrittelgesellschaft*. Diesen Begriff hat Glotz 1984 geprägt und ist darauf offenbar so stolz, dass er ihn auch in das digitale Zeitalter mitnehmen möchte.

Nicht nur, dass solche Zahlen willkürlich gegriffen sind und genauso gut auch gewürfelt sein könnten – warum nicht 40 zu 60, 30 zu 70 oder auch umgekehrt –, ich halte die damit verbundene Botschaft, dass mit technologischem Fortschritt und der Steigerung wirtschaftlicher Produktivität die Abschaffung von Arbeit als solches einhergeht, für schlicht absurd. Das erinnert mich an die These des amerikanischen Ökonomen Francis Fukuyama, der nach dem Ende des Ost-West-Gegensatzes das Ende der Geschichte postulierte.

Es ist für mich immer wieder erstaunlich zu sehen, wie im Grunde genommen hoch gescheite Leute immer wieder der Versuchung erliegen, in der sich ständig verändernden Welt letztgültige Urteile zu fällen. Die Zahl der Irrtümer bei Vorhersagen selbst für einen Zeitraum von ein paar Jahren ist derart Legion, dass man sich doch der Weisheit erinnern sollte, wonach Prognosen vor allem dann schwierig sind, wenn sie die Zukunft betreffen.

Dieser Logik zufolge hätte der Buchdruck nicht eingeführt werden dürfen, weil die Zunft der Schreiber sich nach einem anderen Beruf umsehen musste, die Webstühle hätten erhalten bleiben müssen und niemals hätten die Pferdekutschen dem Auto weichen dürfen. Dass unter diesem Gesichtspunkt die Microchiptechnologie reines Teufelszeug ist, versteht sich von selbst.

Die Erfahrung, gerade in den USA, lehrt uns das genaue Gegenteil. Dass in der Amtszeit von Bill Clinton fast 20 Millionen neue Arbeitsplätze entstanden sind – und zwar in der großen Mehrheit nicht „McJobs“, sondern hoch qualifizierte – und die Arbeitslosenrate von 7,2 Prozent auf 4,1 gesunken ist, hat doch seinen Grund darin, dass in den USA frühzeitig auf die Erfordernisse der Globalisierung vor allem durch die Nutzung der neuen Informationstechnologien gesetzt wurde. Und weil dies bei uns verschlafen wurde, sind im gleichen Zeitraum in Deutschland eben nur gerade einmal 150.000 neue Arbeitsplätze entstanden und die Arbeitslosenrate liegt seit Jahren bei rund 10 Prozent. Nicht der technologische und strukturelle Wandel bringt die Arbeitsplätze in Gefahr, sondern die Weigerung, ihn zu vollziehen.

Unter diesem Gesichtspunkt sollten wir Fusionen und Übernahmen betrachten. Diese Zusammenschlüsse sind Zeichen und Ergebnisse von Wettbewerb und von privatem Größenwahn einiger Manager. Gerade wir in Deutschland haben genug schmerzliche Erfahrungen damit gemacht, wenn im Markt nicht mehr wettbewerbsfähige Unternehmen künstlich am Leben erhalten wurden. Dadurch sind langfristig mehr Arbeitsplätze verloren gegangen als durch den Wegfall bei Fusionen. Die Beschäftigten nicht mehr wettbewerbsfähiger Firmen wurden in einer falschen Sicherheit gewogen, anstatt sie rechtzeitig durch Umschulung und Weiterbildung für neue Jobs zu qualifizieren.

Bedingt durch den globalen Markt hat sich die Fusionswelle beschleunigt, die Größenordnungen haben neue Dimensionen erreicht und nationale Grenzen sind bedeutungslos geworden. Die Pharmariesen Glaxo Wellcome und Smithline Beecham haben sich vereinigt, der französische Automobilhersteller Renault übernahm den japanischen Konkurrenten Nissan, Daimler Benz fusionierte mit Chrysler und kaufte Mitsubishi dazu.

1996, so hat die Statistik errechnet, gab es 211 Großfusionen mit einem Volumen von gut einer Milliarde Dollar. Im vergangenen Jahr waren es 476 mit einer Größenordnung von knapp 4 Billionen Dollar. Die Übernahme von Mannesmann durch Vodafone hat in Deutschland einen gewissen Schock ausgelöst. In dem monatelang andauernden Kampf um die Gunst der Aktionäre flammten – hoffentlich letztmalig – noch einmal nationale Töne auf, in die auch Politiker einstimmten. Dankenswerterweise hat sich Mannesmann-Chef Klaus Esser die unerbetene Unterstützung verbeten, weil er die Regeln des Marktes kennt und akzeptiert. Der Begriff „feindliche Übernahme“ (unfriendly takeover) ist für deutsche Ohren noch gewöhnungsbedürftig. Er ist auch insoweit missverständlich, als sich das „feindlich“ zwar auf den Vorstand des zur Übernahme angepeilten Unternehmens bezieht, nicht aber auf die Eigentümer, die Aktionäre. Diese entscheiden nicht unter dem Gesichtspunkt des schnellen Geldverdienens, sondern danach, welches Konzept ihnen langfristig eine bessere Rendite verspricht.

Dass beileibe nicht immer der Größere den Kleineren übernimmt, zeigt beispielsweise die Übernahme von Time-Warner durch das Internet-Unternehmen AOL.

Zahlreiche Fusionen sind auch gescheitert oder den Übernehmer teuer zu stehen gekommen wie im Fall BMW-Rover.

Nach dem Fall Mannesmann-Vodafone wurde in Deutschland der Ruf nach gesetzlichen Regelungen für Übernahmen laut und auch die EU-Kommission bastelt an einer entsprechenden Richtlinie. Doch über Übernahmen entscheiden nicht die Gesetze der Politik, sondern die des Marktes.

Dass Fusionen als solche keineswegs eine Erfolgsgarantie sind, zeigt die Tatsache, dass sich rund die Hälfte von ihnen als Flop erwiesen haben.

So hat die Übernahme des britischen Autoherstellers Rover durch BMW der weiss-blauen Nobelmarke mehrere Milliarden DM Verlust eingebracht.

Spektakulär gescheitert ist die geplante Bankenehe zwischen der Deutschen Bank und der Dresdner Bank, die zum größten Bankhaus der Welt führen sollte. Am 9. März 2000 brüsteten sich die Vorstandsvorsitzenden beider Institute, mit ihrem Zusammenschluss werde nun in Europa ein wirkliches Powerhaus entstehen, das bei den bevorstehenden Fusionen ein gewichtiges Wort mitreden könne und werde.

Vier Wochen später, am 5. April, ließ die Dresdner Bank die Fusionsgespräche platzen. Begründung: Die Deutsche Bank habe entgegen früherer Absprachen darauf bestanden, die Londoner Investmenttochter der Dresdner Bank, Kleinwort Benson, zu verkaufen.

Die Börse misstraute dem Zusammenschluss von vornherein. Zwei Tage nach der Fusionsankündigung gaben die Aktien beider Banken bereits nach, während die Kurse unmittelbar nach Bekanntgabe des Scheiterns in die Höhe gingen.

Unter der Überschrift „Mega-Fusion, Mega-Blamage" kommentierte die *Süddeutsche Zeitung* am 6. April: „Kein durchdachtes Konzept, keine ordentliche Vorbereitung, keine straffe Führung, kurz: Unprofessionalität auf der ganzen Linie. Dabei bleibt der Ansatz der gescheiterten Fusion richtig: In Europa und speziell in Deutschland steht eine Bankenkonsolidierung an. Nur wenn die Großbanken zusammenrücken, können sie im internationalen Investmentgeschäft an der Spitze mitspielen. Schade nur, dass der Frankfurter Provinztruppe dafür das Format fehlte."

Bundeskanzler Schröder kommentierte die gescheiterte Fusion ebenso lapidar wie zutreffend: „Ich habe in Unternehmen schon reifere Leistungen gesehen."

Wie immer sich der Abbau von Überkapazitäten im deutschen Bankenwesen gestalten wird, er wird zwangsläufig mit dem Verlust zahlreicher herkömmlicher Arbeitsplätze verbunden sein. Daran werden auch die Proteste der Gewerkschaften nichts ändern.

Wenn die Gewerkschaften auch in Zukunft eine wichtige Rolle spielen wollen – und ich wünsche mir das im Interesse des sozialen Klimas –, wird sich vieles in ihrem Gesellschaftsverständnis ändern müssen. Der Zusammenschluss mehrer Einzelgewerkschaften, vor allem der ÖTV und der DAG zu der künftigen Dienstleistungsgewerkschaft „verdi", weist in die richtige Richtung.

Vor allem aber sollten die Gewerkschaften beherzigen, was ihnen Michaela Hoffmann am 16. März in der *Wirtschaftswoche* ins Stammbuch schrieb: „Arbeitnehmer, die gleichzeitig Aktionäre sind, denken um: Sie finden Gefallen am Markt. Wo gute ökonomische Argumente in der Vergangenheit nicht Kraft genug hatten, entfaltet jetzt die Shareholderkultur ihre Wirkung. Sie unterminiert den Antikapitalismus mehr, als alle Theorien es je konnten. Sicher, Arbeitnehmer wollen auch weiterhin mehr Lohn, sichere Arbeitsplätze und längeren Urlaub. Doch neben der Arbeitnehmerbrille setzen sie künftig auch die Shareholderbrille auf – zumal wenn es um andere Branchen geht – und sehen in höheren Löhnen auch Kostentreiber, die Aktienkurse drücken. Wenn in Deutschland, wie heute schon in den USA, erst einmal die Hälfte der Bevölkerung Anteilseigner von AGs sein wird, werden auch Fusionen, Übernahmen und Outsourcing in anderem Licht erscheinen. Dann ist endgültig Schluss mit Klassenkampf. Gewerkschaften, deren Geschäftsgrundlage der Gegensatz von Arbeit und Kapital ist, werden an Bedeutung verlieren ... Vorbei sind dann die Zeiten, da bei den Bürgern eine wirtschaftsfreundliche Politik verpönt war; da junge erfolgreiche Unternehmer neidisch beäugt und gar nicht hoch genug besteuert werden konnten; da die soziale Marktwirtschaft vor allem sozial und wenig marktwirtschaftlich sein sollte.“

Die Gewerkschaften sollten sich auch der Tatsache bewusst sein, dass es in Deutschland bereits mehr Aktionäre als Gewerkschaftsmitglieder gibt.

Dass wir nun endlich auch in Deutschland die Aufbruchstimmung einer neuen Gründergeneration erleben, verdanken wir vor allem dem Internet, das der Phantasie, dem Einfallsreichtum und der Kreativität geradezu Flügel verleiht und mit dem E-Commerce ein neues Wirtschaftszeitalter eingeleitet hat.

Noch nie hat ein neues Medium in so kurzer Zeit einen vergleichbaren Siegeszug rund um die Welt angetreten. Wurde die Zahl der Nutzer Mitte 1997 noch auf 40 Millionen geschätzt, so geht man heute von 250 Millionen aus, darunter 16 Millionen in Deutschland, und die Zuwachsraten bei uns liegen erfreulicherweise über dem europäischen Durchschnitt. Erfreulich auch, dass sich im Unterschied zu anderen Technologien und Kommunikationsentwicklungen diesmal keine ideologischen Kampfgemeinschaften dagegen gebildet haben. Es gibt keine Anti-Internet-Bewegung, wie es eine Anti-Kernkraft-

oder Anti-Gentechnik-Bewegung gibt. Der erbitterte Kampf gegen die Zulassung des privaten Rundfunks in Deutschland Anfang der 80er-Jahre mutet in der Rückschau schon anachronistisch an.

Keine andere Branche boomt auch nur annähernd so wie die Informations- und Kommunikationsindustrie. Derzeit arbeiten dort rund 800.000 Menschen, 100.000 neue Stellen sind in den letzten beiden Jahren entstanden.

Doch noch immer sitzen 75 Prozent der Unternehmen, die für die digitale Zukunft am besten gerüstet sind, in den USA.

Auf dem Technologiekongress „Deutschland 21" hat es Kanzler Schröder zur *Schicksalsfrage* für Deutschland erklärt, den Rückstand in der IuK-Technologie so schnell wie möglich aufzuholen.

Gleichgültig ob die Geschichte, dass Kanzler Kohl, von US-Präsident Clinton auf die Datenautobahnen angesprochen, auf die Zuständigkeit des Verkehrsministers verwies, nun wahr ist oder erfunden: Für die Bedeutung dieser Zukunftstechnologien überhaupt kein Bewusstsein entwickelt, ja nicht einmal wirkliches Interesse gezeigt zu haben, war für Deutschland weit nachteiliger als seine schwarzen Kassen und anonymen Spender. War Helmut Kohl ein E-Mail-Verweigerer, so hat sein Nachfolger erkannt, dass man nicht anderen die Zukunft predigen und selbst abseits stehen kann. Wenn Gerhard Schröder mit 56 Jahren noch den Umgang mit Computer und Internet lernt, können das andere auch.

In den USA entfielen zwischen 1993 und 1997 die Hälfte aller Neuinvestitionen auf die IuK-Industrie, die inzwischen ein Drittel des amerikanischen Wirtschaftswachstums ausmacht. Die Internet-Branche verzeichnete 1998 einen Zuwachs von 68 Prozent und hat damit die Luftfahrtindustrie überholt.

Auch wenn die Aufholjagd jetzt begonnen hat, müssen noch eine Reihe von Defiziten schnellstmöglich beseitigt werden, wenn wir in der digitalen Weltliga auf den vorderen Plätzen mitspielen wollen. Das gilt gerade für den E-Commerce. Während der Gesamtumsatz im elektronischen Geschäftsverkehr in der Europäischen Union in diesem Jahre voraussichtlich knapp 40 Milliarden Euro erreichen wird, geht man in den USA von mehr als 130 Milliarden Euro aus.

Wenn ich z.B. lese, dass zwar mehr als zwei Drittel der deutschen Unternehmen mittlerweile über eine Website verfügen, aber nur 29 Prozent davon ihre Internet-Präsenz auch für den E-Commerce, also für Geschäfte, nützen, dann frage ich mich, ob die anderen 71 Prozent ihre Website lediglich als eine andere Form von Plakat- oder Anzeigenwerbung betrachten. Angesichts der Erwartung, dass bereits in diesem Jahr das Marktvolumen im E-Business weltweit auf geschätzte 500 Milliarden Dollar ansteigen wird, werden durch solche Passivitäten viele Chancen versäumt.

Gerade in den kleinen und mittelständischen Unternehmen ist das Bewusstsein für das Wesen des Internet noch höchst unterentwickelt. In vielen Betrieben verfügt nur ein PC über Internet-Anschluss und steht oft genug im gemeinschaftlichen Aufenthaltsraum, gleich neben Kühlschrank und Fernseher. Dort laufen dann auch die E-Mails zentral ein wie ehedem die Fernschreiben und werden nach Ausdruck an die jeweiligen Empfänger verteilt. Eine solche Nutzung der Technik ist ungefähr so sinnvoll wie die Anschaffung eines Omnibusses zur Beförderung von zwei Semmeln.

Das Internet ist aber keine bloße technische Weiterentwicklung wie von der manuellen zur elektrischen Schreibmaschine oder vom Fernschreiber zum Faxgerät, sondern ein Quantensprung in der Kommunikationstechnik, der zu Recht als ebenso revolutionär angesehen wird wie einstmals die Erfindung des Buchdrucks vor mehr als 500 Jahren.

Nur Unternehmen, in denen der Internet-PC so selbstverständlich auf jedem Schreibtisch steht wie das Telefon, können am weltweiten Boom des virtuellen Marktes teilhaben.

Im Gegensatz zu den USA, wo das Internet auch bei den Senioren ein echter Renner ist, können bei uns nur 30 Prozent der 55-Jährigen überhaupt etwas mit den Begriffen Internet, ISDN und E-Mail anfangen. Nachdem diese Generation in vielen Klein- und Mittelbetrieben an den Schaltstellen sitzt, müssen die Industrie- und Handelskammern und die Handwerkskammern ihre Beratungsangebote gerade mit Blick auf diese Zielgruppe intensivieren und ausbauen – und zwar schnell. Kleinen und mittleren Unternehmern, auch Handwerksmeistern, die sich selbst die optimale Nutzung des Internet auch mit Hilfe von Beratung nicht zutrauen, rate ich, wenigstens stundenweise einen engagierten Schüler oder Studenten zu beschäftigen, der dem Betrieb beispielsweise zeigt, wie er sich per Internet an europa- oder vielleicht sogar weltweiten Ausschreibungen beteiligen oder auf andere Weise auf seine Produkte oder Dienstleistungen aufmerksam machen kann.

Neben der Nichtnutzung der Internet-Möglichkeiten aus Unwissenheit gibt es allerdings auch eine bewusste Verweigerungshaltung und die ist keineswegs auf Klein- und Mittelbetriebe beschränkt.

Mit seiner Schnelligkeit und völligen Transparenz ist das Internet herkömmlichen Vertriebs- und Verkaufsstrukturen weit überlegen, dringt in bislang abgeschottete Märkte ein, schert sich nicht um irgendwelche Gebietsschutzansprüche und wird natürlich von denen, die von solchen Strukturen profitieren, als Bedrohung ihrer Besitzstände empfunden. So lässt sich per E-Commerce etwa auf einem Weg Hersteller–Großhandel–Handelskette–Einzelhändler–Endkunde mindestens eine Stufe einsparen.

Der Versuch aber, überkommene Strukturen gegen die vom Internet geschaffenen neuen Marktbedingungen zu verteidigen, ist aussichtslos. Verweigerung wird schon in wenigen Jahren mit Ausschluss vom Markt bestraft. Soll der Mittelstand auch weiterhin das Rückgrat der deutschen Wirtschaft bleiben, ist schnelle Anpassung an das digitale Zeitalter das Gebot der Stunde. Der E-Commerce läuft täglich 24 Stunden, ist 7 Tage geöffnet, ist frei von Zusatzkosten und nur selten krank.

Ebenso wie ich als erster das Broking-System in der Chip-Branche begonnen habe, zählt die ce mit der virtuellen Chip-Börse (VCE) in Deutschland und europaweit zu den Pionieren des „B2B".

Im E-Commerce wird zwischen zwei Modellen unterschieden. Es begann mit dem B2C (Business to Costumer), also dem Verkauf von Produkten und Dienstleistungen per Internet an den Endverbraucher, also Versandhäuser, Reisebüros usw.

Da der Endverbraucher aber mit Chips wenig anfangen kann, habe ich mir überlegt, wie ich für unser Unternehmen das Internet profitabel nutzen kann. Das Ergebnis dieses Nachdenkens war die VCE, ein weltweiter virtueller Handelsplatz für Chips. Heute wird dem „B2B" (Business to Business) ein 20faches des Marktes im Vergleich zu B2C vorhergesagt. Allerdings, so die Meinung eines Analysten der Investmentbank Goldman Sachs, werden nur die Firmen vom B2B-Boom profitieren, deren Produkte in den nächsten zwei Jahren lauffähig sind. Wir haben das bereits im März 2000 mit unserer VCE-B2B-Plattform geschafft.

Wie beim Chip-Broking gilt: Nur die Ersten werden gewinnen.

Die VCE haben wir 1998 ins Netz gestellt. Unsere Partner sind dabei die Weltklasseunternehmen für elektronische Bauteile und das kanadische Unternehmen Mediagrif Interactive Technologies, der weltweiten Nummer eins auf dem Gebiet der vertikalen und horizontalen Märkte.

Die Idee, die hinter der VCE steckt, ist denkbar einfach. Käufer und Verkäufer können sich in die VCE-Homepage per Password einloggen und nach den benötigten Chips suchen bzw. ihre Lagerbestände zum Kauf anbieten. Die Auftragsabwicklung und Auslieferung übernimmt die ce. Käufer und Verkäufer bleiben für einander unsichtbar. Kommt über die virtuelle Chip-Börse ein Geschäft zustande, erhält VCE den Status des virtuellen B2B-Lieferanten.

Mittlerweile hat die VCE weltweit 1.700 Kunden und in ihrem System rund 500.000 verschiedene Bauteile. Schon in Kürze werden wir mit der VCE auf Grund des gigantischen Wachstums an der Börse präsent sein.

Nach dem Prinzip der VCE haben wir zusammen mit der Jack White-Production die virtuelle Musicbörse (VME) entwickelt und im März 2000 mit EM.TV., einem der besten Unternehmen am Neuen Markt, ein Joint Venture für eine virtuelle Börse für Merchendising-Lizenzen (VLE) abgeschlossen. Weitere virtuelle Handelsplätze sind in Vorbereitung.

Aber auch die Internet-Revolution hätte die Welle neuer Unternehmensgründungen nicht in dem Ausmaß ausgelöst, wenn sich nicht auch die Einstellung zur Aktie in unserem Land grundlegend verändert hätte. Waren es 1997 noch 36 Firmen in Deutschland, die mit einem Kurswert von 5,1 Milliarden DM an die Börse gingen, waren es zwei Jahre später bereits 194 Unternehmen im Gesamtwert von über 27 Milliarden DM.

Es war der Schauspieler Manfred Krug, der den vorsichtigen konservativen Deutschen den Weg an die Börse gewiesen hat. Ihn als Werbeträger ausersehen zu haben, dafür darf sich die Deutsche Telekom zu Recht selbst loben.

Für den eigentlichen Boom sorgte jedoch der 1997 gegründete Neue Markt, eine eigene Börse für Technologie und Kommunikationsunternehmen.

Viele traditionelle Aktiengesellschaften und Börsianer, die die Nase darüber rümpfen, dass diese Unternehmen weniger nach ihrem Umsatz als nach ihrer Story und ihren Perspektiven (sehr hoch) bewertet werden, haben sich offenbar noch nicht daran gewöhnt, dass nunmehr erstmalig in Deutschland Privatanleger und Fonds bereit sind, in Visonen, Begeisterung und Ideen zu investieren – in den USA seit jeher eine Selbstverständlichkeit.

In *Mr. Chip* habe ich dazu 1990 geschrieben: „Die Bereitschaft, Geld in Geist zu investieren, ist bei uns nahezu Null. Es gibt ein heillos verbürokratisiertes Banken- und Versicherungssystem und ganze Heerscharen phantasieloser Bedenkenträger in den Führungsetagen von Politik und Wirtschaft, die innovatives Denken und Handeln im Keim ersticken. Nicht dass bei uns keine Milliarden in den Sand gesetzt würden. Ich erinnere nur an die Finanzskandale um Co-op oder die Bayerische Raiffeisenzentralbank. (Aus heutiger Sicht fallen mir natürlich auch die „Peanuts“-Verluste der Deutschen Bank durch den Baupleitier Jürgen Schneider oder die Immobiliengeschäfte der ehemaligen Bayerischen Vereinsbank ein.) Aber, so mögen sich die dafür Verantwortlichen und die Banken sagen, wir haben das Geld wenigstens nicht für neue Ideen, sondern ‚nur‘ auf Grund herkömmlicher Misswirtschaft verschwendet. Und das ist doch auch schon ein gewisser Trost. Bei Menschen hierzulande, die viel Geld gemacht haben, ist die Neigung weit verbreitet, dieses Geld – selbstverständlich an der Steuer vorbei – in ausländischen Nummernkonten zu deponieren oder in zweifelhafte Abschreibungsprojekte zu stecken. Das ist zwar, wie die Endlosliste der Geschädigten zeigt, auch höchst risikoreich, erfreut sich aber noch immer großer Beliebtheit.

Ich will die völlig unterschiedliche Denkweise in den USA und in Deutschland an einem Beispiel verdeutlichen: Man stelle sich einmal vor, drei junge Studenten haben eine Idee, wollen eine Firma gründen und brauchen dafür Startkapital. Ohne festes Einkommen oder die Sicherheit von Omas Häuschen wären sie bei uns im Rentenalter, bevor sie irgendwo auch nur 5.000 Mark erhielten. Im Silicon Valley erarbeiteten diese drei jungen Leute von der Stanford University einen vierseitigen Finanzplan, legten ihn am Freitag einer Risikokapitalgesellschaft zur Prüfung vor und erhielten am darauffolgenden Dienstag einen Scheck in Höhe von 300.000 Dollar. Auf diese Weise entstand das Unternehmen SUN, heute einer der größten Computerhersteller der Welt. Sieben Jahre nach seiner Gründung beschäftigte SUN 10.000 Mitarbeiter und erzielte einen Jahresumsatz von 2 Milliarden Dollar."

Man sieht, sich in Geduld zu fassen zahlt sich aus. Kaum wartet man ein Vierteljahrhundert, dann sind auch wir Deutschen bereit, erfolgreiche Konzepte zu übernehmen.

Deutschland befindet sich in einem regelrechten Börsenfieber. Mehr als 5 Millionen Deutsche über 14 Jahren besitzen Aktien. Das sind ein Drittel mehr als vor vier Jahren. Im vergangenen Jahr vertrauten die Deutschen 97 Milliarden DM den Fondsmanagern an. Der Ansturm auf die 173 Millionen Aktien der Siemens-Halbleitertochter Infineon geriet zu einem regelrechten Chaos. Nicht wenige Siemens-Vorstände blickten mit Neid auf Infineon-Chef Ulrich Schumacher und streuten allerlei Missgünstiges in den Medien.

Ich sehe das völlig anders. Ulrich Schumacher hat mit seinem Team bewiesen, wie gut Innovation losgelöst von Siemens funktioniert. Die Kapitalisierung von Infineon betrug einen Tag nach dem Börsengang bereits 50 Prozent dessen, was der ganze Siemens-Konzern auf die Shareholder-Waage brachte. Siemens braucht noch mehr Leute wie Ulrich Schumacher.

Weitere spektakuläre Börsengänge stehen mit T-Online und T-Mobil bevor.

Schließlich beträgt das private Geldvermögen in Deutschland rund 5,5 Billionen DM und das gute alte Sparbuch hat wohl endgültig ausgedient.

Begünstigt wird der Aktienboom auch dadurch, dass derzeit viel Vermögen vererbt wird. Und nicht zuletzt dient die Aktie immer mehr der zusätzlichen Alterssicherung. Gerade die Jüngeren haben der von Norbert Blüm gebetsmühlenartig vorgetragenen Beteuerung „Die Rente ist sicher“ schon lange keinen Glauben mehr geschenkt.

Mit der Aktie kommt jetzt auch Bewegung in das Thema Mitarbeiterbeteiligung an Kapital und Gewinn. Auch hier sind uns die USA weit voraus. Dort gehören Mitarbeitern Anteile an 15.000 Unternehmen im Wert von mehr als 800 Milliarden Dollar. In Deutschland dagegen sind es nur 2.700 Firmen mit einem Mitarbeiteranteilswert von rund 30 Milliarden DM.

Auch meine Mitarbeiter haben nach dem Börsengang Aktienoptionen erhalten. Für die meisten jungen Unternehmen, die an die Börse gehen, ist diese Form der Beteiligung vielfach die einzige Möglichkeit, die notwendigen hoch qualifizierten und dementsprechend teuren Mitarbeiter zu bekommen und trotz attraktiverer Gehaltsangebote auch zu halten. Selbstverständlich sind Mitarbeiter, die am Unternehmen beteiligt sind, noch zusätzlich motiviert. Selbst die Gewerkschaften, die die Beteiligungsmodelle viele Jahre lang blockiert haben, wollen sie nun in die Tarifverträge aufnehmen. Wichtig ist, dass künftig nicht nur die Spitze, sondern die ganze Belegschaft in solche Modelle einbezogen wird. Wenn wie in den USA nur die Manager von den Gewinnen aus Aktienoptionen profitieren – und dies auch nur, weil die Börse boomt und nicht etwa wegen ihrer individuellen Leistung –, schlägt dies bei der übrigen Belegschaft natürlich demotivierend zu Buche.

Ministerpräsident Edmund Stoiber hat am 18. März 2000 vor der CSU-Grundsatzkommission die Sorge geäußert, dass durch das Übergreifen der amerikanischen Aktionärskultur auf Europa die soziale Marktwirtschaft bedroht werde. Diese Sorge ist unbegründet. Vielmehr kommt der Markt wieder so in Schwung, dass es ihm leichter fällt, seinen sozialen Verpflichtungen nachzukommen.

Inzwischen wird auch die hässliche Kehrseite der – von den Gewerkschaften gegen allzu nachgiebige Arbeitgeberverbände durchgesetzten – Arbeitszeitverkürzungen deutlich. In Japan wird jährlich im Durchschnitt 1.889 Stunden gearbeitet, in den USA sogar 1.952, in Deutschland dagegen nur 1.562 Stunden, das sind zwei Monate weniger. Die Wirtschaft hat, was sollte sie auch anderes tun, auf die immer kürzeren Arbeitszeiten mit massiven Rationalisierungen reagiert. Innerhalb der letzten 12 Jahre hat nach Berechnungen des Instituts für Arbeitsmarkt und Berufsforschung der Bundesanstalt für Arbeit die Stundenproduktivität im Westen Deutschlands um 36 Prozent zugenommen, in den Niederlanden um 25 Prozent und in den USA sogar nur um 10 Prozent. Schon warnen Wissenschaftler: „Wir rationalisieren uns zu Tode.“ Für viele Beschäftigte steht die 35-Stunden-Woche nur auf dem Papier. Auch in unserem Unternehmen sind die vereinbarten 40 Stunden für die meisten die absolute Ausnahme. Bundesweit werden jährlich 1,8 Milliarden Überstunden bezahlt, 2,4 Milliarden werden ohne zusätzliche Bezahlung geleistet. Kein Wunder: Schließlich haben zwei Drittel der Arbeitnehmer Angst um ihren Job.

Der Hamburger Sozialwissenschaftler Horst Opaschowski hat die Formel 0,5 x 2 x 3 geprägt, soll heißen: Die Hälfte der Belegschaft kriegt doppeltes Gehalt und muss dreimal so schnell arbeiten.

Was die Gewerkschaften also erreicht haben, ist dies: eine Arbeitszeitverkürzung, die in vielen Firmen, vor allem bei den Dienstleistungsunternehmen, gar nicht eingehalten werden kann, weil Termine und Kundenerwartungen das nicht zulassen, immer größeren Stress im Job, Milliarden von Überstunden und mehr als 4 Millionen Arbeitslose. Was daran sozial ist, muss mir mal jemand erklären.

Nicht nur unsozial, sondern auch betriebs- und volkswirtschaftlich töricht ist der in Mode gekommene Jugendlichkeitswahn und die Missachtung von Berufs- und Lebenserfahrung in großen Teilen der Wirtschaft. Natürlich braucht vor allem die Kommunikationsbranche junge Kräfte, aber wenn ich höre, dass manche Unternehmen heute schon 30-Jährige als zu alt zurückweisen, dann frage ich mich entsetzt, welch kostbare Ressourcen hier brachgelegt werden. Auch in dieser Beziehung schwimme ich gegen den Mainstream. Schließlich bin ich selbst ein glaubwürdiges Beispiel.

Ich werde in wenigen Monaten 56 Jahre. Obwohl ich in der ce von einem Team hervorragender Manager umgeben bin, kommen die zukunftsweisenden Ideen und Denkanstöße unverändert von mir, und wenn es irgendwo wirklich brennt, muss ich selbst ran. Das schaffe ich nur, weil ich mich nicht abschotte, sondern ständig mitten im Geschehen bin. 98 Prozent meiner Arbeitszeit, meist 12 Stunden am Tag, verbringe ich an meinem Schreibtisch im Großraumbüro. Ich bin sicher, auch bei einer geheimen Umfrage unter meinen Mitarbeitern würde niemand sagen: Der gehört auf das Altenteil.

Es wäre sicherlich weit übertrieben, würde ich mich als einen Computer-Freak bezeichnen. Aber schon wenige

Tage, nachdem ein Internet-PC auf meinem Schreibtisch stand, wurde es mir zu dumm, die Antworten auf die bei mir eingehenden E-Mails meiner Sekretärin zu diktieren. Heute sind es täglich fast zwei Stunden, in denen ich mit der elektronischen Post beschäftigt bin.

Gerade in der Chip-Branche ist Erfahrung nicht durch alles Geld und alle Genialität der Welt zu ersetzen. Es hat viele Jahre gedauert, dieses weltweite Netzwerk aufzubauen, das uns zum europäischen Marktführer gemacht hat und zur Nummer eins in der Welt machen wird. Auch noch so großes Talent kann Lebenserfahrung nicht ersetzen. Ich lerne immer wieder junge Leute kennen, die mit viel Coolness und scheinbarer Abgebrühtheit Eindruck schinden wollen und bei der ersten Lebenskrise zu einem Häufchen Elend zusammenfallen.

Natürlich halte ich mich fit. Ich lebe diszipliniert. Die 22 Kilometer um den Tegernsee jogge ich in etwas mehr als zwei Stunden. Diese Leistung hat mich so motiviert, dass ich mich zum nächsten New Yorker Marathonlauf angemeldet habe. Viele Manager betrachten unablässiges Gehetzsein und ständige Schlafdefizite geradezu als Ausweis ihrer Leistungskraft. Doch das Gegenteil ist der Fall. Der *Spiegel* berichtete in seiner Ausgabe vom 31. Januar über Erhebungen, wonach 85 Prozent aller Führungskräfte an Verdauungsstörungen, Reizmagen oder Herzflattern leiden. 75 Prozent klagen über einen erhöhten Cholesterinspiegel, sind mithin infarktgefährdet; mehr als ein Drittel hat Übergewicht, was auch auf die vielen Geschäftsessen zurückzuführen ist: wenig Vitamine, viel Alkohol.

Beim diesjährigen Weltwirtschaftsforum in Davos wollte der Schlafforscher Mark Rosekind von seinen Zuhörern wissen, wer in der letzten Nacht weniger als acht Stunden geschlafen habe. Es waren 80 Prozent. Wissenschaftler haben herausgefunden, dass sich bei nur sechs Stunden Schlaf die Leistungsfähigkeit um 13 Prozent verringert, bei fünf Stunden um 43 Prozent und bei vier Stunden gar um 62 Prozent. Rosekinds Fazit: Das wahre Statussymbol im neuen Millennium seien nicht das Auto oder die Jacht. Nein: „Die wirklich Erfolgreichen haben acht Stunden Schlaf." Ich freue mich, mich auch in dieser Beziehung zu den wirklich Erfolgreichen zählen zu können.

Wir können es uns schon aus demographischen Gründen gar nicht leisten, die Menschen immer früher in den Ruhestand zu schicken. Kurt Biedenkopf hat einmal den schönen Satz gesagt: „Wenn uns die Jungen ausgehen, müssen wir die Älteren verjüngen." Kurt Biedenkopf selbst ist ein hervorragendes Beispiel. Mit seinen 70 Jahren denkt er zukunftsorientierter als die meisten 40- oder 50-Jährigen. Nie war er für die CDU wertvoller als heute. Aus der Vielzahl weiterer möglicher Beispiele nenne ich nur zwei: Das, was dem 74-jährigen Otto Graf Lambsdorff auf Grund seiner Erfahrung und seiner jahrzehntelang gepflegten Kontakte mit der Einigung über die Entschädigung von Zwangsarbeitern während der NS-Zeit gelungen ist, hätte kein noch so geniales 25-jähriges Internet-Genie geschafft. Erfahrungen und Kontakte, wie sie eben nur ein Älterer haben kann, waren auch das unentbehrliche Rüstzeug, mit dem dem im vergangenen Jahr verstorbenen Journalisten und Medienmanager Rudolf Mühlfenzl im Alter von 70 Jahren die Neuordnung der Rundfunklandschaft in der ehemaligen DDR gelang.

Nur geteilter Erfolg macht glücklich

Alle leistungsbereiten und leistungsfähigen Menschen müssen bei uns zeitlebens die Möglichkeit haben, ihren Beitrag zum Wohle der Gesellschaft zu leisten.

Die Globalisierung darf keine Ausrede für mangelndes Verantwortungsbewusstsein sein. Sie betrifft Alt und Jung gleichermaßen.

In meiner Dankesrede anlässlich des mir verliehenen Europäischen Steuerzahlerpreises am 12. Oktober 1999 in Brüssel habe ich u.a. gesagt: „Wir sprechen heute viel von Globalisierung und verbinden diesen Begriff vor allem mit der rasanten Entwicklung der Informationstechnologie. Das ist aber nur die halbe Wahrheit.

Als ich vor 23 Jahren die Consumer Electronic gegründet habe, gab es kein Internet, keine E-Mail, kein Handy, ja nicht einmal ein Faxgerät. Stattdessen legte ich Lochstreifen in einen ratternden und knatternden Fernschreiber ein. Dennoch waren wir vom ersten Tag an ein global operierendes Unternehmen. Was ich damit sagen will: Globalisierung beginnt im Kopf und endet im Wettbewerb.

Vor allem in den Köpfen vieler Politiker herrscht noch nicht ausreichend Klarheit darüber, welche Folgen mit der Globalilsierung, mit einem weltweiten Wettbewerb verbunden sind, bei dem räumliche Entfernungen und Zeitgrenzen keinerlei Rolle mehr spielen.

Die Politik wird zur Kenntnis nehmen und akzeptieren müssen, dass nicht mehr sie in erster Linie die Bedingungen für diesen Wettbewerb festlegt, sondern die Märkte. Eine Politik, die versuchen wollte, diese Entwicklung zu ignorieren oder gar gegen die Märkte zu regieren, muss unvermeidlich scheitern.

Es ist daher im wohlverstandenen Eigeninteresse der Politik, die Wirtschaft zu unterstützen. Umgekehrt haben aber auch Global Player ihre Verantwortung gegenüber dem Gemeinwesen.

Ein Unternehmen wie die ce ist von herkömmlichen Standortfaktoren praktisch unabhängig. Ich könnte es von jedem Ort der Welt aus führen, wo noch niemand das Wort Steuern in seinem Leben jemals gehört hat.

Aber gerade meine zahlreichen Auslandsreisen haben mich gelehrt: Im Gegensatz zu Geld und Chips braucht der Mensch eine Heimat. Man kann virtuell gute Geschäfte machen, aber man kann nicht in einem virtuellen Raum leben.

Ich würde mit keinem guten Gewissen über unsere Autobahnen fahren, unsere U- und S-Bahnen benutzen, Theater und Konzerte besuchen, die schöne Landschaft des Tegernseer Tals genießen, wenn ich mir eingestehen müsste, der Schaffung und dem Erhalt dieser hervorragenden Infrastruktur meinen Beitrag zu verweigern.

Deshalb war ich viele Jahre VIP-Kunde von Herrn Waigel, bin es jetzt von Herrn Eichel und habe selbst während des Intermezzos von Herrn Lafontaine nie an einen Austritt aus dem Club ehrlicher Steuerzahler gedacht.

Ich möchte, dass meine Heimat – Deutschland, Bayern, München – an meinem Erfolg teilhat, und genieße ihn dadurch umso mehr."

Die Gemeinschaft am eigenen Erfolg teilhaben lassen verschafft nicht nur ein gutes Gewissen, sondern geschieht auch im Interesse der eigenen Lebensqualität.

Ich möchte auch in Zukunft ohne Bodyguards durch den Englischen Garten joggen, am Imbissstand im Sportpark Unterhaching meine Bratwurst verzehren und meinen Ferrari oder Jaguar in der relativen Gewissheit parken können, dass ich ihn bei meiner Wiederkehr unbeschädigt vorfinde.

Zustände, wie sie in Vierteln amerikanischer, südamerikanischer oder asiatischer Städte herrschen, wo sich die Reichen hinter schwer bewachten Mauern verschanzen und sich ohne Leibgarde nicht mehr auf die Straße wagen aus Angst, überfallen, ausgeraubt oder gar ermordet zu werden, so etwas darf es bei uns nicht geben.

Frankreichs Königin Marie Antoinette fragte einmal angesichts einer protestierenden Menschenmenge ihren

Hofstaat, warum die Leute so aufgebracht seien. Sie hätten kein Brot, war die Antwort. Die zynische Erwiderung der Monarchin: Dann sollen sie doch Kuchen essen! Das Ende der Dame und ihres Gatten Ludwig XVI. ist bekannt.

Auf die heutige Zeit übertragen: Wenn der Chef eines Global Player nach Rückkehr von einer längeren Auslandsreise auf dem Gelände seines geliebten Golfplatzes ein Obdachlosenheim vorfindet, dann ist die Einsicht zu spät gekommen, dass die Missachtung des Gemeinwohldenkens zu seinem eigenen persönlichen Schaden ist.

Es liegt also an den Wohlhabenden selbst, dass ihr Leben lebenswert bleibt.

Die Wirtschaft hat zahlreiche Möglichkeiten, ihren Beitrag zum Gemeinwohl zu leisten. Das beginnt beim ehrlichen Steuerzahlen, dazu gehört auch, wo immer möglich, in den Unternehmen über den eigenen Bedarf hinaus auszubilden, um allen jungen Menschen einen guten Einstieg in das Berufsleben zu ermöglichen. Unternehmensführungen sollten zusammen mit den Mitarbeitern immer wieder prüfen, ob Überstunden nicht auch durch Neueinstellungen abgebaut werden können, und es müssen auch unter Shareholder-Value-Gesichtspunkten nicht immer die letzten Rationalisierungspotenziale ausgepresst werden.

Dass aus dem privaten Vermögen viel an die Börse geht, tut unserer Wirtschaft gut. Aber auch die Unterstützung von Stiftungen sind ein wichtiger Beitrag. Die derzeit laufende Reform des Stiftungsrechts wird hoffentlich weitere Anreize schaffen.

„Das letzte Hemd hat keine Taschen", hat Friedrich Jahn, der Gründer der „Wienerwald"-Kette, einmal gesagt. Warum beim Vererben nicht auch mehr an die Gemeinschaft denken?

Ich will diese Gedanken noch einmal zusammenfassen: Wir sind ein tolles Land und haben durch die Globalisierung alle Chancen für eine großartige Zukunft. Um diese Möglichkeiten zum Wohle aller zu nutzen, muss die Politik eine im Markt erfolgreich operierende Wirtschaft als unentbehrliche Unterstützung zur Erfüllung ihrer Aufgaben begreifen. Umgekehrt gilt es, bei einer Wirtschaft, die sich in vielfacher Hinsicht unter dem Druck des Wettbewerbs von der Politik abgekoppelt hat, für die Einsicht zu werben, dass ein funktionierendes demokratisches und soziales Gemeinwesen eine unverzichtbare Grundlage für ihren Erfolg ist. Deshalb ist die Wirtschaft aufgerufen, durch ihren Gemeinwohlbeitrag eine mutige Reformpolitik zu legitimieren und damit die demokratische Ordnung auch in stürmischen Umbruchzeiten zu stärken.

Die *Zeit* hat es am 9. Dezember 1999 so ausgedrückt: „Das Zeitalter, in dem unternehmerische Verantwortung auf weit mehr zielt als nur auf die Vermögensmehrung der Anteilseigner, ist nicht zu Ende – es hat gerade erst begonnen. Und nur diejenigen, die solches zu begreifen vermögen, dürfen sich als Treiber des Geschehens, als Unternehmer im Sinne des Wortes verstehen. Wahres Verantwortungsbewusstsein richtet sich unverändert auf mehr als nur die materiellen Interessen der Geldgeber: Es richtet sich auf die Menschen, die von den Unternehmen abhängig sind. Und es richtet sich auf das Wohl des Gemeinwesens, in denen die Unternehmen arbeiten. Nur wer dies verstanden hat, wird dazu beitragen, jenes Ethos am Leben zu erhalten, das allein geeignet ist, unternehmerisches Wirken dauerhaft zu legitimieren. Den Rahmen für solche Verantwortung vorzugeben bleibt Aufgabe des Staates. Das ändert nichts an der Feststellung, dass niemand von uns eine Antwort darauf weiß, wie diese Aufgabe angesichts der Zwänge der Globalisierung im Detail gelöst werden kann."

So ist es: Die Globalisierung geht jetzt erst richtig los.

Epilog

Mitte März traf ich in Zürich Freddy Burger, den langjährigen und erfahrenen Manager von Udo Jürgens. Der mit 70 Millionen verkaufter Tonträger erfolgreichste deutschsprachige Sänger, der im Oktober dieses Jahres seine 43-Städte-Tournee „Mit 66 Jahren, da fängt das Leben an“ startet, habe die Absicht, den Chips ein Lied zu widmen. Ob ich mir eine Zusammenarbeit vorstellen könne, fragte mich Burger. Ich fand diese Idee großartig. Freddy Burger und ich werden diesen Chip-Hit mit Udo Jürgens anpeilen.

Kein anderer Sänger hat ein so vergleichbar vielseitiges Repertoire in seinen Liedern aufzuweisen wie Udo Jürgens. Immer wieder hat er auch gesellschaftliche Themen in unterhaltsamer Form und damit umso wirkungsvoller musikalisch umgesetzt. Ich denke nur an den 1975 erschienenen Titel *Ein ehrenwertes Haus*, in dem er Spießertum, dümmliche Vorurteile und Ausländerfeindlichkeit aufs Korn nahm. Und natürlich denke ich an *Mit 66 Jahren*, mit dem er 1978 den älteren Menschen so viel Mut gemacht hat und den er nun, selbst 66 Jahre, zum Titel seiner Tournee macht.

Als ich am darauf folgenden Samstag von meinem Haus in Südfrankreich aufs Meer blickte, ging mir das zukunftsweisende Gespräch mit Freddy Burger wieder durch den Kopf und ich musste schmunzeln.

Schließlich ist es ziemlich genau 10 Jahre her, dass ich mit meinem ersten Buch *Mr. Chip – Eine deutsche Karriere* versucht habe, in Deutschland das Bewusstsein dafür zu schaffen, dass die wirtschaftliche und technologische Zukunft unseres Landes existenziell von fingernagelgroßen Bauteilen abhängig ist. Jetzt will ein Weltstar mit den Mikrochips die Hitparaden stürmen und ich habe die Ehre, Udo Jürgens mit meiner Chip-Erfahrung zu unterstützen.

Das Erfolgsduo Udo Jürgens und Freddy Burger weiß, wie wichtig die Botschaft der Chips für jeden Menschen in der New Economy ist. Ich gestehe, dass ich schon ein bisschen stolz bin, in diesen geplanten Chip-Hit meine Erfahrung einbringen zu können.

Es ist überhaupt unglaublich, was in den zurückliegenden 10 Jahren seit meinem ersten Buch *Mr. Chip* so alles passiert ist. Bei einem Glas Wein auf unserer Terrasse ließ ich an diesem Abend zusammen mit meiner Frau Irène diese Zeitspanne Revue passieren.

Als ich damals mit meiner Botschaft die Öffentlichkeit suchte, war mir der Satz von Kurt Tucholsky „Wer in der Öffentlichkeit Kegel schiebt, muss sich vorrechnen lassen, wie viele er getroffen hat“ durchaus bewusst. Aber da ich mir damals sicher war, mit dem Megathema Chips „alle Neune“ zu treffen, konnte ja nichts schief gehen – dachte ich.

Doch das erwies sich zunächst als eine Fehleinschätzung. Das eigentliche Interesse der Medien galt nicht meiner Botschaft – der Warnung vor den Folgen der Chip-Abhängigkeit der deutschen Wirtschaft von den USA und Japan – , sondern der Tatsache, dass ich es mit harter Arbeit damals bereits zum mehrfachen Millionär gebracht hatte und keinen Grund sah, dies zu verbergen. Die Neidkultur hatte in dieser Zeit Hochkonjunktur in Deutschland und öffentlich demonstrierter Erfolg wurde als hart an der Grenze zur Sozialschädlichkeit angesiedelt. Erfolgreich sein hätten damals manche am liebsten verboten.

Da ich in den USA immer wieder genau die gegenteilige Stimmung erlebte, dass nämlich der Erfolg des einen viele andere motiviert, es ihm gleichzutun, dachte ich gar nicht daran, mich dem hierzulande vorherrschenden Mainstream des Neids anzupassen.

Unbeliebt machte ich mich auch bei den Vorständen einiger Großunternehmen, weil ich mit meiner Meinung nicht hinterm Berg hielt, wo ich die wirklich Verantwortlichen dafür sah, dass Deutschland drauf und dran war, technologisch in die zweite Liga abzusteigen.

Auch meine ersten Begegnungen mit der Politik verliefen seinerzeit unbefriedigend. Zwar wurde ich sowohl von der CSU als auch von der SPD mehrfach zu Vorträgen eingeladen. Doch schon während ich sprach, konnte ich in den Gesichtern meiner Zuhörer lesen, was sie dachten: Wir verstehen nur Bahnhof. Hoffentlich ist er bald fertig, damit wir auf den für uns wesentlichen Punkt seines Besuchs kommen können – die Bitte um eine möglichst großzügige Parteispende.

Ich fühlte mich wie im Kampf gegen Windmühlenflügel, wurde immer ungeduldiger und auch zunehmend aggressiver. Gerade im Umgang mit den Medien habe ich sicherlich auch den Fehler des allzu häufigen Pressing gemacht.

Ende 1991 hatte ich das Gefühl, mich mehr und mehr im Kreise zu drehen. Mir fiel auch auf, dass ich dabei war, genau die Fehler zu begehen, die ich anderen vorhielt: zu vieles Reden von den eigenen Erfolgen der Vergangenheit, zu wenig von dem, was künftig zu tun ist.

Ich hatte auch einige Menschen zu nahe an mich herangelassen, die mir unaufhörlich schmeichelten, aber es in Wahrheit nur auf mein Geld und meine Beziehungen abgesehen hatten.

Ich erkannte, dass ich in eine Sackgasse geraten war. Da gab es für mich nur eines: harte und ehrliche Selbstkritik, Vollbremsung und Kehrtwende. Ich zog mich aus der Öffentlichkeit weitgehend zurück, konzentrierte mich wieder ganz auf mein Unternehmen und erhöhte dort die Schlagzahl.

Seit 1988 folgte dann auf den weltweiten Chip-Märkten ein Engpass auf den anderen, was sich bei uns in ständig steigenden Umsätzen und entsprechenden Gewinnmargen niederschlug. Zum Jahreswechsel 1995/96 änderte sich die Marktsituation dann schlagartig. Binnen kurzer Zeit erhöhten die großen Halbleiter-Hersteller mit 162 neuen Fabriken ihre Fertigungskapazitäten, aus Broker-Sicht waren das 160 zu viel. Einem gleich bleibenden stand nun ein bis zu 40 Prozent höheres Angebot an Chips gegenüber. Die Folge: Die Preise rasten in den Keller.

Wir mussten bei ce gleichsam von heute auf morgen unsere Strategie umstellen. Waren wir bis dahin die traditionelle Beschaffungsfeuerwehr für Bauteile, bei der unablässig das Telefon klingelte, so mussten wir nun unsererseits die Wähltastatur drücken. An die Stelle kurzfristiger Geschäfte setzten wir nun langfristige Lieferkooperationen. Viele meiner Gegner, denen die veränderte Marktsituation natürlich nicht verborgen blieb, rieben sich schon genüsslich und schadenfroh die Hände in der Erwartung, dass das meine Erfolge zum Stillstand bringen werde.

Obwohl ich inzwischen genug verdient hatte, um mit meiner Frau ein von allen materiellen Sorgen freies und unbeschwertes Leben führen zu können, dachte ich keine Sekunde daran aufzuhören, sondern arbeitete mehr als je zuvor. Die meisten meiner Mittagsmahlzeiten bestanden aus Würstchen und Käsebroten, zu mehr nahm ich mir selten Zeit.

Allerdings verfolgte ich weiterhin mit großer Aufmerksamkeit das allgemeine Zeitgeschehen. Der Begriff „Reformstau“ floss in nahezu alle Analysen und Kommentare ein, die sich mit der politischen und wirtschaftlichen Situation Deutschlands beschäftigten. Im Herbst 1996 steuerte ich mit meiner Streitschrift *Aufbruch Deutschland* einen viel beachteten Beitrag zu dieser Diskussion und meldete mich mit diesem Buch in die öffentliche Arena zurück.

Dort traf ich jetzt auf sehr viel mehr Wohlwollen und Akzeptanz. Ich hatte bewiesen, dass mein Erfolg kein zeitlich begrenztes Zufallsereignis war. Dass ich mit meiner Einschätzung der Bedeutung der Chip-Technologie richtig lag, wurde mir nun von allen Seiten sowohl aus der Wirtschaft wie auch aus der Politik bestätigt.

Der Halbleitermarkt begann sich jetzt wieder in Richtung Engpässe zu bewegen und 1998 legten wir am Neuen Markt einen glänzenden Börsenstart hin. Wir waren mit der ce 128fach an der Börse überzeichnet und lagen damit noch weit höher als der Chip-Hersteller Infineon bei seinem sensationellen Börsengang im April 2000.

Nun begann ich, auch meine Öffentlichkeitsarbeit bewusst wieder zu intensivieren. Mein Schwerpunktthema war jetzt die Motivation. Innerhalb von zwei Jahren veröffentlichte ich die Bücher *Lebe ehrlich, werde reich*, *Du schaffst, was du willst*, *365 x Motivation* und *So verkaufen Sie sich reich*. Die Bücher erzielten nicht nur hervorragende Auflagen, sondern brachten mir auch zahlreiche Einladungen zu Seminaren und Veranstaltungen ein. Die bisher größte fand vor 8.000 begeisterten Besuchern am 18. September 1999 in der Hanns-Martin-Schleyer-Halle in Stuttgart statt.

Auch das Fernsehen kam wieder auf mich zu. Ich war jetzt vor allem als Moderator gefragt. Der zum Münchner Zeitungsverlag (*Münchner Merkur*, *tz*) gehörige Stadtsender *M 1* bot mir eine monatliche Sendung an, in der ich mich jeweils eine Stunde mit prominenten Gästen wie Ministerpräsident Edmund Stoiber, der bayerischen SPD-Vorsitzenden Renate Schmidt, Bayerntrainer Ottmar Hitzfeld und „Derrick“ Horst Tappert unterhalten sollte. Im Oktober 1999 wechselte ich zu dem der Kirchgruppe angehörigen Sender *tv.münchen*, der danach auch *M 1* übernahm. Meine Sendung heißt *Lejeune live* und zu Gast waren bisher u. a. Bayerns Wirtschaftsminister Otto Wiesheu, Focus-Chef Helmut Markwort, Deutschlands erfolgreichster alpiner Skiläufer aller Zeiten, Markus Wasmeier, Schlagerproduzent Jack White, der große Entertainer Harald Juhnke, der langjährige CSU-Vorsitzende und Bundesfinanzminister Theo Waigel, Franz-Georg Strauß, der jüngste Sohn des 1988 verstorbenen Ministerpräsidenten Franz Josef Strauß, und „Kaiser“ Franz Beckenbauer.

Seit meiner frühesten Jugend hat mich die Liebe zum Fußball und besonders zum FC Bayern, dessen Mitglied ich seit Jahrzehnten bin, nie verlassen. Doch nun nahm meine Fussballleidenschaft eine überraschende Wende.

Der Vizepräsident des FC Bayern, mein Freund Professor Fritz Scherer, lud mich und mein Team zum Champions-League-Finale zwischen dem FC Bayern und Manchester United am 26. Mai in Barcelona ein. Es war ein Spiel, das niemand, der es gesehen hat, jemals vergessen wird. Wann hat es so etwas schon einmal gegeben: 1:0-Führung bis zur 89. Minute, den Sieg praktisch in der Tasche, und dann zwei Gegentore in der vorletzten Minute der regulären Spielzeit und in der ersten Minute der Nachspielzeit. Für mich gab es ein ganz besonderes und reizvolles Nachspiel.

Ich saß auf der Tribüne in Barcelona in der Nähe eines Herrn, den ich bis dahin persönlich nicht kannte und der sich mir als Engelbert Kupka vorstellte, Landtagsabgeordneter der CSU – und Präsident der Spielvereinigung Unterhaching. Dass Engelbert Kupka nicht nur während des Spiels, sondern auch beim anschließenden Abendessen und dem Rückflug nach München am nächsten Tag in meiner Nähe saß, war für uns beide im positiven Sinne folgenreich.

Der Aufstieg der Spielvereinigung Unterhaching von der Zweiten in die Erste Bundesliga stand zu diesem Zeitpunkt gerade fest und das Präsidium war auf der Suche nach Sponsoren, um im Fußball-Oberhaus bestehen zu können. Nach eingehenden Gesprächen beschlossen mein Partner Herbert E. Graus und ich, die Hauptsponsorenschaft in Höhe von insgesamt 15 Millionen DM für drei Jahre zu übernehmen.

Ursprünglich wollten wir das ce-Logo auf den Trikots der Spieler platzieren, haben uns aber dann für die „ce-Aktie" entschieden, eine richtige Entscheidung, wie der Erfolg zeigt, von dem die Aktie und die Spielvereinigung gleichermaßen profitieren.

Ich habe kaum ein Heimspiel in der in der Bundesliga wohl einmaligen Atmosphäre des Hachinger Sportparks versäumt. Während man beim Besuch des Münchner Olympiastadions gut beraten ist, ein Fernglas mitzunehmen, wenn man die Spieler erkennen will, sind diese im Unterhachinger Schmuckkästchen fast zum Greifen nahe. In der Beliebtheitsskala bei den Menschen im Großraum München hat die Spielvereinigung den FC Bayern und den TSV 1860 deutlich hinter sich gelassen. Für Paul Breitner, der als Kommentator für SAT 1 tätig ist, ist Unterhaching „die" Mannschaft der Saison. Ein Grund für die hohe Popularität ist sicherlich das bescheidene sympathische Auftreten der Spieler sowohl auf dem Platz wie auch außerhalb. Nicht zuletzt sorgt Trainer Lorenz-Günther Köstner, der Vater des Erfolges, dafür, dass alle auf dem Teppich bleiben. Wo ich hinkomme und mit wem ich rede, ob in Deutschland oder im Ausland, nach wenigen Minuten schwärmen meine Gesprächspartner von Unterhaching.

Mit den wenigsten gelben Karten ist die Spielvereinigung auch die fairste Mannschaft der Liga.

Auch wenn wir unseren Sponsorvertrag nicht an den Verbleib in der Ersten Liga geknüpft haben, war ich von Beginn an fest überzeugt, dass wir das schaffen. Jetzt, da ich dies niederschreibe, sind wir mit 33 Punkten dem Ziel sieben Spieltage vor dem Ende der Saison greifbar nahe. Ein gigantischer Erfolg.

Aber weil für den Profi-Fußball das Gleiche gilt wie für ein innovatives und dynamisches Unternehmen, dass man sich nicht auf den soeben errungenen Lorbeeren ausruhen darf, weil jeder Stillstand automatisch zum Rückschritt führt, wird sich auch die Spielvereinigung Unterhaching für die neue Saison ein neues Ziel setzen müssen. Allein der Klassenerhalt kann es nicht sein.

Ich hoffe, dass es mir gelingt, die Verantwortlichen des Vereins davon zu überzeugen, dass für uns durchaus Plätze in höheren Tabellenregionen erreichbar sind, vorausgesetzt, die finanziellen Grundlagen stimmen. Mit einem Jahresetat von unter 30 Millionen und ausschließlichem Setzen auf Sponsoring ist das nicht zu schaffen. Deshalb plädiere ich für den Börsengang – und nicht nur für Unterhaching. Ich bin davon überzeugt, dass im Laufe der nächsten Jahre alle Bundesligavereine diesen Weg einschlagen werden.

Es ist unglaublich, welchen Bewusstseinswandel die noch junge Aktienkultur in Deutschland bereits ausgelöst hat.

Ein sozialdemokratischer Bundeskanzler ruft die Bürger zum Kauf von Aktien auf und empfiehlt das Instrument der Mitarbeiterbeteiligung in den Unternehmen und unter einem sozialdemokratischen Oberbürgermeister legt die Stadt München Gelder in Fonds an.

Endlich, und das stimmt mich so glücklich und hoffnungsfroh, sind wir Deutschen neuen Entwicklungen und neuen Technologien, ob Aktie oder Internet, gegenüber offen, statt ihnen in Igelstellung entgegenzutreten. Auch wenn noch an vielen Stellen Bremser und Bedenkenträger sitzen, hat in Deutschland ein neues Denken Einzug gehalten. Manchmal besteht dieses neue Denken darin, dass wir alte Tugenden und Einsichten wieder zu Ehren kommen lassen, die wir so lange vernachlässigt haben. Niemand kommt heute mehr auf die Idee, die Propagierung von „Nullwachstum“ mit der Forderung nach Erhöhung staatlicher Leistungen zu verbinden. Die Selbstverständlichkeit, dass wir das, was wir ausgeben, vorher erwirtschaften müssen, wird von kaum jemandem mehr in Frage gestellt. Der Wachstumsbegriff ist endlich wieder positiv besetzt. Also beste Voraussetzungen für ein neues deutsches Wirtschaftswunder.

Auch in den Jahren, in denen Deutschland wie unter Mehltau begraben schien, konnte man hier Erfolg haben. Ich gehöre zu denen, die das unter Beweis gestellt haben. Aber es ist natürlich schöner, wenn man für seinen ehrlich und hart erarbeiteten Erfolg nunmehr mehr Anerkennung als Neid erfährt. Freude am Erfolg zu haben, stolz auf ihn zu sein, beginnt in Deutschland salonfähig zu werden und wird hoffentlich auch mehrheitsfähig. Erfolg macht schön langsam Karriere in Deutschland.

Natürlich ist es vor allem die junge Generation, die zu diesem Stimmungswechsel in Deutschland beigetragen hat. Sie hat mit der ganzen Jammerei über fehlende Zukunftsperspektiven nichts am Hut. Die jungen Leute wissen, dass die Zukunft in ihren eigenen Händen liegt. Die Aussichten sind gut, dass an die Stelle der Vollkaskomentalität wieder die Bereitschaft zum Risiko tritt, nach dem bewährten Motto „Wer nicht wagt, der nicht gewinnt“. Die Jugend bewegt nicht die Frage nach dem Ausstieg aus Technologien, sondern der Einstieg in diese. Ich spreche mit vielen jungen Menschen. Fast allen ist gemeinsam, dass sie leistungsbereit und erfolgshungrig sind, ohne deshalb ihre sozialen Bindungen zu verlieren.

Aber Neugierde und Aufgeschlossenheit für das Neue ist eben kein ausschließliches Privileg der Jungen. Ich bin begeistert, nach dem Chip-Broking auch im E-Commerce wieder eine Pionierfunktion übernommen zu haben. Auch hier gilt: Nur die Ersten werden wirklich an die Spitze gelangen. Die Präsenz im B2B-Bereich ist gleich bedeutend mit dem „Be or not to be“ in Deutschland.

Ich bin mir bewusst, wie sehr ich meinen Erfolg auch meinem Partner Herbert E. Graus und vor allem meiner Frau Irène verdanke. Sie hat sich im Verlauf der Jahre ebenso wie ich in immer neue Bereiche und Aufgaben mit Erfolg eingearbeitet und ist heute Finanzvorstand in unserem Unternehmen. Frauen in dieser Position muss man in Deutschland noch mit der Lupe suchen.

Als Irène und ich unsere Rückschau bei herrlichem Blick auf die Côte d'Azur beendet haben, ist es weit nach Mitternacht. Was uns beide erfüllt, ist vor allem Dankbarkeit. Wir sind dankbar für die uns geschenkte Gesundheit, für die ungebrochene Freude an der Arbeit und für die große Lust auf die Zukunft.

Ich habe mich trotz mancher Widrigkeiten und Anfeindungen in Deutschland persönlich immer wohl gefühlt. Bedrückt hat mich, wie sehr dieses wunderbare Land mit seinen Millionen fleißigen Menschen lange Jahre unter seinen Möglichkeiten blieb.

Die Wende durch ein neues Denken und ein neues Bewusstsein herbeigeführt zu haben ist das Schönste, das wir Deutschen uns zu Beginn des neuen Jahrtausends selbst schenken konnten.

Und so nehme ich für meinen Herzenswunsch für mein Vaterland noch einmal eine Anleihe bei unserer Nationalhymne: Blüh im Glanz von Mut und Leistung, trau dich deutsches Vaterland. Deutschland, sei Vorbild und glaube an deine Zukunft!

Personenregister

Literaturhinweise

Clinton, Bill: Vision und Wirklichkeit. Wie wir uns den Herausforderungen des 21. Jahrhunderts stellen. Bielefeld, 1996

Glotz, Peter: Die beschleunigte Gesellschaft. Kulturkämpfe im digitalen Kapitalismus. Landau, 1999

Goldhagen, Daniel Jonah: Hitlers willige Vollstrecker. Ganz gewöhnliche Deutsche und der Holocaust. München, 2000

Lejeune, Erich J.: 365 x Motivation. Ihr Erfolgsprogramm für jeden Tag. 2. Auflage, Landsberg, 1999

Lejeune, Erich J.: Aufbruch Deutschland. Die Streitschrift eines Unternehmers zur Lage der Nation. Landsberg, 1996

Lejeune, Erich J.: Die ce-Story. Gewinnen mit Chips. Ein Mann macht einen Markt. Landsberg, 1998

Lejeune, Erich J.: Du schaffst, was Du willst! Die Kraft ist in dir! 3. Auflage, Landsberg, 1999

Lejeune, Erich J.: Lebe ehrlich, werde reich! 4. Auflage, Landsberg, 1999

Lejeune, Erich J.: So verkaufen Sie sich reich. Das Erfolgsprogramm einer faszinierenden Persönlichkeit. Landsberg, 1999

Martin, Hans-Peter / Schumann, Harald: Die Globalisierungsfalle. Der Angriff auf Demokratie und Wohlstand. Reinbek, 1998

Seitz, Konrad: Die japanisch – amerikanische Herausforderung. Deutschlands Hochtechnologie-Industrien kämpfen ums Überleben. Bonn, 1994